Zu diesem Buch

Schulden sind gesellschaftsfähig und unter Umständen durchaus sinnvoll. Trotzdem, die Mehrzahl der Schulden drückt, und etwa 2 Millionen Haushalte in Deutschland sind derzeit so hoch verschuldet, daß nur wenige die Aussicht haben, in absehbarer Zeit wieder schuldenfrei zu werden. Dieser Finanzratgeber zeigt nun am konkreten und nachvollziehbaren Beispiel, wie man mit Schulden richtig umgeht, allzu große Schuldenlast vermeidet und die sozial ausgrenzende Überschuldung abbaut. Dabei wird vor allem die neue Insolvenzordnung, die am 1. Januar 1999 in Kraft tritt und unter bestimmten Bedingungen Schuldenbefreiung vorsieht, präzise erläutert und in praktische Ratschläge umgesetzt.

Die Autoren

Susanne Veit hat nach der Ausbildung zur Bankkauffrau Rechtswissenschaften studiert und war als Rechtsanwältin tätig. Sie ist wissenschaftliche Mitarbeiterin im Institut Für Finanzdienstleistungen (IFF) in Hamburg und Autorin des Finanzratgebers «Kreditkarten und Plastikgeld» (rororo sachbuch 60223).

Michael Weinhold hat nach einer Ausbildung zum Bankkaufmann ein Studium der Sozialpädagogik absolviert. Seit 1989 arbeitet er als Schuldnerberater am Institut für soziale und kulturelle Arbeit (ISKA) in Nürnberg. Er ist Mitglied eines bundesweiten Arbeitskreises der Wohlfahrtsverbände, der die Einführung der Insolvenzordnung für die Schuldnerberatung vorbereitet.

Susanne Veit
Michael Weinhold

Schulden

Wie Sie mit Schulden richtig umgehen
und Überschuldung abbauen

rororo

Rowohlt

Dieser Finanzratgeber wurde herausgegeben vom
Institut Für Finanzdienstleistungen e.V. (IFF), Hamburg

Redaktion im Institut Cornelius Buchmann
Redaktion im Verlag Wolfgang Müller
Umschlaggestaltung Tobias Bott
(Foto: TCL/Bavaria)

Originalausgabe
Veröffentlicht im
Rowohlt Taschenbuch Verlag GmbH,
Reinbek bei Hamburg, März 1998

Satz Sabon und Frutiger (Linotronic 500)
Gesamtherstellung Clausen & Bosse, Leck
Printed in Germany
ISBN 3 499 60460 4

Inhalt

Vorwort

Geld verdienen, aber auch Geld ausgeben ist heute gar nicht mehr so einfach. Dazwischen sind die «Finanzdienstleistungen» getreten, sie sind ein selbstverständlich gewordener Teil unserer sozialen Existenz und ihrer Sicherung.

Dabei wird es immer schwieriger, die Palette der Angebote zu überschauen. Mit dem Heraussuchen der günstigsten Zinssätze und Gebühren ist es heute längst nicht mehr getan. Es reicht auch nicht mehr aus, zu wissen, was die «besten» Angebote und Leistungen sind. Es gilt genauso herauszufinden, wo ich sie bekommen kann und ob sie für mich auch zugänglich sind. Schließlich ist für jeden ein anderes Produkt «das beste» – abhängig von seiner sozialen Lage und Zukunft. Tests allein nach dem Prinzip «möglichst billig» führen somit in die Irre. Was geschieht jedoch, wenn die ec-Karte gestohlen wird, Kreditraten nicht mehr bezahlt werden können oder das Girokonto über das Limit überzogen ist? Schon mancher hätte gerne im nachhinein auf viele Annehmlichkeiten oder ein paar Mark verzichtet, wenn dafür eine bessere Krisenbewältigung möglich gewesen wäre. «Partnerschaft bewährt sich in der Not», sagt der Volksmund. Um diese Qualität von Finanzdienstleistungen beurteilen zu können, braucht der Verbraucher einen unabhängigen Partner mit langjähriger Erfahrung. Ein solcher Partner möchte das IFF für Sie sein. Es richtet sich mit dieser Serie von Finanzratgebern direkt an Ihr Bedürfnis nach gutem Rat bei komplizierten Entscheidungen.

Auch wenn es zuerst einmal um Ihren unmittelbaren Vorteil geht, mittelbar zielen wir auf die Steigerung der Qualität von Finanzdienstleistungen, ihres Vertriebs und der damit verbundenen Beratung. Der Markt richtet sich nach Angebot und Nachfrage. Die Anbieter wollen ihre Produkte verkaufen, und sie wollen daran Geld verdienen. Kundenfreundlichkeit, Verbraucherschutz und Verständnis auch für problematische Lebenssituationen kommen nicht von alleine ins Angebot der Sparkassen, Banken und Versicherungen. Das bewirken vielmehr wachsame Verbraucher, die auf diese Punkte achten, danach fragen und kontrollieren, ob sie auch tatsächlich eingehalten werden. Mit diesem und den anderen Finanzratgebern des IFF wollen wir dazu beitragen, daß es immer mehr kritische Verbraucher auf dem Markt gibt, die den Finanzanbietern kundig und selbstbewußt gegenübertreten.

Mit dieser Zielsetzung vor Augen können wir Ihnen nicht versprechen, daß alles so einfach ist, wie viele Ratgeber und vor allem die Werbung vorspiegeln. Nur zu oft werden Probleme und mögliche Konflikte heruntergespielt oder außer acht gelassen. Wir können Ihnen nur versprechen, daß wir bemüht sind, auch die komplizierteren Aspekte einfach darzustellen. Natürlich haben Sie als Leser die Möglichkeit, diese Kapitel zu überspringen, wenn sie nach Ihrem Geschmack zu sehr ins Detail gehen. Wenigstens wissen Sie auf diese Weise aber, was Sie dann vielleicht nicht wissen.

Unzählige Spar- und Anlage-, Kredit- und Kontoprobleme, die wir in den letzten zehn Jahren zusammen mit den Verbraucherzentralen begutachtet, analysiert und nachgerechnet haben, waren uns eine gute Vorbereitung auf die schwierige Aufgabe, kompetent Rat zu geben im Interesse des Verbrauchers. Gewiß werden Sie den Unterschied zu solchen Büchern bemerken, die nicht aus der Verbraucherberatung, sondern aus der Verkaufserfahrung heraus entstanden sind.

Ihr

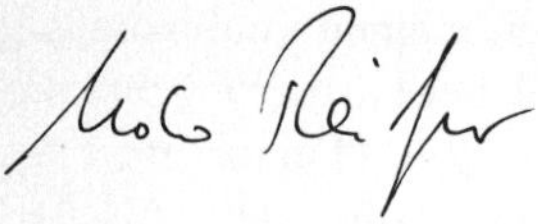

Prof. Dr. Udo Reifner
Direktor des Instituts Für Finanzdienstleistungen (IFF) e. V.

Leider ist es dem IFF nicht möglich, einzelne Verbraucher zu beraten. Dafür wenden Sie sich an die Verbraucherzentralen, die ständig die Ergebnisse unserer Untersuchungen in ihre Beratung einarbeiten und uns informieren, mit welchen Problemen Sie zu kämpfen haben. So bleiben wir in Kontakt mit Ihnen.

Das vorliegende Buch basiert auf dem Stand vom November 1997. Spätere Entwicklungen oder Angebote konnten nicht berücksichtigt werden.

Einleitung

Liebe Leserin, lieber Leser,
mit diesem Band haben Sie einen Ratgeber zur Hand, der Ihnen bei allen Fragen im Zusammenhang mit Schulden, die Sie nicht oder nicht in vollem Umfang begleichen können, helfen kann. Dabei kommen alle wesentlichen Fragen zur Sprache: Wir zeigen Ihnen, wie Sie einen Überblick über Ihre Finanzen bekommen, beraten Sie beim Aufbau einer Art «Schuldenmanagement», informieren Sie über Ihre Rechte als Schuldner (und auch über die Ihrer Gläubiger) und erklären Ihnen schließlich den am 1. 1. 1999 in Kraft tretenden Verbraucherkonkurs als eine Möglichkeit, sich von Schulden zu befreien.

Zu jedem dieser Schritte erhalten Sie wertvolle Hinweise, wie Sie Ihre Rechte wahren können. **Checklisten**, die Sie kopieren und individuell ausfüllen können, helfen Ihnen, sich über Ihre Situation klarzuwerden. Ein durchgängiger **Beispielsfall** zeigt Ihnen, wie sich abstrakte Formulierungen in konkrete Sachverhalte verwandeln, die Ihrem Alltag entsprechen. **Tips**, aber auch Warnungen (**Achtung**) weisen auf das hin, was Sie besonders beachten sollten. Und immer wieder wird am Ende eines Kapitels oder an sonst uns wichtig erscheinenden Stellen ein **Fazit** gezogen, in dem Sie das Wichtigste noch einmal zusammengefaßt finden.

Dieser Ratgeber ist so aufgebaut, daß Sie keine besonderen Vorkenntnisse besitzen müssen, um Ihre Schulden in den Griff zu bekommen. Dabei geht es nicht darum, Schulden überhaupt zu vermeiden. Schulden sind in unserer Gesellschaft zur Befriedigung von Konsumwünschen weit verbreitet und damit gleichzeitig ein Motor für die Wirtschaft. Hier geht es darum, *Über*schuldung zu beseitigen und für die Zukunft zu verhindern – einen Zustand also, in dem Sie Ihre Schulden nicht mehr begleichen können und der langsam Ihr Leben und Ihre Lebensfreude zerfrißt.

Schritt für Schritt erhalten Sie eine Einführung in die Thematik.

Sie lernen die Begriffe kennen, mit denen Sie in den Briefen von Gläubigern oder vom Gericht konfrontiert werden, und Sie erhalten eine Anleitung dafür, wie Sie Ihr Schuldenproblem bewältigen können. Dabei sollten Sie keine Scheu haben, alle Probleme offen anzugehen: Es gibt viele Menschen, denen es ähnlich geht wie Ihnen!

Wir sind davon ausgegangen, daß Sie den Band von Anfang bis Ende durchlesen. Deshalb wird in den späteren Kapiteln oft nur kurz erwähnt, was in den vorangegangenen ausführlicher erläutert wurde. Trotzdem können Sie in diesem Ratgeber auch nur einzelne Kapitel lesen, wenn Sie sich beispielsweise nur mit dem Haushaltsplan beschäftigen wollen, feststellen möchten, welche Rechte Sie als Schuldner in bestimmten Situationen haben, oder welche Chancen Ihnen das neue Verbraucherinsolvenzverfahren bringt. Zusätzlich haben wir an das Ende des Bandes ein kleines Begriffslexikon gestellt, in dem Sie die zentralen Begriffe rund um Ihre Schulden kurz nachschlagen können. Somit eignet sich dieser Band auch für «Quereinsteiger». Lesen Sie den Band im ganzen, verfügen Sie über ein fundiertes Grundwissen, mit dem Sie in die Lage versetzt werden, mit bestehenden Schulden richtig umzugehen und zukünftig Überschuldung zu vermeiden.

Schnell werden Sie merken, daß es zu vielen Problemen ganz unterschiedliche Antworten und nur selten einen einzigen «richtigen» Lösungsweg gibt. Ihre Entscheidungen sind oft durch Ihre individuellen Umstände geprägt, und dann kann dieser Ratgeber Ihnen nicht immer alle Ihre Fragen beantworten. Für diesen Fall haben wir Ihnen jeweils verschiedene Anlaufstellen genannt, bei denen Sie sich weiter beraten lassen können. Und auf jeden Fall wissen Sie dann, welche Fragen Sie dort stellen sollten.

Das Verbraucherinsolvenzverfahren ist eine Neuerung, mit dessen Hilfe Sie sich von Ihren Schulden unter bestimmten Bedingungen befreien können. Wir möchten aber davor warnen, es als eine Art Allheilmittel zu sehen, denn ohne die Unterstützung einer anerkannten Schuldnerberatungsstelle und oft auch nicht ohne entsprechende Veränderungen oder Anpassung Ihres Verhaltens werden Sie dieses komplizierte und langwierige Verfahren nur schwer durchstehen können. Nutzen Sie hier besonders die Beratungsangebote der Schuldnerberatungsstellen und der Verbraucherzentralen, damit Sie die Vorteile, die in dem neuen Verfahren für Sie stecken, auch tatsächlich nutzen können!

Als Schuldner werden Sie von vielen Gesetzen und Regelungen begleitet, die zum Teil zugunsten Ihrer Gläubiger, zum Teil aber auch zu Ihren Gunsten erlassen wurden. Diese Vorschriften sind immer wieder Änderungen unterworfen. Wir raten Ihnen deshalb, sicherheitshalber zu prüfen, ob nicht mittlerweile Gesetze geändert oder neue Regelungen eingeführt wurden. Die Angaben in diesem Band beziehen sich auf Ende 1997.

Ich komme mit meinen Schulden nicht mehr zurecht

1. Verschuldung – ein gesellschaftliches Problem?

Schulden machen gehört heute zu unserem Wirtschaftsleben. Nicht nur der Staat und die Wirtschaft machen Schulden, auch die einzelnen Menschen in diesem Land haben seit 1980 immer mehr auf Pump gekauft. Wie die nachfolgende Grafik zeigt, sind die «Konsumkredite», also Kredite, die für private Anschaffungen und Ausgaben vergeben wurden, seit 1980 um knapp 200 Prozent angestiegen. Diese überproportionale Zunahme macht deutlich, daß bei einer Vielzahl von Haushalten die Verschuldung durch Kreditaufnahme mittlerweile zum Wirtschaften wie selbstverständlich dazugehört.

Nach einer Untersuchung der Bundesregierung (GP-Forschungs-

Abbildung 1:
Konsumkreditverschuldung seit 1980, in Milliarden DM

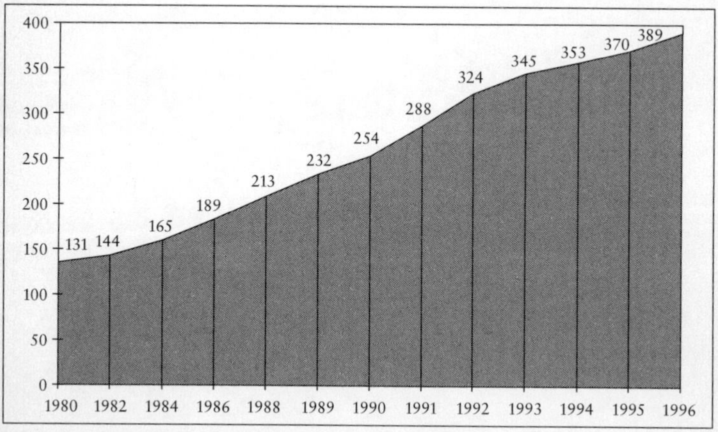

(Quelle: Deutsche Bundesbank-Nachrichten)

gruppe «Überschuldungssituation und Schuldnerberatung in der BRD», 1990) war bereits 1989 circa ein Drittel der Haushalte in den alten Bundesländern verschuldet, hatte also mindestens einen oder auch mehrere Kreditverpflichtungen zu erfüllen. Man kann davon ausgehen, daß zwischen einem Drittel bis zur Hälfte aller Haushalte in Deutschland für Anschaffungen zumindest zeitweilig einen Kredit aufnehmen. Der Slogan «Erst kaufen, später zahlen» ist allgegenwärtig und fordert regelrecht zum «Kauf auf Pump» heraus.

Wer einen Kredit in Anspruch nimmt, verpflichtet sich, den Darlehensbetrag in einer bestimmten Anzahl von Monaten ratenweise zurückzuzahlen. Ein Kredit stellt somit einen Vorgriff auf zukünftiges Einkommen und damit eine Anleihe auf die Zukunft dar. Die Ratenkreditbanken haben daher die Kreditaufnahme auch als eine Form des «Nachsparens» bezeichnet.

Eine Schuldenaufnahme ist so lange kein Problem, wie Sie die Raten aus Ihrem verfügbaren Einkommen bezahlen können und sich Ihre Einkommenssituation nicht wesentlich verändert. Verschuldung wird erst dann zum Problem, wenn Sie aus den unterschiedlichsten Gründen die Raten für Ihre Kredite nicht mehr bezahlen können. In diesem Fall spricht man von «Überschuldung». In Deutschland geht man von mittlerweile circa zwei Millionen Haushalten aus, die überschuldet sind.

2. Der Weg von der Verschuldung zur Überschuldung

Kredite sind heutzutage nicht nur zum normalen Bestandteil der Finanzen privater Haushalte geworden, sondern generell aus unserem Wirtschaftsleben nicht mehr wegzudenken. Kredite sind zudem ein wichtiges Verkaufsargument für Industrie und Handel, denn durch Kredite kann der Absatz erheblich gesteigert werden. Viele Menschen würden wahrscheinlich vom Kauf eines Autos oder einer neuen Möbelgarnitur Abstand nehmen, wenn sie das dafür benötigte Geld erst mühsam zusammensparen müßten. Höhere Absatzzahlen bewirken im allgemeinen auch wirtschaftliches Wachstum, und dies wiederum schafft und sichert Arbeitsplätze. Man könnte also zu dem Schluß gelangen, daß Kredite für unsere Marktwirtschaft unverzichtbar geworden sind.

Aber Verschuldung birgt natürlich auch immer die Gefahr der Überschuldung und letzten Endes der «Zahlungsunfähigkeit» in sich. Was versteht man nun unter Überschuldung und wie entsteht sie?

Überschuldung bezeichnet die Situation, in der ein Privathaushalt nach Abzug seiner Lebenshaltungskosten wie Miete, Energie- und Nahrungsmittelausgaben nicht mehr in der Lage ist, mit seinem restlichen verfügbaren Einkommen seinen Ratenverpflichtungen mindestens über einen Zeitraum von drei bis sechs Monaten nachzukommen.

Am Beispiel der Familie Rother, die Sie durch das ganze Buch begleiten wird, wollen wir Ihnen einmal einen möglichen Weg von der Ver- zur Überschuldung darstellen:

Beispiel:
Das Ehepaar Rother verfügt zunächst über ein ausreichendes Einkommen. Beide Ehepartner sind berufstätig und können sich einiges leisten. So haben sie sich für die gemeinsame Wohnung Möbel gekauft, einen Mittelklassewagen angeschafft, schöne Reisen unternommen und anderes mehr. Da sie nur über wenig Erspartes verfügten, mußten sie für das Auto und einen Teil der Möbel einen Kredit bei ihrer Hausbank, also der Bank, bei der sie zum damaligen Zeitpunkt auch ihr Girokonto unterhielten, aufnehmen. Dies war kein Problem, da sie aus ihrem Einkommen die Raten leicht bezahlen konnten.

Mit der Geburt ihres Sohnes Paul veränderten sich bei Familie Rother zum erstenmal die finanziellen Rahmenbedingungen. Frau Rother nahm Erziehungsurlaub, um sich ihrem Sohn widmen zu können, und erhielt somit statt ihres bisherigen Einkommens nur noch Erziehungs- und Kindergeld. Aber diese staatliche Unterstützung konnte das fehlende Einkommen von Frau Rother nicht ausgleichen. Im Gegenteil, die Kosten der Familie Rother nahmen durch das weitere Familienmitglied insgesamt erheblich zu. Die Ratenzahlungen für die Kredite, die vorher ohne Probleme bezahlt werden konnten, konnten nun nur noch mit Mühe aufgebracht werden.

Dann geriet die Firma, bei der Herr Rother beschäftigt war, in wirtschaftliche Schwierigkeiten, die einige Gehaltskürzungen erforderlich machten. So wurde ein Teil des Weihnachtsgeldes gestrichen und keine Überstunden mehr zugelassen. Dies machte sich bei Herrn Rother, der froh war, wenigstens seinen Arbeitsplatz behalten zu haben, dadurch bemerkbar, daß am Ende des Monats ein paar hundert Mark weniger auf der Gehaltsabrechnung erschienen.

Da die Belastungen der Familie Rother nicht gesunken waren, alle Zahlungsverpflichtungen aber stets pünktlich vom Konto abgebucht wurden, geriet das Konto langsam aber stetig immer mehr ins Minus. Für Familie Rother gab es dadurch zunächst kein Problem, denn ihr war von der Bank seinerzeit ein Dispositionskredit (Überziehungsrahmen) in Höhe von drei Nettogehältern eingeräumt worden.

Schließlich wurde Frau Rother ein zweitesmal schwanger, so daß an eine Rückkehr an ihren Arbeitsplatz vorerst nicht zu denken war. Zudem war nun die Zweizimmerwohnung deutlich zu klein geworden. Die neue Wohnung war teurer, dafür bekamen die Kinder aber ein eigenes Zimmer. Der Umzug konnte mit Hilfe von Freunden kostengünstig durchgeführt werden. Die Eltern der Rothers gaben auch noch einen finanziellen

Zuschuß, trotzdem konnten die Kosten des Umzugs und notwendige Neuanschaffungen nicht ganz ohne Kredit bezahlt werden. Die Bank faßte den bestehenden Kredit, das überzogene Girokonto und den neu benötigten Geldbetrag problemlos in einem neuen Gesamtkredit zusammen. Diesen Vorgang bezeichnet man als «Umschuldung». Nun mußte Familie Rother aber eine noch höhere Kreditrate bezahlen. Die Eheleute Rother dachten, diese zusätzliche Kreditbelastung mit Hilfe des zusätzlichen Kinder- und Erziehungsgeldes bezahlen zu können.

Aber das Girokonto der Rothers wurde schon nach kurzer Zeit wieder überzogen. Das Geld langte einfach nicht mehr. Pauls Füße wuchsen so schnell, daß er bald alle halbe Jahr neue Schuhe brauchte. Und nicht nur ein Paar, da er die Schuhe sehr beanspruchte. Auch Emma, der neue Familienzuwachs, konnte nur eingeschränkt die gebrauchten Sachen von Paul auftragen. Frau Rother wollte zusätzlich putzen gehen, um das Familieneinkommen aufzubessern, fand jedoch bislang keinen Job.

Dann wurde Herr Rother arbeitslos. Das Zweigwerk, in dem er arbeitete, wurde geschlossen. Herr Rother erhielt nur eine geringe Abfindung, da er noch nicht besonders lange dort gearbeitet hatte. Das Arbeitslosengeld reichte hinten und vorne nicht aus, um die Ausgaben der Familie zu decken. Im ersten halben Jahr der Arbeitslosigkeit half zwar die Abfindung etwas über die finanzielle Notsituation hinweg. Dann aber wurde das Girokonto immer weiter überzogen, bis die Bank die Versicherungsbeiträge nicht mehr abbuchte, die Stromrechnung zurückgehen ließ und einmal sogar die Miete nicht überwies.

Notwendige Kleidung für die Kinder wurde nun auf Raten bei Versandhäusern bestellt, da die Bank kein Geld mehr auszahlte. Die Bank überwies auch die Ratenzahlungen für den Kredit nicht länger vom Girokonto und kündigte Konto und Kredit. Herr Rother fand zwar wieder einen Arbeitsplatz, verdiente aber nun weniger als vorher und konnte seinen Ratenverpflichtungen nicht mehr vollständig nachkommen. Eine ganz normale Familie war finanziell zusammengebrochen.

Sie können an diesem Beispiel sehen, daß der Übergang von der Verzur Überschuldung nicht plötzlich von heute auf morgen erfolgt, sondern in der Regel durch mehrere unvorhergesehene Ereignisse ausgelöst wird. Dieser Vorgang zieht sich meist über mehrere Jahre hin. Deutlich wird auch, daß die Ratenbelastung zum Zeitpunkt der ersten Kreditaufnahme zunächst kein Problem darstellte. Die Kreditlaufzeiten betragen aber im Durchschnitt vier bis sechs Jahre. In solch einem langen Zeitraum können nicht vorhersehbare Veränderungen im finanziellen wie persönlichen Bereich auftreten, die eine Fortsetzung der Ratenzahlungen nicht oder nur unter erheblichen Einschränkungen zulassen.

Auch bei Familie Rother sind in diesem Zeitraum schöne wie unerfreuliche, aber stets nicht vorhergesehene Ereignisse eingetreten, die die finanziellen Rahmenbedingungen erheblich verschlechtert haben.

Da wäre zunächst die Geburt des ersten Kindes zu nennen, durch die erhebliche Einkommenseinbußen entstanden, da das Einkommen von Frau Rother wegfiel. Zusätzlich wurden die Finanzen der Familie durch die Gehaltskürzungen bei Herrn Rother belastet. Mit Hilfe von Freunden und Eltern konnte Familie Rother trotzdem zunächst noch ihre Zahlungsfähigkeit aufrechterhalten. Die Geburt des zweiten Kindes, besonders aber die erheblichen Einkommenseinbußen durch die Arbeitslosigkeit von Herrn Rother förderten letztlich den finanziellen Zusammenbruch der Familie.

Fazit: Überschuldung wird im wesentlichen durch nicht vorhersehbare Einkommenseinbußen ausgelöst. Das kann zum Beispiel durch Arbeitslosigkeit, Krankheit, Wegfall von Sondervergütungen und Zusatzeinkommen oder auch durch ein zeitweilig entfallendes zweites Einkommen durch die Geburt von Kindern geschehen.

Weitere Auslöser für den Übergang von der Ver- zur Überschuldung sind oft, wie Berichte der bereits erwähnten GP-Forschungsgruppe und von Schuldnerberatungsstellen belegen, Scheidungen, aber auch mangelnde Vorausschau der Betroffenen und fehlende Planungskompetenz. In den letzten Jahren stieg zusätzlich die Zahl überschuldeter Haushalte ehemals Selbständiger, die ihre Firma oder ihre freiberufliche Tätigkeit aufgeben mußten.

3. Auswege aus der Schuldensituation: Ein Hilfekonzept

Gibt es einen Ausweg aus der Schuldensituation? Wenn man überschuldet ist, sieht man oft keinen Ausweg und kein Licht am Ende des Tunnels. Die Zinsen und Kosten steigen an, eine Rückzahlung der Schulden ist mit dem vorhandenen Einkommen meist nicht möglich, eine Perspektive fehlt. Gläubiger drohen mit dem Gerichtsvollzieher, mit Lohnpfändung, gar mit der Abgabe einer eidesstattlichen Versicherung («Offenbarungseid») oder Haftstrafe, wenn man seine Schulden nicht zurückzahlt. Oft zahlen Schuldner in dieser bereits verfahrenen Situation kleine Raten, die meist nicht einmal die Zinsen decken, nur um Gläubiger zufriedenzustellen. Eine Lösung scheint dies nicht zu sein.

Wie können Sie nun einen Ausweg aus Ihrer Schuldensituation finden? Wie kann ein Hilfekonzept aussehen? In den nachfolgenden Kapiteln erhalten Sie Informationen darüber, wie Sie Ihre eigene Schuldensituation richtig bewerten, ein für Sie passendes Handlungskonzept entwickeln und Ihre Schuldensituation abmildern oder auf eine vollständige Entschuldung hinarbeiten.

Wir raten Ihnen aber, darüber hinaus auf jeden Fall bei größeren Lasten eine Schuldnerberatungsstelle aufzusuchen und sich dort beraten zu lassen. Dieses Buch kann keine seriöse Beratung ersetzen. Seriöse Schuldnerberatung wird ausschließlich von den Kommunen, Landkreisen oder den freien Trägern der Wohlfahrtspflege wie zum Beispiel Arbeiterwohlfahrt, Caritas, Diakonischem Werk, Paritätischem Wohlfahrtsverband oder den Verbraucherzentralen angeboten. Die Beratung ist kostenlos. Näheres zur Schuldnerberatung erfahren Sie auf den Seiten 214 ff.

Um ein Hilfekonzept entwickeln zu können, ist es zunächst notwendig, daß Sie Ihre persönliche, berufliche und finanzielle Situation genau analysieren, um eine Art «Schuldenmanagement» durchführen zu können. Der erste Schritt ist dabei der Überblick über Ihre Finanzen: Wie stellt sich Ihr Haushaltsbudget tatsächlich dar? Danach ist die Schuldensituation zu analysieren: Wo bestehen welche Schulden und in welcher Höhe? Und welche Mittel kann der Gläubiger oder können die Gläubiger gegen Sie anwenden? Damit Sie Ihre eigene Situation und die des Gläubigers realistisch einschätzen können, sind Kenntnisse über die Zwangsvollstreckung, also darüber, welche Mittel welchem Gläubiger gegen Sie zur Verfügung stehen, wie auch die Kenntnisse der eigenen Rechte von Bedeutung. Nachdem Sie eine umfassende Analyse Ihrer Einkommens- und Schuldensituation vorgenommen haben, ist weiter zu überlegen, wie nun eine Schuldenregulierung erreicht werden kann, die auch dic Interessen der Gläubigerseite angemessen berücksichtigt.

Einen möglichen Ausweg aus dem Schuldenkarussell kann Ihnen dabei eventuell der am 1. 1. 1999 in Kraft tretende «Verbraucherkonkurs» bieten. Im Kapitel «Verbraucherinsolvenzverfahren» stellen wir Ihnen diese neue Möglichkeit des privaten Konkurses vor. Ausführliche kostenlose Beratung und Informationen erhalten Sie auch zu diesem Thema bei den Schuldnerberatungsstellen, die wir Ihnen am Ende des Ratgebers ausführlich vorstellen.

Fazit: Die Grundlage, um angemessene Lösungen zu erarbeiten und die eigene Schuldensituation in den Griff zu bekommen, ist eine umfassende Analyse der finanziellen Situation. Diese umfaßt das Haushaltsbudget und die Schuldensituation.

Schuldenmanagement I

1. Wie bekomme ich einen Überblick über meine Finanzen?

Jedes Unternehmen muß jährlich eine Bilanz erstellen, aus der hervorgeht, wieviel Geld eingenommen und wieviel ausgegeben wurde. Damit wird auch ermittelt, wie hoch am Ende des Jahres der Überschuß des Unternehmens, also sein Gewinn ist. Zumindest ergibt sich, welche Defizite, also Verluste, im vergangenen Jahr erwirtschaftet wurden. Die Unternehmen sind dazu verpflichtet. In regelmäßigen Abständen sollte aber auch ein Privathaushalt eine solche «Bilanz» ziehen. Hat ein Privathaushalt «Miese gemacht», ist er verschuldet.

Bei einer Analyse Ihrer Haushaltsfinanzsituation sollten Sie immer auf Grundlage eines Jahres Haushaltseinkommen und -ausgaben auf einen Monat umrechnen. Dieses «fiktive» Monatsbudget führt Ihnen Ihren finanziellen Handlungsspielraum, aber auch finanzielle Probleme vor Augen.

Der erste Schritt, um sich aktiv mit der Schuldensituation auseinanderzusetzen, besteht darin, die aktuelle wie auch (soweit möglich) die zukünftige Einkommens- und Ausgabensituation genau zu überprüfen. «Schuldenmanagement I» zielt darauf, nach genauer Analyse die Organisation und Planung der vorhandenen Haushaltsmittel zu verbessern, um die Schuldensituation in den Griff zu bekommen.

Wann haben Sie das letzte Mal eine vollständige Übersicht über Ihre Einkommens- und Ausgabensituation aufgestellt? Führen Sie regelmäßig ein Haushaltsbuch? Viele leben nach der Devise «Irgendwie wird das Geld schon reichen, und wenn nicht, muß halt gespart werden». Viele Menschen gehen mit ihren persönlichen Finanzen so um, als würden sie auch beim Autofahren niemals einen Blick auf die Tankanzeige werfen.

Hier soll nicht mit dem großen Zeigefinger gedroht werden. Im

Gegenteil, dieses Buch soll Ihnen behilflich sein, mit einfachen Mitteln und geringem Aufwand einen Überblick über Ihre Finanzsituation zu bekommen, so daß Sie eine Planungsgrundlage für Entscheidungen in Finanzfragen haben. Denn bei jedem Kauf auf Raten wie bei jeder Kreditaufnahme müssen Sie genau prüfen, ob diese Entscheidung es nicht gleichzeitig erfordert, an anderer Stelle Abstriche vorzunehmen.

Im folgenden wollen wir Ihnen zeigen, was Sie bei der Einkommens- wie bei der Ausgabenermittlung beachten sollten und wie Sie Ihr monatliches Budget am besten planen und organisieren können, damit Sie nicht am Ende feststellen müssen: Wir sind hoffnungslos überschuldet!

2. Wie hoch ist mein Einkommen und was steht mir im Monat zur Verfügung?

Am Anfang steht die vollständige Analyse Ihrer Einkommenssituation. Sie werden sicherlich sagen, das sei sehr einfach. Dies mag in einem kleinen Haushalt vielleicht auch der Fall sein. Je größer jedoch der Haushalt und je vielfältiger die Einkommensquellen, desto eher kann man auch den Überblick verlieren. Gerade bei Paaren, die gemeinsam wirtschaften, kann es wichtig sein, auch das gesamte Einkommen des Partners zu kennen, um den gemeinsamen finanziellen Spielraum zu überblicken.

Beispiel: Herr Rother verdient im Jahr 1997 2750 DM netto pro Monat. Im Dezember erhält er zusätzlich noch ein halbes Gehalt als Weihnachtsgeld in Höhe von 1200 DM netto ausbezahlt. Urlaubsgeld erhält Herr Rother nicht. Frau Rother ist Hausfrau und betreut die gemeinsame Tochter Emma im Alter von 18 Monaten. Paul, der ältere Sohn, ist 5 Jahre alt und geht in den Kindergarten. Familie Rother erhält neben Kindergeld noch Erziehungsgeld in Höhe von 600 DM und Wohngeld in Höhe von 245 DM pro Monat.

Wie Sie aus diesem Beispiel erkennen können, verfügt Familie Rother nicht nur über ein einziges Einkommen, sondern erhält neben dem Arbeitslohn auch noch staatliche Einkommensunterstützung über Kindergeld, Erziehungsgeld und Wohngeld. Diese Einkommensformen nennt man «Transferleistungen».

Um das durchschnittliche Monatseinkommen von Familie Rother zu ermitteln, sollten die einzelnen monatlichen Einkommen zusammen mit einmaligen Zuwendungen, wie zum Beispiel dem Weihnachtsgeld, für ein Jahr hochgerechnet werden.

Familie Rother verfügt damit im Jahr 1997 voraussichtlich über ein Jahreseinkommen von 34200 DM (12 × 2750 DM + 1200 DM Weihnachtsgeld) Gehalt, 5280 DM Kindergeld und 2940 DM Wohngeld. Weiterhin erhält Familie Rother für Tochter Emma noch bis Juni 1997 Erziehungsgeld in Höhe von 600 DM monatlich. Somit kann sie von einem Jahresnettoeinkommen von 46020 DM ausgehen, was einem durchschnittlichen Monatseinkommen von 3835 DM entspricht. Hierbei ist eine mögliche Steuererstattung noch nicht einbezogen.

In das Jahreseinkommen sind nicht nur das jeweilige monatliche Nettoarbeitseinkommen einzurechnen, sondern auch zu erwartende Sondervergütungen wie

- Urlaubsgeld,
- Weihnachtsvergütungen,
- 13. oder auch 14. Monatsgehälter,
- Einkommen aus Nebenverdiensten, aber natürlich auch
- Kindergeld,
- Erziehungsgeld,
- Wohngeld,
- Unterhaltszahlungen für Tochter oder Sohn

und was sonst noch an Einnahmen zu verbuchen ist.

Wenn Sie darüber hinaus noch über Vermögen verfügen, sind hier die zu erwartenden oder gezahlten Zinseinnahmen aus vorhandenen Anlage- und Sparformen ebenfalls zu berücksichtigen.

Schwieriger wird die Einkommensermittlung, wenn Sie von keinem regelmäßigen und einigermaßen gleichbleibenden Monatseinkommen ausgehen können. Dies ist zum Beispiel der Fall, wenn Sie auf Stundenbasis bezahlt werden. Auch wenn Ihr Einkommen durch Überstundenvergütungen oder Zuschläge für Wochenend- und Feiertagsarbeit mitbestimmt wird, sieht Ihr tatsächliches Einkommen jeden Monat anders aus. Hier sollten Sie, zur eigenen Sicherheit und um einen kleinen «Puffer» mit einzuplanen, bei der Berechnung des Einkommens vom Festgehalt ausgehen und Überstundenvergütungen oder ähnliches zunächst nicht berücksichtigen. Überstundenvergütungen oder anderweitige Zuschläge könnten Sie nur dann mit einbeziehen, wenn Sie fest mit diesen Beträgen rechnen können. In der Regel ist dies aber nicht der Fall.

Besonders schwierig wird die Einkommensberechnung für die zukünftige Planung, wenn Sie Arbeitslosengeld, Arbeitslosenhilfe oder Krankengeld erhalten. Hier können Sie schlecht von einem Jahreseinkommen ausgehen, da Sie in der Regel ja nicht wissen, wie lange Sie noch arbeitslos bleiben oder krankgeschrieben sind. In diesem Fall sollten Sie von der aktuellen Situation ausgehen, das heißt Arbeitslosengeld/-hilfe oder Krankengeld auf einen Monat bezogen ermitteln. Die Arbeitslosenunterstützung wird einheitlich nach dem Modus «Wochensatz × 13 Wochen : 3» ermittelt. Wenn Herr Rother arbeitslos geworden wäre und einen Wochensatz von 430 DM Arbeitslosengeld erhielte, würde sein Monatseinkommen somit 430 × 13 : 3 = 1863 DM betragen.

Die Ermittlung Ihres durchschnittlichen Monatseinkommens soll eine verläßliche Planungsgröße für Sie darstellen. Daher ist es von besonderer Wichtigkeit, daß Sie hier Ihr Einkommen möglichst ehrlich und genau ermitteln. Eine «Schönfärberei» führt dazu, daß die Planungsgrößen nicht mehr stimmen. Auf die Dauer kann das zur Verschuldung, im schlimmsten Fall sogar zur Überschuldung führen. Wenn zum Beispiel Frau Rother einen Reinigungsjob mit einem maximalen Einkommen von 610 DM pro Monat annehmen würde, so wäre für eine realistische Einkommensermittlung wichtig zu wissen,

a) wie sicher sie überhaupt mit dem Einkommen jeden Monat rechnen kann,
b) ob sie von einem Einkommen in gleichbleibender Höhe ausgehen kann oder ob sie damit rechnen muß, je nach Arbeitsumfang unterschiedlich entlohnt zu werden, und
c) wie sich ihre Einkommenssituation bei Urlaub oder Krankheit entwickeln wird.

Diese Fragestellungen sollen die generelle Problematik von Nebenverdiensten bei der Finanzplanung deutlich machen. Einen monatlichen Nebenverdienst pauschal auf das Jahr hochzurechnen wird in der Regel nicht möglich sein.

Rechnen Sie wöchentliche und monatliche Beträge immer auf ein Jahr hoch, so daß die letzte Spalte vollständig ausgefüllt ist. Das Gesamteinkommen eines Jahres wird dann durch zwölf geteilt, um das durchschnittliche Monatseinkommen zu ermitteln. Dieses wiederum stellt die Grundlage für die weitere Budgetanalyse dar.

Checkliste 1: *Durchschnittliches Monatseinkommen*

Einkommen	**Woche**	**Monat**	**Jahr**
Lohn/Gehalt			
Lohn/Gehalt (Partner)			
Weihnachts-/Urlaubsgeld (gemeinsam)			
Nebenverdienst			
Einnahmen aus Vermietung oder Verpachtung			
Krankengeld			
Arbeitslosengeld/-hilfe			
Rente (zum Beispiel Alters- oder Berufsunfähigkeitsrente)			
Sozialhilfe			
Kindergeld (insgesamt)			
Erziehungsgeld			
Unterhalt			
Wohngeld			
Zinseinnahmen			
Steuervergütung			
Sonstiges			
Gesamtjahreseinkommen			
durchschnittliches Monatseinkommen (: 12)			

3. Wie sieht meine Ausgabensituation tatsächlich aus?

Wer hat schon einen genauen Überblick über seine monatlichen Ausgaben oder kann diese sogar aus dem Stand auf ein Jahr hochrechnen? Wissen Sie, ohne nachzuschauen, wann die nächsten Versicherungszahlungen oder die Kfz-Steuer fällig sind und in welchen Rhythmen diese Kosten anfallen?

Nur wer regelmäßig ein Haushaltsbuch führt, hat einen genauen Überblick über seine Ausgaben und kann bei Bedarf entsprechend Vorsorge treffen. Planen Sie also täglich zehn Minuten fest ein und notieren Sie dann die über den Tag verteilten Ausgaben. Ein Haushaltsbuch zu führen erfordert Konsequenz und Beständigkeit. Die Erfahrung zeigt leider, daß nicht jedem die tägliche Ausgabenerfassung gelingt und viele nur einen kurzen Zeitraum durchhalten.

Für das Haushaltsmanagement ist es auch nicht unbedingt notwendig, Buch zu führen. Sicher ist es von Vorteil, wenn Sie zeitweilig, zum Beispiel drei oder sechs Monate lang, jede Ausgabe genau notieren. Besonders für die Ermittlung der schwankenden Ausgaben, zum Beispiel für Lebensmittel, Kosmetika, Kleidung, aber auch für die Freizeit und Bildung oder für die Kinder, kann dies von Vorteil sein.

Den größten Teil der Ausgaben können Sie jedoch verhältnismäßig leicht über eine regelmäßige Analyse Ihrer Kontoauszüge ermitteln. Das Girokonto ist das Zentrum der Geldbewegungen eines Haushalts und damit bereits eine Art Soll-Haben-Bilanz. Dazu aber mehr im nächsten Abschnitt «Analyse der Einnahmen- und Ausgabensituation».

Bei der Ermittlung der Ausgaben müssen Sie zwischen «fixen» (= festen) und «variablen» (= veränderlichen) Ausgaben unterscheiden:

Fixe Ausgaben sind regelmäßig in derselben Höhe wiederkehrende Zahlungsverpflichtungen, zum Beispiel also monatliche, viertel- oder halbjährliche Zahlungen wie Miete und Versicherungsbeiträge.

Variable Ausgaben sind nicht genau vorherbestimmbare, unregelmäßig vorkommende Belastungen, wie zum Beispiel Ausgaben für Lebensmittel, Kleidung, Kosmetika, Reparaturen, Freizeit oder Bildung.

Fixe Ausgaben

Wenn Sie Ihre Ausgabensituation analysieren, sollten Sie sich zunächst auf die fixen Ausgaben Ihres Haushaltes konzentrieren. Dazu gehen Sie ähnlich wie bei den Einnahmen vor: Für einen ersten Überblick stellen Sie alle festen Ausgaben des Jahres zusammen. Rechnen Sie anhand dieser Summe Ihre Ausgaben auf einen durchschnittlichen Monatswert um. Bei Familie Rother würde das so aussehen:

Beispiel:
Familie Rother trägt alle Ausgaben auf einer Liste zusammen, um einen monatlichen Haushaltsplan aufstellen zu können:

- Wohnung (78 qm): 950 DM Kaltmiete, zzgl. 45 DM Nebenkosten (beides monatlich; wird automatisch abgebucht);
- Abschlag für Heizung, Strom und Wasser: 330 DM (zweimonatlich, jeweils am 20. eines Monats, also Januar, März etc.; wird automatisch abgebucht);
- Stellplatz für das Auto: 50 DM (monatlich);
- Kfz-Haftpflichtversicherung: 468 DM (halbjährlich am 1. 1. und 1. 7.);
- Kfz-Steuer: 320 DM (jährlich, am 15. 4.);
- Benzin: ca. 120 DM (monatlich);
- Telefon: ca. 50 DM (monatlich);
- Abonnement für Pay-TV: 48 DM (monatlich);
- Rundfunkgebühren an die GEZ: 81,40 DM (vierteljährlich, jeweils zum 15. 2. usw.);
- Ausbildungsversicherung für die beiden Kinder: je 50 DM (monatlich; besteht seit Geburt der Kinder);
- Kapitallebensversicherung für Herrn Rother: 105 DM (monatlich);

- Unfallversicherung für die ganze Familie: 52,40 DM (monatlich);
- Privathaftpflichtversicherung: 188 DM (jährlich 1. 1.);
- Rechtsschutzversicherung: 330 DM (jährlich am 15. 2.);
- Gewerkschaftsbeitrag: 37 DM (monatlich);
- Hausratversicherung: 254,80 DM (inkl. Glasversicherung [60 DM], jährlich zum 1. 1.; wird automatisch abgebucht);
- Tageszeitung: 100,50 DM (vierteljährlich zum 15. 3. usw.; wird automatisch abgebucht);
- Kreditrate an die A-Bank: 436 DM (monatlich, wird automatisch vom Konto abgebucht; der Kredit wurde im Oktober 1995 aufgenommen; die Kreditlaufzeit beträgt 60 Monate);
- Rate an O-Versand: 78 DM (monatlich, es sind noch 24 Raten zu bezahlen; der Kredit wurde für die Bestellung eines Kinderbettes und sonstiger Einrichtungsgegenstände für die Kinder aufgenommen);
- Raten an K-Versand: 49 DM (monatlich, noch 18 Monate zu zahlen; Frau Rother hat für sich und die Kinder Kleidung bestellt, nachdem sie das Bankkonto nicht mehr überziehen konnte);
- Raten an M-Einkaufsmarkt: 105 DM (monatlich, noch 24 Monate; hier ist eine dringend benötigte Couchgarnitur für das Wohnzimmer bestellt worden);
- Überziehungszinsen und Girokonto: ca. 145 DM (vierteljährlich, immer zum Quartalsende abgebucht. Diese Kosten sind davon abhängig, wie weit das Konto überzogen ist. Das Konto bei der A-Bank ist derzeit mit ca. 4000 DM überzogen. Das Limit des eingeräumten Dispositionskredites beträgt ebenfalls 4000 DM bei Zinsen von derzeit 11 Prozent, die pauschale Kontoführungsgebühr liegt bei 12 DM pro Monat);
- Sparvertrag: 100 DM (monatlich, wird automatisch abgebucht. Herr Rother spart jeden Monat auf einen Sparvertrag bei der A-Bank, den er vor zwei Jahren mit einer Laufzeit von sieben Jahren abgeschlossen hat);
- vermögenswirksamer Sparvertrag: 78 DM (monatlich, wird automatisch abgebucht. Der Arbeitgeber von Herrn Rother beteiligt sich nicht an den vermögenswirksamen Leistungen).

Die fixen Ausgaben sind in der Regel durch unterschiedliche Zahlungszeiträume gekennzeichnet. So gibt es neben monatlichen Zahlungen auch solche, die zweimonatlich, viertel- oder halbjährlich oder auch nur einmal im Jahr anfallen. Damit Sie Ihre durchschnittliche monatliche Ausgabenbelastung erkennen, sollten Sie, wie schon bei den Einnahmen, einen durchschnittlichen Monatssatz errechnen.

Die folgende Übersicht zeigt, wie die fixen Ausgaben unserer Beispielfamilie Rother auf einen durchschnittlichen Monat umgerechnet werden.

Tabelle 1:
Durchschnittliche monatliche fixe Ausgaben der Familie Rother

		Gesamte Ausgaben	Monatssumme
Wohnung			
Miete und Nebenkosten			995,00 DM
Abschlag für Heizung / Strom / Wasser		330,00 DM	165,00 DM
Garage			50,00 DM
GEZ / Kabel		81,40 DM	27,13 DM
Telefon			50,00 DM
Summe Wohnung			**1287,13 DM**
Kfz-Kosten			
Versicherung		468,00 DM	78,00 DM
Steuer		320,00 DM	26,67 DM
Benzin			120,00 DM
Wartung / Pflege			
Summe Kfz			**224,67 DM**
ÖPNV (öffentliche Verkehrsmittel)			
Summe Verkehr			**224,67 DM**
Versicherungen (ohne Kfz)			
Privathaftpflicht		188,00 DM	15,67 DM
Hausrat		254,80 DM	21,23 DM
Kapitallebensversicherungen			105,00 DM
Risikolebensversicherungen			
Unfall			52,40 DM
Rechtsschutz		330,00 DM	27,50 DM
sonstige: Ausbildungsversicherung für die Kinder		(2 × 50,00 DM)	100,00 DM
Summe Versicherungen			**321,80 DM**
Ratenverpflichtungen (Restlaufzeit)			
A-Bank	(33 Monate)		436,00 DM
O-Versand	(24 Monate)		78,00 DM
K-Versand	(18 Monate)		49,00 DM
M-Einkaufsmarkt	(24 Monate)		105,00 DM
Summe Ratenverpflichtungen			**668,00 DM**

Sonstige Ausgaben		
Gewerkschaftsbeitrag		37,00 DM
Zeitungsabonnement	100,50 DM	33,50 DM
Abonnement Pay-TV		48,00 DM
Kontoführung/Sollzinsen	145,00 DM	48,33 DM
Vermögenswirksamer Sparvertrag		78,00 DM
Sparvertrag		100,00 DM
Summe «Sonstige Ausgaben»		**344,83 DM**
Gesamte feste Ausgaben		**2846,43 DM**

Familie Rother hat demnach durchschnittlich feste monatliche Ausgaben von 2846,43 DM:

- Die Ausgaben für die Wohnung betragen etwa 33 Prozent des ermittelten Gesamteinkommens von 3835 DM.
- die Kosten für das Auto ca. 6 Prozent,
- für Versicherungen 8 Prozent,
- für Ratenverpflichtungen ca. 17 Prozent und
- für sonstige Ausgaben 9 Prozent.

Insgesamt werden 73 Prozent des Gesamteinkommens von Familie Rother für feste Ausgaben benötigt.

Mit Hilfe der folgenden Checkliste können auch Sie Ihre regelmäßigen (fixen) Kosten erfassen.

Checkliste 2: Durchschnittliche monatliche Festausgaben

	Gesamte Ausgaben	Monatssumme
Wohnung		
Miete und Nebenkosten		
Abschlag für Heizung/Strom/Wasser		
Garage		
GEZ/Kabel		
Telefon		
Summe Wohnung		
Kfz-Kosten		
Versicherungen (Haftpflicht, Kasko/Teilkasko)		
Steuer		
Benzin		
Wartung/Pflege		
Summe Kfz		
ÖPNV (öffentliche Verkehrsmittel)		

	Gesamte Ausgaben	Monatssumme
Summe Verkehr		
Versicherungen (ohne Kfz)		
Privathaftpflicht		
Hausrat		
Kapitallebensversicherungen		
Risikolebensversicherungen		
Unfall		
Rechtsschutz		
sonstige:		
Summe Versicherungen		
Ratenverpflichtungen (Laufzeit)		
(Monate)		
(Monate)		
(Monate)		
(Monate)		
Summe Ratenverpflichtungen		
Sonstige Ausgaben		
Summe «Sonstige Ausgaben»		
Gesamte feste Ausgaben		

Variable Ausgaben

Nach der Erfassung der fixen Ausgaben sind die veränderlichen Ausgaben zu ermitteln. Die veränderlichen Ausgaben, die zum Beispiel Kosten für

- Lebensmittel,
- Kleidung,
- Kosmetika,
- Reinigung,
- Freizeit,
- Bildung,
- Reparaturen oder auch Ersatzbedarf für den Haushalt (Haushaltsgeräte)

umfassen, sind sehr schwer festzuhalten, da sie nicht jeden Monat gleich hoch sind und unregelmäßig, oft nur bei Bedarf, auftreten.

Am leichtesten erhalten Sie auch hier wieder einen Überblick über die veränderlichen Ausgaben mit Hilfe eines Haushaltsbuchs. Dabei kann es schon ausreichen, wenn Sie nur für einen begrenzten Zeitraum, zum Beispiel für ein Vierteljahr, alle Ausgaben genau erfassen, um sich einen Überblick zu verschaffen und ein Gefühl dafür zu entwickeln, mit welchen Größenordnungen Sie hier rechnen müssen. Wenn Sie dieses Verfahren alle zwei Jahre wiederholen, können Sie erkennen, ob und wie sich bei Ihren veränderlichen Ausgaben Abweichungen nach oben oder unten gegenüber Ihrer letzten Überprüfung ergeben haben.

Wenn Ihnen keine verläßlichen Daten aus einem konkreten Haushaltsbuch zur Verfügung stehen, müssen Sie mit Pauschalen, also geschätzten Durchschnittsbeträgen arbeiten. Pauschalen haben den Nachteil, daß sie das Ausgabeverhalten eines Haushalts nicht wirklich genau widerspiegeln können. Sie sind somit bestenfalls ein Hilfsmittel, um eine erste Annäherung an die gesamte Ausgabensituation eines Haushalts zu ermöglichen.

In der Praxis der Schuldnerberatung werden hier, sofern keine konkreten Zahlen vorliegen, zwei Pauschalen gebildet:

Lebenshaltungskosten

In den Lebenshaltungskosten sind nicht nur die Lebensmittel, sondern auch die Kosten für Kosmetika, Reinigung, Freizeit und der Ersatzbedarf für Haushaltsgüter enthalten. Man geht hier von einem durchschnittlichen Mindestbedarf von 450 bis 500 DM für eine alleinstehende Person aus. Bei einem Mehrpersonenhaushalt beträgt der so geschätzte Lebensunterhalt mindestens 350 DM pro Person *. Bei Haushalten mit fünf und mehr Personen können diese Durchschnittswerte allerdings nicht ohne vorherige Prüfung der genauen Lebensumstände übernommen werden.

* Dieser Mindestbedarf orientiert sich am Sozialhilfesatz. Vom Sozialhilfesatz (zur Zeit im Durchschnitt 530 DM für den Haushaltsvorstand) werden die durchschnittlichen Kosten für Strom, Telefon, öffentlichen Nahverkehr, Kontoführungsgebühren, Tageszeitung etc. abgezogen, um diesen Betrag zu ermitteln. Der Restbedarf von 350 DM kann somit als eine realistische Mindestgröße angesehen werden.

Kleidungskosten

Die zweite Pauschale betrifft die Kleidungskosten. Kleidungskosten werden meist in ihrer Höhe unterschätzt. Außerdem fallen sie nicht regelmäßig, sondern eher periodisch, dafür dann aber in größerem Umfang an. Wieviel jemand für Kleidung ausgibt, kann sehr unterschiedlich sein. Angestellte, die mit Kunden Kontakt haben, werden mehr Geld in ihre Kleidung investieren müssen als zum Beispiel Monteure, die im Betrieb in ihre Arbeitskluft schlüpfen. Aber auch persönliche Vorlieben, zum Beispiel für besonders modische Kleidung, führen hier in der Praxis zu großen individuellen Abweichungen. Unabhängig von den individuellen Gegebenheiten hat man in der Schuldnerberatung dennoch versucht, einen durchschnittlichen Mindestbedarf zu ermitteln. Auch hier orientiert man sich wieder am minimalen Standard der Bekleidungsbeihilfe, die Sozialhilfeempfängern gewährt wird. Die Sozialämter haben unterschiedliche Bedarfsklassen entwickelt, die sich nach Alter, Geschlecht und Beruf unterscheiden lassen. Wenn man hier einen Durchschnitt zugrunde legt, soll eine Person mit 60 DM im Monat, also 720 DM im Jahr auskommen, um sich angemessen einzukleiden.

Am Beispiel der Familie Rother, die bislang auch kein Haushaltsbuch geführt hat, soll demonstriert werden, was bei Anwendung dieser durchschnittlichen Pauschalen herauskommt:

Zur Familie Rother gehören vier Personen. Je Haushaltsmitglied wäre eine Pauschale für den Lebensunterhalt von 350 DM anzunehmen. Demnach sollten für die gesamte Familie monatlich 1400 DM ausreichen. Als Bekleidungspauschale wird von 60 DM monatlich pro Person ausgegangen, so daß hier für die Familie durchschnittlich 240 DM für Kleidung zur Verfügung stehen sollten. Insgesamt ergeben sich so variable Ausgaben von 1640 DM.

Falls Ihnen die Pauschalen für Lebensunterhalt und Kleidungskosten zu hoch angesetzt erscheinen, bedenken Sie bitte, daß in diesen Kosten keinerlei Rücklagen für Urlaub oder außerordentlichen Reparaturbedarf zum Beispiel beim Auto oder bei der Waschmaschine berücksichtigt wurden. Auch die Kosten für Genußmittel, besonders für Raucher, werden hier vernachlässigt. Allein bei einer Schachtel Zigaretten pro Tag entstehen für einen Raucher Kosten in Höhe von ungefähr 150 DM im Monat.

Sie können nun selbst in die folgende Checkliste die für Sie (Ihre

Familie) zutreffende Pauschale für die variablen monatlichen Kosten eintragen:

Checkliste 3:
Grobe Schätzung der veränderlichen monatlichen Ausgaben

Lebenshaltungskosten insgesamt	
Kleidungskosten insgesamt	
Gesamte variable Ausgaben	

Fazit: Alle Ausgaben sollten auf einen Monat umgerechnet werden, um einen rechnerischen Vergleichswert zu den Einnahmen zu ermitteln. Erfassen Sie alle Ausgaben, die tatsächlich geleistet werden – aber auch nur diese. Bei den veränderlichen Ausgaben sind bevorzugt Ihre tatsächlichen Ausgaben heranzuziehen. Wenn Sie ein Haushaltsbuch führen, und sei es auch nur für drei Monate, um sich ein Bild zu machen, erhöhen Sie damit die Genauigkeit bei der Bestimmung der Höhe der veränderlichen Ausgaben. Ersatzweise können aber auch pauschalierte Summen für Lebensunterhalt und Bekleidungsbedarf herangezogen werden. Die Richtgröße für Alleinstehende sind 450 DM pro Monat, bei größeren Haushalten 350 DM pro Person. Die angemessene Pauschale für Bekleidung liegt bei 60 DM pro Monat.

4. Analyse der Einnahmen- und Ausgabensituation

Nachdem Sie Ihr durchschnittliches Einkommen und Ihre durchschnittlichen Ausgaben auf einen Monat umgerechnet haben, können Sie eine erste Bilanz ziehen. Dadurch können Sie wie ein Unternehmen Ihren individuellen monatlichen Überschuß oder aber Ihr monatliches Defizit ermitteln. Bei Familie Rother sieht das wie folgt aus:

Tabelle 2: *Überschuß-Defizit-Berechnung der Familie Rother*

Summe Einkommen	3835,00 DM
Summe fixe Ausgaben	– 2966,43 DM
Zwischensumme	**868,57 DM**
veränderliche Ausgaben	– 1640,00 DM
Überschuß / Defizit	**– 771,43 DM**

Nach Abzug der fixen Ausgaben verbleibt Familie Rother ein Resteinkommen von etwa 868 DM, die sie für die veränderlichen Ausgaben aufwenden kann, sprich für Lebenshaltungs- und Bekleidungskosten. Dieser Restbetrag reicht – wie man leicht erkennen kann – für eine vierköpfige Familie nicht aus, um den Lebensunterhalt zu sichern. Selbst wenn Familie Rother den angesetzten Mindestbetrag in Höhe von 1640 DM für Lebensunterhalt und Bekleidung nicht in voller Höhe benötigen sollte, muß doch festgestellt werden, daß sie mit ihrem Haushaltsbudget unweigerlich ins Defizit gerät.

Um die Situation für Ihren Haushalt zu beurteilen, hier noch einmal die Checkliste für Sie zum Eintragen ohne die Daten der Familie Rother:

Checkliste 4: Überschuß-Defizit-Berechnung

Summe Einkommen	
Summe Ausgaben	–
Zwischensumme	
veränderliche Ausgaben	–
Überschuß / Defizit	+/–

Pfändbarer Teil des Einkommens

Um Ihr Monatsbudget richtig zu bewerten, sollten Sie sich zur Kontrolle noch mit einem anderen, vielleicht auf den ersten Blick etwas erschreckenden Bewertungskriterium vertraut machen: dem pfändbaren Teil des Einkommens. Was, so werden Sie fragen, hat dieser Betrag mit der Bewertung Ihrer Haushaltssituation zu tun, wenn gar keine Pfändung vorliegt?

Der pfändbare Teil ist der Teil des Einkommens, den ein Gläubiger, notfalls mit Zwang, vom Schuldner einfordern kann. Das pfändungsfreie Einkommen, also das Einkommen nach Abzug des möglichen Pfändungsbetrags, stellt somit eine Art Existenzminimum dar, das Ihnen auf jeden Fall verbleiben muß, auch wenn eine Pfändung eingeleitet werden sollte. Kein Gläubiger kann über das pfändbare Einkommen hinaus an dieses gesicherte, pfändungsfreie Einkommen heran (Näheres zur Pfändung von Lohn und Gehalt im Abschnitt «Lohnpfändung», S. 121 ff.).

Wie hoch der pfändbare Teil Ihres Einkommens ist und wieviel pfändungsfrei ist, können Sie anhand der offiziellen Pfändungstabellen ermitteln, die regelmäßig (wenn auch oft leider sehr verspätet) den veränderten Lebensbedingungen in Deutschland angepaßt werden. Die zur Zeit aktuellen Pfändungstabellen (Stand November 1997) finden Sie im Anhang dieses Ratgebers.

Wie nun der pfändbare Betrag eines Einkommens mit in die Budgetanalyse einbezogen werden kann, wollen wir wieder am Beispiel der Familie Rother demonstrieren:

Beispiel:
In der Familie von Herrn Rother leben außer ihm drei unterhaltsberechtigte Personen, nämlich seine Frau und seine beiden minderjährigen Kinder. Für seinen Haushalt gilt also die Spalte 3 der Pfändungstabelle. Bei einem Nettoeinkommen von 2750 DM läßt sich hier ein pfändbares Einkommen von 108,30 DM ablesen. Dabei ist das Weihnachtsgeld, das Herr Rother erhält, nicht berücksichtigt. Kindergeld, Erziehungsgeld und auch Wohngeld sind grundsätzlich nicht pfändbar.

Somit stellt Herr Rother fest, daß er deutlich mehr Raten für seine Kredite bezahlt, als die Banken von seinem Einkommen pfänden könnten: Inklusive der Überziehungszinsen bezahlt Herr Rother monatlich 716,33 DM (668 DM + 48,33 DM) an seine Kreditgeber; das sind immerhin 608,03 DM mehr, als diese ihm gegenüber mit einer Gehaltspfändung zwangsvollstrecken könnten. Der pfändbare Betrag von 108,30 DM bezieht sich dabei nicht auf nur einen Gläubiger, sondern betrifft alle ausstehenden Forderungen insgesamt.

Bei Herrn Rother steht der Pfändungsbetrag in krassem Mißverhältnis zur Höhe seiner tatsächlichen Ratenverpflichtungen. Sieht es auch bei Ihnen so aus, ist zu befürchten, daß Sie die Ratenzahlungsverpflichtungen nicht lange durchhalten können: Über kurz oder lang wird es durch die Negativdifferenz zwischen Ausgaben und Einkommen zu einem immer größeren Schuldenloch kommen, das sich meist in Form weiterer Überziehungen auf dem Girokonto bemerkbar macht, soweit hier überhaupt noch Spielraum besteht. Welche Möglichkeiten sich in einem solchen Fall bieten, wird in den nächsten beiden Kapiteln dargestellt.

Achtung: Weist Ihre Überschuß-Defizit-Berechnung einen erheblichen Negativbetrag aus, sind Ihre derzeitigen Ausgaben höher als Ihr Einkommen. Möglicherweise wird dann auch die Kontrolle über den pfändbaren Teil Ihres Einkommens zeigen, daß Sie mehr Ratenverpflichtungen eingegangen sind, als Sie auf längere Sicht tragen können.

In diesem Fall sollten Sie unbedingt sofort handeln.

5. Wie kann ich meine Finanzen besser planen?

Wie Sie am Beispiel der Familie Rother gesehen haben, ist heutzutage eine genaue Planung und Kontrolle der Finanzen des eigenen Haushalts äußerst wichtig. Für Wirtschaftsunternehmen ist eine solche «operative Kontrolle» unter dem Begriff «Controlling» längst selbstverständlich geworden. Besonders, wenn Sie einen Kredit zurückzuzahlen haben, ist es unumgänglich, auch die privaten Finanzen einer strengen Kontrolle zu unterziehen. Der regelmäßige Überblick über die eigenen Finanzen hilft, Fehlentwicklungen schneller zu entdecken und damit auch schneller Abhilfe schaffen zu können.

Oft zeigt sich in der Praxis der Schuldnerberatung das Problem, daß viele Ratsuchende zwar genau über die Zahlungseingänge, aber nur ungenügend über die Abgänge von ihrem Girokonto informiert sind. Wer nicht regelmäßig seine Kontoauszüge studiert oder sich die Zahlungstermine für jede einzelne Zahlung genau notiert, verliert schnell den Überblick über seine Ausgaben.

Eine Überprüfung Ihrer Finanzen wird Ihnen dabei nicht immer leicht gemacht, denn die automatische und fristgerechte Abbuchung vom Konto mittels Einzugsermächtigung «erspart» Ihnen die Vormerkung des Zahlungstermins. Alles läuft, ohne daß Sie sich darum kümmern müssen, wie von selbst. Durch die Segnungen eines immer weiter fortschreitenden automatisierten Zahlungsverkehrs bis hin zum «Electronic Banking» meinen viele, sie könnten sich getrost zurücklehnen und alles seinen geregelten Gang gehen lassen. Das Gegenteil ist jedoch der Fall: Durch großzügige Dispositionsrahmen haben die meisten dafür gesorgt, daß die «Warnlämpchen» erst sehr spät zu leuchten beginnen. Hier sind Sie selbst gefordert, Ihre Finanzen überschaubar zu gestalten und so im Griff zu behalten.

Es gibt zwei erprobte Möglichkeiten, um eine bessere Übersicht über die eigene Ausgabenstruktur zu bekommen:

Erste Methode: Erstellen Sie eine Jahresübersicht über die jeweilig tatsächlich anfallenden monatlichen Ausgaben: So können Sie erkennen, in welchen Monaten besonders hohe Ausgaben zu erwarten sind. Aber Sie können auch sehen, in welchen Monaten noch Spielraum bleibt, um Rücklagen zu bilden.

Für Familie Rother finden Sie eine ausführliche Jahresübersicht auf den Seiten 46 f.

Wie aus dieser Jahresübersicht deutlich abzulesen ist, gibt es in den Monaten Januar, Juli und September erhebliche «Belastungsspitzen». In diesen Monaten stehen Familie Rother, wenn sie keine Vorsorge trifft, nur zwischen 230 und 460 DM zum Leben zur Verfügung (Gesamteinkommen minus Fixkosten). Weiterhin läßt sich erkennen, wie sehr die Finanzen der Familie unter Druck geraten, wenn das Erziehungsgeld für Frau Rother entfällt.

Durch eine detaillierte Jahresübersicht können Sie genau erkennen, welche Zahlungsströme monatlich zu erwarten sind und durch entsprechende Vorsorge Zahlungsengpässe vermeiden. So ist Ihnen auch stets klar, wieviel Geld Ihnen tatsächlich frei zur Verfügung steht.

Auf den Seiten 48 f. finden Sie mit Checkliste 5 eine Vorgabe für Ihre eigene Jahresübersicht.

Zweite (etwas vereinfachte) Methode: Halten Sie fest, in welchen Monaten besondere Festausgaben anstehen, also zum Beispiel Zahlungen, die nur jährlich, halbjährlich, quartalsweise oder zweimonatlich anfallen. Diese Ausgaben werden oft per Einzugsermächtigung vom Konto abgebucht. Wenn der halbjährliche Beitrag zur Kfz-Haftpflichtversicherung abgebucht wird, muß so geplant werden, daß diese Summe auf dem Konto zur Verfügung steht, damit nicht unnötig Überziehungszinsen bezahlt werden müssen.

Auch hier sei am Beispiel der Familie Rother demonstriert, wie eine solche Planung aussehen könnte (siehe Seite 50):

Tabelle 3: Jahresübersicht Einkommen/Ausgaben der Familie Rother

Familie Rother					**Anzahl Personen: 4**					**Datum:**			**1997**
Einkommen/Ausg.	**Jan.**	**Febr.**	**März**	**April**	**Mai**	**Juni**	**Juli**	**Aug.**	**Sept.**	**Okt.**	**Nov.**	**Dez.**	**Gesamt**
							Einkommen						
Gehalt	2750,00	2750,00	2750,00	2750,00	2750,00	2750,00	2750,00	2750,00	2750,00	2750,00	2750,00	2750,00	**33000,00**
Kindergeld für 2 Kinder	440,00	440,00	440,00	440,00	440,00	440,00	440,00	440,00	440,00	440,00	440,00	440,00	**5280,00**
Erziehungsgeld (bis max. 24 Monate)	600,00	600,00	600,00	600,00	600,00	600,00							**3600,00**
Wohngeld	245,00	245,00	245,00	245,00	245,00	245,00	245,00	245,00	245,00	245,00	245,00	245,00	**2940,00**
Weihnachtsgeld											1200,00		**1200,00**
Gesamteinkommen	**4035,00**	**4035,00**	**4035,00**	**4035,00**	**4035,00**	**4035,00**	**3435,00**	**3435,00**	**3435,00**	**3435,00**	**4635,00**	**3435,00**	**46020,00**
							Ausgaben						
Miete + Nebenkosten	995,00	995,00	995,00	995,00	995,00	995,00	995,00	995,00	995,00	995,00	995,00	995,00	**11940,00**
Abschlag für Heizung/ Strom/Wasser	330,00		330,00		330,00		330,00		330,00		330,00		**1980,00**
Garage	50,00	50,00	50,00	50,00	50,00	50,00	50,00	50,00	50,00	50,00	50,00	50,00	**600,00**
GEZ/Kabel		81,40			81,40			81,40			81,40		**325,60**
Telefon	50,00	50,00	50,00	50,00	50,00	50,00	50,00	50,00	50,00	50,00	50,00	50,00	**600,00**
Kfz-Versicherung	468,00						468,00						**936,00**
Kfz-Steuer			320,00										**320,00**
Kfz-Benzin / ÖPNV	120,00	120,00	120,00	120,00	120,00	120,00	120,00	120,00	120,00	120,00	120,00	120,00	**1440,00**
Privathaftpflicht	188,00												**188,00**
Hausratversicherung	254,80												**254,80**

Unfallversicherung	52,40	52,40	52,40	52,40	52,40	52,40	52,40	52,40	52,40	52,40	52,40	52,40	**628,80**
Lebensversicherung	105,00	105,00	105,00	105,00	105,00	105,00	105,00	105,00	105,00	105,00	105,00	105,00	**1 260,00**
Ausbildungsversicherung für Kinder	100,00	100,00	100,00	100,00	100,00	100,00	100,00	100,00	100,00	100,00	100,00	100,00	**1 200,00**
Rechtsschutz		330,00											**330,00**
A-Bank-Rate	436,00	436,00	436,00	436,00	436,00	436,00	436,00	436,00	436,00	436,00	436,00	436,00	**5 232,00**
O-Versand-Rate	78,00	78,00	78,00	78,00	78,00	78,00	78,00	78,00	78,00	78,00	78,00	78,00	**936,00**
K-Versand-Rate	49,00	49,00	49,00	49,00	49,00	49,00	49,00	49,00	49,00	49,00	49,00	49,00	**588,00**
M-Einkaufsmarkt-Rate	105,00	105,00	105,00	105,00	105,00	105,00	105,00	105,00	105,00	105,00	105,00	105,00	**1 260,00**
Abonnement Pay-TV	48,00	48,00	48,00	48,00	48,00	48,00	48,00	48,00	48,00	48,00	48,00	48,00	**576,00**
Abonnement Tageszeitung			100,50			100,50			100,50			100,50	**402,00**
Gewerkschaftsbeitrag	37,00	37,00	37,00	37,00	37,00	37,00	37,00	37,00	37,00	37,00	37,00	37,00	**444,00**
Vermögenswirksame Leistungen	78,00	78,00	78,00	78,00	78,00	78,00	78,00	78,00	78,00	78,00	78,00	78,00	**936,00**
Sparvertrag	100,00	100,00	100,00	100,00	100,00	100,00	100,00	100,00	100,00	100,00	100,00	100,00	**1 200,00**
Kontogebühren / Sollzinsen			145,00			145,00			145,00			145,00	**580,00**
monatliche Fixkosten	**3644,20**	**2814,80**	**3298,90**	**2403,40**	**2814,80**	**2648,90**	**3201,40**	**2484,80**	**2978,90**	**2403,40**	**2814,80**	**2648,90**	**34 157,20**
Lebensunterhalt (inkl. Kleidung)	1640,00	1640,00	1640,00	1640,00	1640,00	1640,00	1640,00	1640,00	1640,00	1640,00	1640,00	1640,00	**19 680,00**
Gesamtausgaben	5284,20	4454,80	4938,90	4043,40	4454,80	4288,90	4841,40	4124,80	4618,90	4043,40	4454,80	4288,90	**53 837,20**
Überschuß / Defizit	**–1249,20**	**– 419,80**	**– 903,90**	**– 8,40**	**– 419,80**	**– 253,90**	**–1406,40**	**– 689,80**	**–1183,90**	**– 608,40**	**180,20**	**– 853,90**	**– 7817,20**

Checkliste 5: Jahresübersicht Einkommen/Ausgaben

Name:						**Anzahl Personen:**					**Datum:**		
Einkommen/Ausg.	**Jan.**	**Febr.**	**März**	**April**	**Mai**	**Juni**	**Juli**	**Aug.**	**Sept.**	**Okt.**	**Nov.**	**Dez.**	**Gesamt**
							Einkommen						
Gehalt/Gehälter													
Alg/Alhi/Uhg													
Krankengeld													
Unterhalt													
Rente(n)													
Sozialhilfe													
Nebenverdienst													
Kindergeld/ Erziehungsgeld													
Wohngeld/ Lastenzuschuß													
Gesamteinkommen													
							Ausgaben						
Miete + Nebenkosten													
Heizung													
Strom/Wasser													
GEZ/Kabel													
Telefon													
Kfz-Versicherung													

Kfz-Steuer													
Kfz-Benzin / ÖPNV													
Privathaftpflicht													
Hausratversicherung													
Unfallversicherung													
Lebensversicherung													
Rechtsschutz													
Ratenzahlungen													
Ratenzahlungen													
Unterhalt													
Beiträge (Verein / Kiga / Gewerkschaft)													
Abonnements													
Kontogebühren / Sollzinsen													
Sonstige													
Sonstige													
monatliche Fixkosten													
Lebensunterhalt (inkl. Kleidung)													
Gesamtausgaben													
Überschuß / Defizit													

Beispiel:
Fixausgaben der Familie Rother, die nicht monatlich zu bezahlen sind:

Kfz-Haftpflichtversicherung	468,00 DM × 2	=	936,00 DM
Kfz-Steuer	320,00 DM × 1	=	320,00 DM
Rundfunkgebühren (GEZ)	81,40 DM × 4	=	325,60 DM
Privathaftpflichtversicherung	188,00 DM × 1	=	188,00 DM
Rechtsschutzversicherung	330,00 DM × 1	=	330,00 DM
Hausratversicherung	254,80 DM × 1	=	254,80 DM
Tageszeitung	100,50 DM × 4	=	402,00 DM
Kontogebühren und Zinsen	145,00 DM × 4	=	580,00 DM
Summe nicht monatlicher Fixausgaben im Jahr			**3336,40 DM**

Das bedeutet, daß Familie Rother jeden Monat durchschnittlich mindestens 278 DM ansparen muß, damit zum Zeitpunkt der Abbuchungen Deckung auf dem Konto vorhanden ist.

Eine angemessene Budgetplanung muß also mit einplanen, daß rechtzeitig genügend Mittel zur Verfügung stehen, um diese Fixkosten pünktlich zu begleichen.

Tip: Zur Ansparung gibt es mehrere Möglichkeiten: Eine davon ist, den errechneten Durchschnittsbetrag jeden Monat auf dem Konto stehenzulassen, ihn also nicht selbst abzuheben und dafür Sorge zu tragen, daß er auch durch andere nicht abgebucht wird. Es muß also, neben diesem Betrag, stets soviel auf dem Konto verbleiben, daß dieser Betrag nicht angetastet wird. Dies erfordert eine hohe Selbstdisziplin, denn die Hemmschwelle, beim Konto zuzugreifen, wenn das Geld gut für andere Zwecke gebraucht werden könnte, ist verhältnismäßig niedrig.

Eine andere Möglichkeit ist, den errechneten Betrag auf einem Unterkonto des Girokontos oder auf einem Sparkonto monatlich anzusparen. Zu den entsprechenden Zahlungsterminen wird der notwendige Betrag dann wieder auf dem Konto zur Verfügung gestellt.

6. Was kann ich bei meinen Ausgaben einsparen?

Einsparungen im Haushaltsbudget vorzunehmen, ist der schwierigste Teil der Haushaltsplanung. Viele beginnen deshalb erst dann, über Einsparungen nachzudenken, wenn der äußere Druck bereits so stark geworden ist, daß keine andere Möglichkeit mehr bleibt. Ist die Haushaltskasse erst leer oder zahlt die Bank kein Geld mehr aus, ist es zu spät, um freie Entscheidungen zu treffen und selbst bestimmen zu können, was notwendig ist und worauf verzichtet werden kann. Wirtschaftlicher Zwang, nicht Vernunft, ist leider immer noch die am häufigsten anzutreffende Triebfeder unseres Sparverhaltens.

Dabei sollte Sparen nie zum Selbstzweck geraten. Wer sich im Alltag überhaupt nichts gönnt, läuft Gefahr, zu besonderen Anlässen nur um so mehr über die Stränge zu schlagen. Ziel des Sparens sollte immer sein, finanzielle Freiräume zu schaffen, um damit auch die Freiräume eigener Entscheidungen zu sichern.

Das kann sowohl die Alters- wie die Risikovorsorge betreffen. Aber auch die Entscheidung, welches Urlaubsziel Sie für den nächsten Sommer wählen, wird von Ihren finanziellen Freiräumen mitbestimmt.

Prioritätenliste: Bevor Sie nun den Rotstift ansetzen, sollten Sie zunächst eine Prioritätenliste aufstellen. Sortieren Sie Ihre Ausgaben auf dieser Liste danach,

- welche Ausgaben unvermeidlich sind,
- auf welche in Krisensituationen verzichtet werden könnte, und
- welche Ausgaben eingespart werden könnten, ohne daß Sie damit erheblich an Lebensstandard einbüßen würden.

Für welche Einsparungen Sie sich letztlich entscheiden, hängt überwiegend von Ihren persönlichen Bedürfnissen und Ihrer Lebensplanung ab. Sie sollten Einsparaktionen immer mit Partnern und anderen beteiligten Personen, auch Kindern, ausführlich besprechen. Denken Sie politisch: «Von oben diktierte» Einsparungen sorgen für Groll und Zwist. Über vernünftige Sparmaßnahmen, deren Notwendigkeit von jedem einzusehen ist, läßt sich schnell Einigkeit erzielen. Und wenn die Gründe offen auf den Tisch gelegt werden, fällt es jedem leichter, auch Einbußen zu akzeptieren und mitzutragen.

Obwohl Einsparungen eine sehr persönliche Angelegenheit sind und individuell immer ganz anders aussehen werden, möchten wir Ihnen an einigen Beispielen zeigen, welche Aspekte man bei einer vernünftigen Einsparaktion berücksichtigen sollte.

Versicherungen

Notwendiger Versicherungsschutz: Nimmt man den Versicherungsschutz bundesdeutscher Haushalte unter die Lupe, ist immer wieder festzustellen, daß einerseits überteuerte und andererseits völlig überflüssige Versicherungen bestehen. Grundsätzlich sollten Sie für Ihren Haushalt überlegen, welche Risiken in welcher Form unbedingt abzudecken sind. Die folgende Checkliste (Seite 53) soll Ihnen helfen, Ihre persönliche Bewertung vorzunehmen.

Krankenversicherung und Rentenversicherung sind hier nicht aufgeführt, da diese in der Regel obligatorisch über den Arbeitgeber abgeführt werden. Sollten Sie nicht angestellt arbeiten, steht eine Krankenversicherung in der Rangliste natürlich auf Platz 1!

Falls Sie die «Kapitallebensversicherung» in dieser Liste vermissen, sollten Sie wissen, daß es sich bei dieser erst in zweiter Linie um eine Versicherung handelt. Bei einer Kapitallebensversicherung steht die Ansparung von Kapital, also die Geldanlage im Vordergrund. Wir werden uns später eingehender mit ihr auseinandersetzen.

Überprüfen Sie Ihre Versicherungsausgaben, ob hier nicht Einsparungen möglich sind, indem Sie zum Beispiel unnötige oder zu teure Versicherungen aufgeben (s. S. 54ff.). In vielen Zeitschriften

Checkliste 6: Versicherungsschutz

	besteht	besteht nicht
Unverzichtbare Versicherungen		
Privathaftpflichtversicherung		
Kfz-Haftpflichtversicherung (falls Auto vorhanden)		
Berufsunfähigkeitsversicherung für den Hauptverdiener		
Risikolebensversicherung für den Hauptverdiener (bei jungen Familien)		
Für Hausbesitzer: Gebäudeversicherung, Gewässerschädenversicherung (Öltank)		
Für Hundebesitzer: Tierhaftpflichtversicherung		
Empfehlenswerte Versicherungen		
Hausratversicherung		
Unfallversicherung (bei jungen Familien)		
Kasko-/Teilkaskoversicherung (bei Neuwagen bis zu drei Jahren)		
Weniger wichtige Versicherungen		
Rechtsschutzversicherung		
Reisegepäckversicherung		
Unnötige Versicherungen		
Glasbruchversicherung		
Insassenhaftpflichtversicherung		
Ausbildungsversicherung (meist teure «Unfallversicherung mit Beitragsrückerstattung»)		

werden regelmäßig Versicherungsangebote getestet. Hier können Sie sich darüber informieren, wo Sie die günstigsten Versicherungen finden. Zusätzliche Beratung bieten Ihnen auch die Verbraucherzentralen.

Tip: Sofern Sie Arbeitslosenhilfe beziehen, werden die Kosten für Privathaftpflicht- und Hausratversicherung bei der Einkommensberechnung berücksichtigt. Sollten Sie auf Sozialhilfe angewiesen sein, werden diese Kosten vom Sozialamt übernommen.

Kündigung von Versicherungen: Wenn Sie eine überteuerte oder auch momentan nicht sinnvolle Versicherung kündigen wollen, ist dies oft gar nicht so einfach:

Zunächst ist zu prüfen, ob und wann die Versicherung überhaupt gekündigt werden kann. Wenn Sie eine Versicherung mit einjähriger Laufzeit abgeschlossen haben, können Sie die Versicherung mit einer Frist von drei Monaten zum Laufzeitende kündigen. Sollten Sie jedoch eine fünf- oder gar zehnjährige Laufzeit vereinbart haben, ist für Versicherungsverträge mit Abschlußdatum nach dem 1. 1. 1991 grundsätzlich keine vorzeitige Kündigung möglich.

Bei Versicherungsverträgen, die vor 1991 geschlossen wurden und bei denen Sie durch besondere Hervorhebungen im Formular zu einer zehnjährigen Vertragsdauer verpflichtet wurden, können Sie nach mehreren Urteilen des Bundesgerichtshofes (zum Beispiel Urteil vom 13. 7. 1994, AZ: IV ZR 219/93, NJW 1994, 2696) jederzeit kündigen. Sicherheitshalber sollten Sie aber vor einer Kündigung mit Ihrer Verbraucherzentrale oder auch einer Schuldnerberatungsstelle sprechen.

Bevor Sie eine Versicherung insgesamt kündigen, sollten Sie außerdem prüfen, ob nicht auch die Möglichkeit besteht, nur einzelne – teure – Leistungsbereiche zu kündigen. Wenn Ihre Versicherung zum Beispiel eine automatische jährliche Anpassung an den Lebenshaltungsindex, eine sogenannte Dynamik, enthält, müssen Sie mitunter nur die Dynamik kündigen und können damit verhindern, daß der Versicherungsbeitrag jedes Jahr automatisch ansteigt. Sie können aber auch Teilleistungen kündigen. Wenn Sie die Versicherungssumme zum Beispiel bei einer Unfallversicherung für den Todesfall oder auch die Progressionsstufen für Invalidität herabsetzen, können Sie damit Ihre Beiträge unter Umständen erheblich vermindern. Verzichtbar ist meist auch eine Glasbruchversicherung als Teil Ihrer Hausratversicherung.

Im Rahmen dieser Ratgeber ist von Rüdiger Falken und Jan Evers der Band «Versicherungen» (rororo Sachbuch 60458) erschienen. Dort erfahren Sie vieles Wissenswerte über Versicherungen und über weitere Möglichkeiten, wie Sie Geld sparen können, ohne auf den notwendigen Versicherungsschutz verzichten zu müssen.

Einige Worte zur Kapitallebensversicherung: Kapitallebensversicherungen sind, wie der Name schon andeutet, eine Kombination aus Versicherung und Geldanlage. Bei einer Kapitallebensversicherung wird im Todesfall des Versicherten die vereinbarte Versicherungssumme an die Begünstigten, meist Ehepartner und Kinder, ausgezahlt. Erfreuen Sie sich bei Ablauf der Vertragszeit noch bester Gesundheit, erhalten Sie die Versicherungssumme und darüber hinaus meist einen Bonus- oder Überschußanteil, den der Versicherer während der Laufzeit mit den im Versicherungsbeitrag enthaltenen Spareinzahlungen erwirtschaften konnte. Aus diesem Grund werden Kapitallebensversicherungen häufig auch aus Gründen der privaten Altersvorsorge oder allgemein als Geldanlage abgeschlossen. Als Altersvorsorge wird sie sogar vom Staat begünstigt, denn ihre Erträge sind, zumindest zur Zeit noch, nach einer Mindestlaufzeit von zwölf Jahren steuerfrei. Selbständig Tätige haben zusätzlich noch die Möglichkeit, die Versicherungsbeiträge von der Steuer abzusetzen.

Bei all diesen Vorteilen dürfen allerdings einige entscheidende Nachteile der Kapitallebensversicherung nicht unerwähnt bleiben. So ist sie zum Beispiel für die Versorgung der Hinterbliebenen im Todesfall in der Regel nur ungenügend geeignet: Der größte Anteil der gezahlten Beiträge dient dem Kapitalaufbau. Nur ein kleiner Teil dient der eigentlichen Versicherung.

Für eine ausreichende Hinterbliebenenversorgung ist die Kapitallebensversicherung damit nicht das geeignete Instrument. Hier sollten Sie lieber auf eine Risikolebensversicherung zurückgreifen. Die Beiträge, die Sie für eine Kapitallebensversicherung bezahlen müssen, um eine ausreichende Versicherungssumme zu erreichen, kann sich nämlich kaum jemand leisten. So bezahlen Sie bei einer guten Kapitallebensversicherung für eine durchaus angemessene Todesfallsumme von 200000 DM bei einem Eintrittsalter von 30 Jahren derzeit rund 350 DM monatlich. Die gleiche Versicherungssumme ist bei einer Risikolebensversicherung schon ab 25 DM monatlich zu haben.

Auch hinsichtlich der eigenen Altersvorsorge kann eine Kapitallebensversicherung trotz ihrer steuerlichen Begünstigung im Vergleich zu anderen Geldanlageformen bestenfalls durchschnittliche Ergebnisse erzielen. Zunächst werden zwar die von Ihnen eingezahlten Sparbeiträge verzinst; akzeptable Erträge werden jedoch erst durch die Beteiligung an den Überschüssen der Versicherungsgesellschaft erzielt. Zudem ist das in einer Kapitallebensversicherung angelegte Geld durch die starre Vertragsgestaltung auf Gedeih und Verderb an die Vertragslaufzeit gebunden, wenn Sie nicht große Verluste in Kauf nehmen wollen.

Trotz dieser nicht zu unterschätzenden Nachteile gehört die Kapitallebensversicherung zu den verbreitetsten Geldanlageverträgen. Der Grund dafür liegt weniger darin, daß es sich hier um ein ausgezeichnetes Produkt handelt; vielmehr bringt kaum eine andere Versicherung dem Verkäufer so ausgezeichnete Provisionen! Sie können hier von etwa 3500 DM gezahlter Provision pro 100 000 DM vereinbarter Versicherungssumme ausgehen. Vielleicht wird Ihnen jetzt klar, warum Ihnen diese Versicherung fast immer zuerst angeboten wird, ohne Rücksicht darauf, ob sie für Ihre Belange tatsächlich die beste Lösung darstellt.

Wenn Sie nun in finanziellen Schwierigkeiten sind, sollten Sie prüfen, ob Sie die Kapitallebensversicherung weiter fortführen wollen und können oder nicht.

Kapitallebensversicherungen können zwar jederzeit gekündigt werden. Bei Kündigung einer Kapitallebensversicherung ist der Versicherer aber nur verpflichtet, den aktuellen Rückkaufswert der Versicherung an Sie zu erstatten. Dieser Rückkaufswert setzt sich aus eingezahlten Beiträgen und bereits erwirtschafteten Überschüssen zusammen. Abgezogen werden jedoch die Verwaltungs- und Vermittlungskosten. Bei den meisten Versicherern ist deshalb erst nach drei Jahren Laufzeit überhaupt ein Rückkaufswert vorhanden. Die Beiträge, die Sie bis zu diesem Zeitpunkt bezahlt haben, sind als Provision an den Vermittler oder in die Verwaltungskasse der Versicherungsgesellschaft geflossen. Eine Kündigung sollte in diesem Zeitraum für Sie nur dann in Frage kommen, wenn es Ihre finanzielle Situation nicht erlaubt, daß Sie die Versicherungsbeiträge weiter bezahlen. Nach Ablauf dieser ersten Jahre baut sich der Rückkaufswert Ihrer Versicherung erst langsam auf. Die Überschüsse, die die Kapitallebensversicherung als Geldanlage überhaupt erst interessant erscheinen lassen, führen in der Regel erst in den letzten Versicherungsjahren zu besseren Ergebnissen. Erkundigen Sie sich vor einer Kündigung bei Ihrer Versicherungsgesellschaft auf jeden Fall nach dem aktuellen Rückkaufswert. Sonst kann es Ihnen auch nach mehreren Jahren geschehen, daß Sie weniger Geld zurückbekommen, als Sie eingezahlt haben, von einer Verzinsung ganz zu schweigen.

Tip: Bei Kapitallebensversicherungen gibt es neben der Kündigung auch noch andere Möglichkeiten, um den regelmäßigen Beitrag zu senken:

1. So können Sie die Kapitallebensversicherung mitunter auch in eine Risikolebensversicherung umwandeln, wenn die vereinbarte Versicherungssumme für den Todesfall erhalten bleiben soll. War die Kapitallebensversicherung hier bisher die einzige Vorsorge, die Sie getroffen haben, sollten Sie Ihre Versicherungsgesellschaft auf diese Möglichkeit ansprechen. Bei einer solchen Umwandlung können die eingezahlten Sparbeiträge oft mit dem neuen Versicherungsbeitrag verrechnet werden.
2. Eine andere Möglichkeit wäre, die bisher erwirtschafteten Überschüsse mit den Beiträgen zu verrechnen und diese dadurch zu senken. Diese Möglichkeit steht aber meist erst nach drei Jahren zur Verfügung.
3. Sie können Ihre Versicherung auch für einen zu vereinbarenden Zeitraum «beitragsfrei stellen». Sie setzen dann mit der Beitragszahlung aus; Ihre bisher eingezahlten Beiträge werden weiter verzinst. Dadurch ändert sich aber auch Ihre Versicherungssumme und entsprechend Ihre Beteiligung an den erwirtschafteten Überschüssen. Sie können Ihre Versicherung allerdings nur für begrenzte Zeit und meist auch erst ab einer Mindestversicherungszeit beitragsfrei stellen.
4. Schließlich gibt es oft auch noch die Möglichkeit, Beiträge über Veränderungen der Versicherungslaufzeit oder der Versicherungssumme zu senken.

   So oder so, ein Verlustgeschäft läßt sich in der Regel nicht vermeiden, wenn Sie Ihre Versicherungsbeiträge nicht mehr vertragsgemäß bezahlen können.

Achtung: Kapitallebensversicherungen können in voller Höhe gepfändet oder abgetreten werden. Sollten bereits Zwangsvollstreckungsmaßnahmen gegen Sie unternommen worden sein, wird Ihr Gläubiger spätestens durch eine eidesstattliche Versicherung (dazu mehr im Abschnitt «Eidesstattliche Versicherung», S. 133 ff.) von der Existenz der Kapitallebensversicherung erfahren und diese sofort pfänden wollen. Auch diesen Aspekt sollten Sie bedenken, wenn Sie in einer Verschuldungssituation überlegen, ob Sie weiter Ihre Beiträge in die Kapitallebensversicherung einzahlen wollen.

Autokosten

Die Kosten für ein Auto werden meist in dem Maß unterschätzt, in dem Bedeutung und Notwendigkeit des Autos für den Haushalt überschätzt werden. Ihr eigenes Auto ist den meisten inzwischen doch sehr ans Herz gewachsen, und es fällt schwer, sachlich und nüchtern darüber nachzudenken, ob die Kosten nicht vielleicht insgesamt zu hoch sind. Doch was hilft es: Wenn die finanzielle Existenz Ihrer Familie auf dem Spiel steht, müssen Sie hier durch.

Zunächst sollten Sie prüfen, welche Alternativen Ihnen zum Auto zur Verfügung stehen. Das müssen nicht allein Busse und Bahnen sein. Auch Fahrgemeinschaften oder Car-sharing-Vereine können helfen, verlorene Mobilität auszugleichen. Wenn Sie das Auto beruflich benötigen, prüfen Sie, ob Ihnen Ihre Firma nicht einen Dienstwagen zur Verfügung stellen kann. Das kann eventuell für beide Seiten einen finanziellen Vorteil bedeuten.

Tip: Sie können auch durch eine zeitweilige Stillegung des Fahrzeugs zumindest die Kosten für Steuern, Versicherung und Benzin sparen. Allerdings dürfen Sie ein stillgelegtes Fahrzeug nicht auf öffentlichen Wegen, also auch nicht am Straßenrand abstellen. Diese Möglichkeit kommt zum Beispiel dann in Betracht, wenn Sie nur mit einem vorübergehenden finanziellen Engpaß rechnen.

Eine angenehmere Alternative ist es, das Fahrzeug zum Beispiel mit einigen Freunden zu teilen. Wenn alle anteilig für Versicherung, Steuer und Wartung aufkommen, können Sie Ihre Belastung meist schon erheblich vermindern.

Wenn Sie das Fahrzeug überwiegend für Fahrten zur Arbeitsstelle nutzen, sprechen Sie Ihre Kollegen doch einmal auf die Bildung einer Fahrgemeinschaft an. So können alle Geld sparen.

Sollten Sie sich letztlich doch für den Verkauf Ihres Autos entscheiden, entlasten Sie damit nicht nur Ihr monatliches Budget. Darüber hinaus kann durch den Verkaufserlös vielleicht auch die eine oder andere Schuldverpflichtung zurückgezahlt werden. Daher sollten Sie Verkauf oder Stillegung Ihres Autos im Zuge Ihrer Sparüberlegungen nicht von vornherein ausschließen. Schließlich wird es Ihnen wenig helfen, wenn Ihr Auto aus Benzinmangel auf der Straße rostet, während Sie sich ausschließlich von Haferflocken ernähren.

Unterhaltsverpflichtungen

Sie werden mit Recht fragen, wie man bei bestehenden Unterhaltsverpflichtungen Einsparungen vornehmen kann. Der Unterhalt wird durch Vereinbarung oder durch einen Gerichtsbeschluß festgesetzt. Dieser Unterhalt ist ohne eine Änderung von Vertrag oder Beschluß auch dann in der festgesetzten Höhe zu bezahlen, wenn sich Ihr Einkommen erheblich verringern sollte. Wenn ein Unterhaltspflichtiger aufgrund einer finanziellen Notsituation den festgesetzten Unterhalt nicht mehr leisten kann, erhöht sich die Unterhaltsschuld um jeden nicht gezahlten monatlichen Betrag und muß dann später beglichen werden.

Tip: Wenn Sie gegenüber Ihren Kindern oder Ihrem Ehepartner verpflichtet sind, Unterhalt zu bezahlen, und sich Ihr Einkommen zum Beispiel durch Arbeitslosigkeit erheblich verringert, können Sie – sofern keine freiwillige Einigung möglich ist – bei Ihrem zuständigen Amtsgericht eine Abänderungsklage gemäß § 323 ZPO auf «Herabsetzung des Unterhalts» einreichen. Das Gericht kann nach Prüfung beschließen, daß Ihre Unterhaltspflicht zeitweise herabgesetzt wird. Dann schulden Sie nur noch den neu festgesetzten Unterhalt, und es kann – solange Sie den neuen Unterhalt bezahlen – kein Rückstand entstehen (s. dazu S. 96f.).

Fazit: 1. Einsparungen im Haushalt sollten Sie mit allen Beteiligten besprechen und gemeinsame Lösungen finden. 2. Erstellen Sie eine Rangliste, welche Ausgabenposten sofort und als erste eingespart werden können. 3. Überprüfen Sie Ihre Versicherungsausgaben. 4. Prüfen Sie, ob es Alternativen zum Auto gibt, oder wie Sie hier auf anderem Wege Einsparungen vornehmen können. 5. Einigen Sie sich über Unterhaltssenkungen.

Hier noch einige weitere ***Tips***, wie Sie laufende Kosten vermindern und Ihr Haushaltsbudget entlasten können oder wie Sie sich grundsätzlich verhalten sollten, wenn die Situation bereits außer Kontrolle geraten ist:

- Kaufen Sie bewußt ein und achten Sie verstärkt auf Sonder- sowie saisonale Angebote.
- Überprüfen Sie, inwieweit Sie Ihre Sparbeiträge aufrechterhalten können. Besonders wenn Sie Ihr Konto überzogen haben, ist es nicht sinnvoll, daneben Geld anzusparen. Schuldzinsen sind immer höher als Sparzinsen.
- Bedenken Sie, daß nicht jeder Haushalt durch Einsparungen wieder ausgeglichen werden kann. Größere Einkommenseinbußen über einen längeren Zeitraum, wie dies besonders bei Arbeitslosigkeit der Fall ist, können in der Regel selbst durch gute Planung und Einsparungen nicht voll ausgeglichen werden.
- Sollten Sie trotz vorgenommener Einsparungen Ihren Zahlungsverpflichtungen nicht mehr vollständig nachkommen können, ist es vorrangig wichtig, daß Sie
  - Ihre Mietzahlung,
  - den Abschlag für Heizung und Strom und
  - generell Ihren Lebensunterhalt

  sichern. Stellen Sie lieber andere Zahlungsverpflichtungen – auch Kreditraten – ein.

7. Wie kann ich mein Einkommen verbessern?

Zu einer umfassenden Haushaltsplanung gehören nicht nur Überlegungen, wie und wo Sie sparen, sondern natürlich auch, wie Sie Ihr Einkommen verbessern können. Sicher haben Sie darüber schon öfter nachgedacht und haben vielleicht auch in diesem Rahmen mit Ihrem Arbeitgeber über eine Gehaltserhöhung gesprochen oder sogar einen Arbeitsplatzwechsel in Erwägung gezogen. Auch die Möglichkeit, einen Nebenjob zu suchen, ist von Ihnen wahrscheinlich schon ausführlich mit Ihren Familienmitgliedern erörtert worden.

Trotzdem wollen wir Ihnen hier noch ein paar Anregungen geben, wo es weitere Möglichkeiten der Einkommensverbesserung – auch bei Ihnen – geben kann:

Indirekte Gehaltserhöhung: Einkommensverbesserungen und Gehaltserhöhungen sind gegenüber dem Arbeitgeber – besonders angesichts der heutigen Arbeitsmarktsituation – kaum durchzusetzen. Oft bringen direkte Gehaltserhöhungen aufgrund der hohen Steuer- und Abgabenbelastung auch gar keine Verbesserung des Nettoeinkommens. Sinnvoller ist es, über indirekte Einkommensverbesserungen nachzudenken, wie zum Beispiel eine Beteiligung des Arbeitgebers an Ihrer Altersvorsorge. Dies könnte es Ihnen ermöglichen, Ihren eigenen privaten Vorsorgebeitrag entsprechend zu reduzieren. Eine andere Möglichkeit der indirekten Einkommenserhöhung besteht für Mitarbeiter, die beruflich stark auf ein Auto angewiesen sind. Statt einer Gehaltserhöhung könnte Ihnen Ihr Arbeitgeber einen Dienstwagen zur Verfügung stellen. Dies kann für beide Seiten finanzielle Vorteile bringen.

Steuererklärung sofort: Ihre Steuererklärung sollten Sie möglichst gleich am Anfang des Jahres abgeben, damit Ihnen eine erwartete Steuererstattung schneller zur Verfügung steht. Prüfen Sie, ob Sie alle Steuervorteile nutzen, die Ihnen zustehen. Tauschen Sie hierzu auch Erfahrungen im Freundes- oder Bekanntenkreis aus; mitunter erfahren Sie so von Möglichkeiten der Steuerersparnis, die Ihnen bislang entgangen waren.

Achtung: Wenn Sie sich bei Ihrer Steuererklärung zum Beispiel von einem Lohnsteuerhilfeverein unterstützen lassen, bietet dieser Ihnen mitunter an, Ihren errechneten Steuererstattungsanspruch sofort, unter Abzug von Gebühren und Zinsen, auszuzahlen. Einige Lohnsteuerhilfevereine arbeiten mit Banken zusammen, die Ihnen diese «Lohnsteuervorfinanzierung» gewähren. Diese Lohnsteuervorfinanzierung ist ein versteckter Kredit, für den Sie in der Regel höhere Zinsen als für die Überziehung Ihres Girokontos bezahlen müssen. Überlegen Sie sich daher genau, ob Sie einen solchen Kredit aufnehmen wollen. Meist ist es günstiger, die zwei bis drei Monate bis zur Steuererstattung abzuwarten.

Ein weiteres Problem kann in diesem Zusammenhang dann auftauchen, wenn die Steuererstattung gepfändet, die Rückzahlungsverpflichtungen bei der vorfinanzierenden Bank aber (natürlich) bestehen bleiben. In solch einem Fall würde nur ein Gläubiger mit dem anderen ausgetauscht, und Sie hätten noch die zusätzlichen Zinsen zu bezahlen. Auf Lohnsteuervorfinanzierung sollten Sie daher möglichst verzichten.

Unterhalt einklagen: Wenn Sie für sich oder Ihre Kinder Anspruch auf Unterhalt haben und dieser nicht oder nur unregelmäßig geleistet wird, sollten Sie, ohne falschen Stolz, Ihren ausstehenden Unterhaltsanspruch unverzüglich einklagen und eintreiben.

Erhöhung des Pfändungsfreibetrags: Sollte Ihr Gehalt gepfändet werden, prüfen Sie, ob Sie nicht Ihren Pfändungsfreibetrag erhöhen lassen können. Näheres dazu erfahren Sie im Abschnitt «Erhöhung der Pfändungsfreigrenzen», S. 138 ff.

Sozialleistungen: Zögern Sie nicht, Ihnen zustehende Sozialleistungen in Anspruch zu nehmen:

- **Kindergeld:** Kindergeld wird entweder vom Arbeitsamt oder von Ihrem Arbeitgeber direkt jeden Monat zusammen mit dem Lohn ausgezahlt. Das Kindergeld beträgt für das erste und zweite Kind je 220 DM, das dritte Kind 300 DM und für jedes weitere Kind 350 DM.
- **Erziehungsgeld und Landeserziehungsgeld:** Erziehungsgeld erhalten Sie ab dem Geburtsmonat längstens 24 Monate lang. Das Erziehungsgeld wird einkommensabhängig gezahlt. Es kann höchstens 600 DM im Monat betragen. Nach dem Erziehungsgeld gewähren einzelne Bundesländer noch ein Landeserziehungsgeld.
- **Wohngeld/Lastenzuschuß:** Wohngeld wird als Zuschuß zur Miete abhängig von Ihrem Einkommen, der Anzahl der Haushaltsmitglieder und der Miethöhe gezahlt. Einen Lastenzuschuß können entsprechend Eigentümer einer eigenen Wohnung oder eines Hauses als Zuschuß zu ihren laufenden Wohnkosten erhalten. Wohngeld wie auch Lastenzuschuß beantragen Sie bei Ihrer örtlich zuständigen Wohngeldstelle.

8. Letzte Tips für den Umgang mit Geld in der Familie

Wie gut ein Haushalt mit Geld umgehen kann, hängt nicht allein davon ab, wie sorgfältig Einnahmen und Ausgaben geplant werden. Viele andere persönliche Aspekte spielen eine mindestens ebenso gewichtige Rolle. So hat jeder seine ganz individuelle Einstellung dazu, wie weich die finanziellen Polster sein sollten, wie locker das Bargeld in der Tasche sitzt und schließlich auch, welchen Raum die Beschäftigung mit Geld im Alltagsleben einnehmen darf. Wenn es ums eigene Geld geht, handeln selbst ausgefuchste Vermögensberater oft eher gefühlsbetont und weitaus weniger sachlich, als wenn es um das Geld Ihrer Kunden geht. Geldangelegenheiten lassen den einen kalt, den anderen füllen Sie vollkommen aus. Ein gutes Beispiel dafür sind die verschiedenen Reaktionen von Menschen auf eine Kontoüberziehung. Während einige in Panik verfallen, empfinden andere ihren durch Kredit verschafften Spielraum als durchaus angenehm. Zum Ende dieses Abschnitts, in dem wir Ihnen verschiedene Wege einer finanziellen Haushaltsplanung dargestellt haben, wollen wir Ihnen noch ein paar grundsätzliche Gedanken zum Umgang mit Geld im Haushalt mit auf den Weg geben:

- Über Geld sollte man reden! In einem Haushalt mit mehreren Mitgliedern ist es wichtig, daß das Thema «Geld» kein Tabu ist. Es ist wichtig, offen über die Finanzsituation zu sprechen. Alle Mitglieder des Haushalts sollten die Finanzsituation überschauen können, denn letztlich sind ja auch alle von ihr betroffen. Auch Kinder wollen beteiligt werden und fühlen sich für den Haushalt mitverantwortlich. Eine solche Gemeinsamkeit macht es auch in Krisensituationen möglich, gemeinsam über Einsparungen und neue Einkommensquellen nachzudenken.
- Nicht nur Kinder, auch Eltern haben Anspruch auf ein altersgerechtes Taschengeld. Besonders wichtig ist dieser Grundsatz

dann, wenn nur ein Partner verdient. Der nichtverdienende Partner sollte nicht nur ein für die Interessen aller bestimmtes Haushaltsgeld erhalten, sondern auch einen Betrag, über den er frei verfügen kann, ohne sich dafür rechtfertigen zu müssen.

- Jedes Haushaltsmitglied, das über ein eigenes Einkommen verfügt, sollte sich auch an den gemeinsamen Kosten beteiligen. Dies gilt insbesondere für Kinder, die selbst verdienen, aber noch im Haushalt ihrer Eltern leben. Auch sie haben ihren Beitrag zum gemeinsamen finanziellen «Überleben» zu leisten.
- Bei einem Haushalt, in dem mehrere Personen über ein eigenes Einkommen verfügen, ist die Höhe des Beitrags zu den gemeinsamen Kosten zu bestimmen. Hier bietet sich der jeweils prozentuale Anteil am Gesamteinkommen an.
- Besondere Ausgaben für größere Anschaffungen sind vorher gemeinsam zu besprechen; gleiches gilt für die Aufnahme von Krediten.

Schuldenmanagement II

Ebenso wie Einkommen und Ausgaben erfordern auch Schulden ein zielgerichtetes Management. Deshalb ist es auch hier notwendig, im ersten Schritt eine genaue Analyse Ihrer Schulden vorzunehmen.

- Bei wem genau bestehen welche Schulden, ist die Frage, die es am Beginn einer solchen Aufstellung zu beantworten gilt.

Wenn Sie eine erste Übersicht erstellt haben, müssen Sie festhalten, wie der Verfahrensstand hinsichtlich der einzelnen Forderungen ist. Unter «Verfahrensstand» versteht man dabei die rechtliche Situation, in der sich Schuldner und Gläubiger befinden:

- Welche Rechte hat der Gläubiger, und
- welche rechtlichen Schritte kann er veranlassen, um seine Forderungen zu sichern und eintreiben zu können?

  Aber auch Sie als Schuldner müssen sich darüber klarwerden,
- welche Rechte Sie haben, um sich zum Beispiel gegen unberechtigte Forderungen zu schützen.

1. Welche Schulden habe ich bei wem? Übersicht über die Schuldensituation

Den Spruch «Ordnung ist das halbe Leben» können Sie durchaus auch auf Ihre Schuldensituation anwenden. Der erste Schritt einer umfassenden Schuldenanalyse ist immer, Ordnung in den Schuldenunterlagen zu schaffen. Leider reagieren viele Menschen auf schwierige Situationen in der Weise, daß sie den Kopf in den Sand stecken. Von Beratern ist immer wieder zu hören, daß die von ihnen betreuten Schuldner einfach ihre Post nicht öffnen oder gar sofort und ungelesen in den Papierkorb werfen. Dieses Verhalten kann keine Lösung bringen, sondern wird die Problematik noch verschärfen.

Achtung: Nicht verstecken, sondern jede Gläubigerpost öffnen, einsortieren, beantworten und offene Fragen bei einer Schuldnerberatungsstelle der Kommunen, Landkreise und Wohlfahrtsverbände oder einer Verbraucherzentrale klären lassen.

Um sich einen Überblick über die gesamte Situation zu verschaffen, sollten Sie einen gesonderten Aktenordner für Ihre Schulden anlegen. In diesem Ordner sollten Sie für jede einzelne dieser Forderungen eine gesonderte Rubrik anlegen, in der Sie alle erhaltenen Unterlagen nach Datum einheften.

Wenn Sie auf diese Weise Ordnung geschaffen haben, wird es Ihnen nicht schwerfallen, alle bestehenden Schulden in einer Gesamtübersicht zusammenzufassen. Wenden wir uns aber zunächst der Familie Rother zu, um in Tabelle 4 anzuschauen, wie ein solches Gläubiger- und Forderungsverzeichnis aussehen könnte:

Neben der Bezeichnung des **Gläubigers** ist es wichtig, auch dessen

Vertreter zu notieren. Nicht jeder Gläubiger läßt sich von einem Anwalt oder Inkassounternehmen vertreten. Manche Inkassounternehmen vertreten hingegen gleich mehrere Ihrer Gläubiger, so daß Sie leicht den Überblick verlieren können. Deshalb sollten Sie auch immer Aktenzeichen oder Kontonummer zu Ihrem Fall vermerken, so daß Sie die Schreiben des Gläubigers richtig zuordnen können.

Unter **Forderungsdatum** versteht man den Zeitpunkt, zu dem die Hauptforderung eines Gläubigers entstanden ist. Das kann entweder das Datum der Kreditaufnahme oder des Einkaufs sein. Ist der Kredit gekündigt, tragen Sie hier das Verzugsdatum ein. Dieses Datum zeigt Ihnen zum einen, wie alt Ihre Forderung ist, und zum anderen, ab wann der Gläubiger von Ihnen Verzugszinsen verlangen darf. Verzugszinsen kann ein Gläubiger erheben, wenn ihm durch Ihre verspätete Zahlung ein wirtschaftlicher Schaden entstanden ist. Das kann zum Beispiel daher rühren, daß Ihr Gläubiger selbst einen Kredit aufnehmen mußte, weil er nicht über das Geld verfügen konnte, das Sie ihm schulden. Durch Verzugszinsen wird aber auch ein Schaden ersetzt, der allein schon dadurch entsteht, daß Ihr Gläubiger das geschuldete Geld nicht anlegen, also für sich arbeiten lassen konnte (siehe Abschnitt «Mein Kredit wird gekündigt», S. 86f.).

Die **Hauptforderung** ist die Summe, die der Gläubiger von Ihnen – ohne Zinsen und Kosten – fordert. Zur Hauptforderung werden die Zinsen und Kosten hinzugerechnet, woraus sich dann die **Gesamtforderung** errechnet. Es ist wichtig, die aktuelle Höhe der Gesamtforderung festzuhalten und Änderungen entsprechend zu korrigieren.

Für die Analyse ist auch die Frage von Bedeutung, ob eine Forderung bereits **tituliert** ist oder nicht. Eine Forderung ist dann tituliert, wenn sie durch ein gerichtliches Mahnverfahren, ein Urteil oder ein notariell beglaubigtes Schuldanerkenntnis in ihrer Höhe, den geltenden Verzugszinsen und sonstigen Kosten festgelegt ist. Ein solcher Vollstreckungstitel ist Voraussetzung für einen Gläubiger, gegen Sie zwangsvollstrecken zu dürfen. Hat ein Gläubiger erst einmal einen Vollstreckungstitel, kann er die darin titulierte Forderung gegen Sie eintreiben, auch wenn sie möglicherweise nicht gerechtfertigt ist. Dies können Sie nur verhindern, indem Sie sich rechtzeitig wehren! Wie Sie dies tun, erfahren Sie in den nächsten Kapiteln. Sie sollten den Titel in Ihrer Übersicht vermerken,

Tabelle 4: *Gläubiger- und Forderungsverzeichnis der Familie Rother*

Datum:

Lfd. Nr.	Gläubiger	Gläubiger ggfs. vertreten durch	Forderungsart	Aktenzeichen Kontonummer	Forderungsdatum	Hauptforderung	Zinsen	Kosten	Gesamtforderung	Tituliert (Bez. Titel)	Abtretung Datum	sonstige Sicherheiten
1	A-Bank I		Kredit	123456/01	1. 10. 1995	18534,49	1042,00	405,00	19981,49	ja	1. 10. 1995	nein
2	A-Bank II		Kontoüberziehung	123456/00	1. 10. 1996	4000,00	225,00	165,00	4390,00	ja	nein	nein
3	O-Versand	Inkassobüro O-IK	Ratenkauf	200578/96	4. 12. 1995	1500,00	163,25	396,00	2059,25	ja	nein	nein
4	K-Versand	Inkassobüro K-IK	Ratenkauf	757589/97	15. 1. 1997	588,00			588,00	nein	nein	nein
5	M-Einkaufsmarkt	Rechtsanwalt Scharf	Ratenkauf	9996633	1. 4. 1995	1450,00	266,00	232,00	1948,00	nein	nein	nein
6												
7												
8												
9												
10												
11												
12												
13												
14												
15												
16												
17												
18												
	Gesamtsumme (Zwischen-)					**26072,49**	**1696,25**	**1198,00**	**28966,74**			

um zu wissen, mit welchen Gläubigerschritten Sie als nächstes rechnen müssen.

Das gleiche gilt für die nächste Spalte, in der festgehalten wird, welcher Gläubiger über eine **Abtretungserklärung** von Ihnen verfügt. Diese Gläubiger haben das Recht, Ihre Abtretung bei Ihrem Arbeitgeber «offenzulegen». Sie können dann vom Arbeitgeber fordern, daß der pfändbare Teil Ihres Einkommens nicht an Sie ausbezahlt, sondern direkt an den Gläubiger überwiesen wird. (Näheres siehe Abschnitt «Lohnabtretung», S. 130 ff.)

Das Gläubiger- und Forderungsverzeichnis, das Sie in ähnlicher Form bei der Durchführung eines Verbraucherkonkursverfahrens dem Gericht vorlegen müssen (siehe Kapitel «Das Verbraucherinsolvenzverfahren», S. 165 ff.), zeigt Ihnen die Anzahl Ihrer Gläubiger und Ihre Gesamtverschuldung. Im Beispiel der Familie Rother wird durch die Gläubiger- und Forderungsübersicht folgendes deutlich:

Beispiel:

Familie Rother ist Mitte 1997 mit circa 29 000 DM bei vier Gläubigern mit fünf Forderungen verschuldet. Einer der Gläubiger besitzt für seine Forderung eine vorrangige Abtretung. Drei Gläubiger haben bereits einen Vollstreckungstitel erwirkt, mit dem sie gegen Familie Rother die Zwangsvollstreckung betreiben können. Damit können sie eine Sachpfändung durch einen Gerichtsvollzieher vornehmen lassen oder das Gehalt pfänden. Weiterhin kann man feststellen, daß Familie Rother gegen die Forderungen, für die bereits ein Vollstreckungstitel vorliegt, keine Einwendungen mehr vorbringen, also zum Beispiel nicht mehr beanstanden kann, daß die Hauptforderung nicht korrekt ist oder die Zinsen zu hoch berechnet wurden.

Zwei Gläubiger haben noch keinen Vollstreckungstitel erwirkt und können daher ihre Forderungen im Augenblick «nur» durch Mahnschreiben einfordern. Der Weg der Zwangsvollstreckung steht ihnen noch nicht offen. Bei diesen Forderungen im Mahnverfahren kann Familie Rother überprüfen, ob sie korrekt aufgestellt und berechnet wurden, und sich gegebenenfalls gerichtlich wehren.

Nachfolgend finden Sie Checkliste 7, in die Sie Ihre Gläubiger und die bestehenden Forderungen gegen Sie eintragen können.

Checkliste 7: Gläubiger- und Forderungsverzeichnis

Lfd. Nr.	Gläubiger	Gläubiger ggfs. vertreten durch	Forde-rungsart	Akten-zeichen Konto-nummer	Forde-rungs-datum	Haupt-forde-rung	Zinsen	Kosten	Gesamt-forde-rung	Tituliert (Bez. Titel)	Abtre-tung Datum	sonstige Sicher-heiten
1												
2												
3												
4												
5												
6												
7												
8												
9												
10												
11												
12												
13												
14												
15												
16												
17												
18												
	Gesamtsumme (Zwischen-)											

VB = Vollstreckungsbescheid VU = Versäumnisurteil U = Urteil not. SchA = notarielles Schuldanerkenntnis k.T. = kein Titel

2. Wie komme ich an fehlende Unterlagen?

Bei Forderungen, deren Entstehung bereits einige Zeit zurückliegt, kann die Schwierigkeit auftreten, daß einige Unterlagen nicht mehr aufzufinden sind. Sie könnten zum Beispiel bei einem Umzug verlorengegangen sein.

In einem solchen Fall bieten sich zwei Lösungsmöglichkeiten an:

- Erinnern Sie sich noch an den Gläubiger, sollten Sie ihn bei fehlenden Unterlagen einfach anschreiben und um eine Kopie des jeweils fehlenden Vertrags oder Urteils bitten. Sie haben hierauf sogar einen Rechtsanspruch. Dies hat der Bundesgerichtshof (BGH, Urteil vom 28. 4. 1992, AZ.: XI ZR 193/91, WM 1992, 977) festgestellt.

  Fehlt lediglich ein Vollstreckungstitel, können Sie auch direkt beim zuständigen Amtsgericht um Zusendung einer Kopie bitten. Wenn Sie sich an das Amtsgericht wenden, muß Ihnen allerdings das Aktenzeichen des Vorgangs bekannt sein, das Sie zum Beispiel auf den Pfändungsbeschlüssen vermerkt finden.

  Wenn Ihr Gehalt gepfändet oder eine Abtretung beim Arbeitgeber offengelegt worden ist, können Sie dort um eine Kopie der Abtretungserklärung und des entsprechenden Kreditvertrags nachsuchen.
- Wenn Ihnen der Gläubiger unbekannt ist, wird es schwieriger sein, an Unterlagen heranzukommen.

  Hat es sich um ein Kredit-, Leasing- oder Ratenkaufgeschäft gehandelt, können Sie sich auch mit einer Anfrage an die Schufa wenden (s. S. 164). Wenn Sie Glück haben, sind Forderung und Gläubiger dort gespeichert. Ist dies nicht der Fall, müssen Sie wohl oder übel warten, bis dieser Gläubiger zum Beispiel einen erneuten Zwangsvollstreckungsversuch unternimmt. Vom Gerichtsvollzieher können Sie erfahren, um welchen Gläubiger es sich handelt, wie Sie ihn erreichen können, unter welchem Aktenzeichen Ihr Vorgang steht, und von ihm auch Informationen zum aktuellen Forderungsstand erhalten. Bei letzterem ist allerdings Vorsicht geboten, denn ein Gläubiger kann seinen Pfändungsauftrag auch nur über einen Teil seiner Gesamtforderung erteilen. Den Gerichtsvollzieher können Sie auch darum bitten, daß er Ihnen eine Kopie des Vollstreckungstitels überläßt. Auf jeden Fall sollten Sie vom Gerichtsvollzieher eine Abschrift des Gerichtsvollzieherprotokolls verlangen.

Die Suche nach Ihnen unbekannten Gläubigern ist nur dann von Bedeutung, wenn Sie eine Gesamtregulierung all Ihrer Schulden anstreben. Nur in diesem Fall ist es wichtig, daß alle Gläubiger mit in die Verhandlung einbezogen werden. Wenn diese nämlich auftauchen, nachdem Sie mit allen anderen Gläubigern eine einvernehmliche Einigung erzielen konnten, können «aus der Versenkung auftauchende» Altgläubiger Ihre gesamte Planung zur Schuldenrückzahlung und die damit verbundenen Einigungen zum Einsturz bringen. Dies gilt insbesondere für «Schuldenregulierungspläne» (also Zahlungsvereinbarungen zum systematischen Schuldenabbau) im Rahmen des Verbraucherinsolvenzverfahrens. Näheres zu diesem Verfahren lesen Sie ab S. 165 ff.).

Fazit: Folgende Unterlagen sind für die Bewertung der Forderungen gegen Sie und Ihre Schuldensituation von grundsätzlicher Bedeutung:

- Verträge jeglicher Art (zum Beispiel Kredit-, Kauf-, Leasing-, Partnervermittlungsverträge),
- Bürgschafts- und Abtretungsverträge,
- Vollstreckungsbescheide und Urteile sowie
- Pfändungs- und Überweisungsbeschlüsse.

Kopien fehlender Unterlagen können Sie beim Gläubiger selbst, beim zuständigen Gericht (Vollstreckungsbescheid/Urteil) oder bei Drittschuldnern (zum Beispiel beim Arbeitgeber, bei dem eine Abtretungserklärung offengelegt wurde) anfordern.

Unbekannte Gläubiger können Sie aktiv nur über eine Nachfrage bei der Schufa ermitteln.

3. Mietschulden und Energieschulden: Was kann mir geschehen?

Rückstand mit der Miete

Beispiel:
Nachdem das Konto von Familie Rother erheblich über das Dispositionslimit hinaus überzogen war, stoppte die Bank den Dauerauftrag an den Vermieter. Der Vermieter drohte sofort mit der fristlosen Kündigung des Mietverhältnisses, nachdem die Miete nicht rechtzeitig am dritten Tag des Monats eingegangen war.

Mietschulden sind besonders gefährliche Schulden, denn hier droht unmittelbar der Verlust der Wohnung. Man bezeichnet sie deshalb auch als «Primärschulden», da sie die Existenzgrundlage bedrohen. Mietschulden sind Schulden, die Sie auf jeden Fall vorrangig begleichen sollten.

Ab wann aber kann ein Vermieter dem Mieter bei Zahlungsverzug fristlos kündigen? In § 554 BGB ist geregelt, daß der Vermieter dann zur fristlosen Kündigung berechtigt ist, wenn der Mieter entweder

- bei zwei aufeinanderfolgenden Terminen mit der vollen Mietzahlung oder einem beträchtlichen Teil davon im Rückstand ist (Nr. 1) oder
- bei mehr als zwei Terminen mit einem Betrag zurückliegt, der die Höhe von zwei Monatsmieten erreicht (Nr. 2).

Im ersten Beispiel kann der Vermieter somit im gleichen Monat noch nicht fristlos kündigen.

Beispiel:
Familie Rother überweist von Juli bis September nur 500 DM an den Vermieter, um wenigstens einen Teil der Miete zu zahlen und ihren grundsätzlichen Zahlungswillen zu dokumentieren. Der Vermieter ist damit nicht einverstanden und kündigt am 15. 9. das Mietverhältnis fristlos. Familie Rother ist verzweifelt und weiß nicht mehr, was sie tun soll.

Ist diese fristlose Kündigung des Vermieters rechtswirksam? In diesem Falle nicht, denn eine fristlose Kündigung ist bei Zahlung eines Großteils der Miete (mindestens eine volle Miete in zwei Monaten) erst dann möglich, wenn der Rückstand mindestens zwei ganze Monatsmieten beträgt. Im Fall Rother beträgt der Rückstand bis zum 15. 9. «nur» 1485 DM und erreicht damit noch nicht die Grenze von zwei Monatsmieten in Höhe von 1990 DM. Familie Rother muß also im Oktober möglichst die volle Miete bezahlen, um eine fristlose Kündigung zu verhindern.

Achtung: Fangen Sie hier nicht selbst an zu rechnen, wieviel Sie mindestens zahlen müssen, um einer Kündigung zu entgehen. Die Gefahr, daß Sie sich verrechnen, ist zu groß und die Paragraphen zu kompliziert, als daß Sie hier ein Risiko eingehen sollten. Nutzen Sie die Hilfe von Schuldnerberatungsstellen oder eines Mietvereins!

Beispiel:
Familie Rother hat die Miete im Juli und bis zum 3. 8. auch noch nicht die Miete für August bezahlt. Der Vermieter kündigt daraufhin am 20. 8. schriftlich das Mietverhältnis. Am 22. 8., einen Tag bevor die Kündigung bei Familie Rother eingeht, zahlt sie den Mietrückstand für Juli und August auf das Konto des Vermieters ein. Bleibt die fristlose Kündigung bestehen?

Eine fristlose Kündigung muß schriftlich erfolgen und ist grundsätzlich ab Zugang beim Mieter wirksam. Zahlt der Mieter – wie im Fall Rother geschehen – den geschuldeten Mietbetrag jedoch vollständig vor Zugang der schriftlichen Kündigung, gilt die fristlose Kündigung nach § 554 Abs. 1 Satz 2 BGB als nicht erfolgt.

Kann der Mieter den Mietrückstand nicht vor der fristlosen Kündigung bezahlen, hat der Gesetzgeber ihm noch eine weitere Schutzfrist von einem Monat eingeräumt: Zahlt er oder ein Dritter – zum Beispiel das Sozialamt – innerhalb dieser Zeit, wird die Kündigung unwirksam (§ 554 Abs. 2 Nr. 2 BGB). Diese Schutzfrist beginnt nicht bereits mit Zugang des Kündigungsschreibens, sondern erst mit Zugang einer Räumungsklageschrift durch das zuständige Gericht. Der Vermieter kann nämlich den Mieter nicht einfach selbst vor die Tür setzen. Dafür muß er bei Gericht eine Klage auf Räumung der Wohnung einreichen.

Beispiel:
Familie Rother reagiert auf die fristlose Kündigung vom 20. 8. nicht. Am 5. 9. erhebt der Vermieter beim Amtsgericht Klage auf Räumung der Wohnung. Die Klage wird Familie Rother am 10. 9. zugestellt. Daraufhin geht Familie Rother zum Sozialamt und bittet um Übernahme der rückständigen Mieten. Das Sozialamt prüft, ob bei Familie Rother die Voraussetzungen für eine Übernahme vorliegen, und genehmigt am 29. 9. die Übernahme der rückständigen Miete. Dies meldet das Sozialamt sogleich dem Vermieter.

Allerdings kann der Mieter die Unwirksamkeit der fristlosen Kündigung – bei Zahlung während der «Schutzfrist» – nach dem Gesetz nur einmal innerhalb von zwei Jahren erreichen.

Das Sozialamt wird bei seiner Entscheidung, ob es die rückständige Miete übernehmen muß (als Beihilfe oder als Darlehen), vorher geprüft haben, inwieweit Familie Rother zukünftig die Mietzahlungen sicherstellen kann.

Aber was wäre geschehen, wenn das Sozialamt die Mietrückstände nicht übernommen hätte?

Beispiel:
Familie Rother hat nun auch die einmonatige Schutzfrist ungenutzt verstreichen lassen. Das Gericht hat der Klage auf Räumung stattgegeben. Der Vermieter droht daraufhin mit der Zwangsräumung für den Fall, daß Familie Rother nicht innerhalb einer Woche freiwillig ausziehen wird. Familie Rother wendet sich an das Gericht und stellt den Antrag, daß ihr eine angemessene Räumungsfrist zugestanden wird.

In der Tat kann ein Vermieter nicht die sofortige Räumung einer Wohnung verlangen. Das Gericht wird von sich aus, spätestens aber auf Antrag des Mieters, eine angemessene Räumungsfrist gewähren.

Achtung: Der Antrag des Schuldners muß jedoch möglichst noch vor dem Urteilsspruch oder mindestens zwei Wochen vor dem vom Gericht festgelegten Räumungstermin gestellt werden (§ 721 ZPO). Ein Räumungsaufschub ist längstens auf ein Jahr möglich.

Sollte zum festgelegten Zeitpunkt der Räumung der Mieter nicht freiwillig die Wohnung verlassen haben, wird eine Zwangsräumung durch den Gerichtsvollzieher vorgenommen. Die Kosten für die Zwangsräumung muß dann auch der Mieter tragen.

Das Ablaufschema (s. S. 80) soll Ihnen in übersichtlicher Form den dargestellten Ablauf, angefangen vom Mietrückstand bis zur Räumung einer Wohnung, plastisch darstellen.

Fazit:

- Sie sollten Ihrer Miete höchste Zahlungspriorität einräumen. Mietzahlungen sind unbedingt sicherzustellen. Im Konfliktfall sollten Sie eher andere Ratenzahlungen vernachlässigen.
- Wenn Sie Ihre Miete ganz oder teilweise nicht bezahlen können, sollten Sie sofort mit Ihrem Vermieter Kontakt aufnehmen und um Zahlungsaufschub bitten oder eine ratenweise Rückzahlung der rückständigen Miete vereinbaren.
- Bei fristloser Kündigung sollten Sie unverzüglich Kontakt zum Sozialamt aufnehmen und eine mögliche Mietübernahme überprüfen lassen.
- Ist durch ein Gericht auf Räumung zu einem bestimmten Termin erkannt worden, sollten Sie freiwillig und rechtzeitig die Wohnung räumen und vertragsgemäß verlassen, das heißt zum Beispiel, notwendige Schönheitsreparaturen selbst durchführen. Dies erspart Ihnen viele zusätzliche Kosten, da neben den rückständigen Mieten auch die Kosten der Zwangsräumung und Renovierung der Wohnung zu Ihren Lasten gehen.

Abbildung 2: Schuldnerschutz

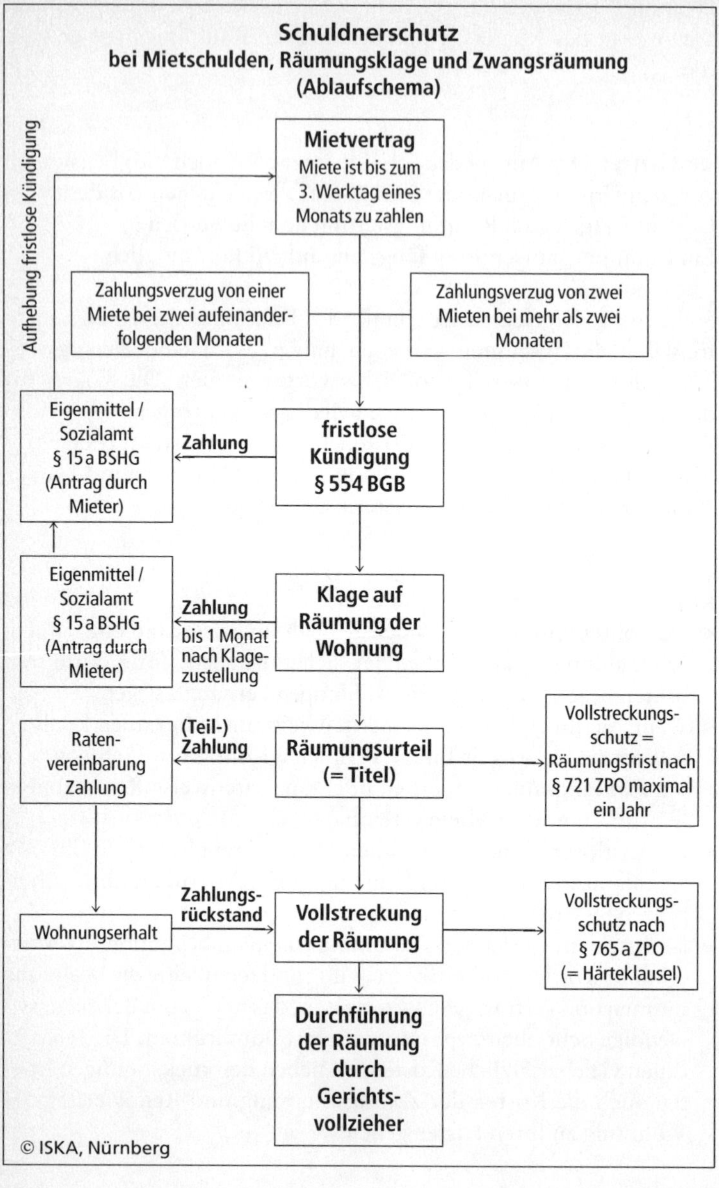

Vorsicht! Der Strom wird gesperrt!

Neben Mietschulden gibt es aber noch einen anderen Kostenpunkt, dem Sie bei Ihren Zahlungen höchste Priorität einräumen sollten:

Beispiel:
Familie Rother muß alle zwei Monate einen Abschlag an das Stromversorgungsunternehmen in Höhe von 330 DM für Heizung, Strom und Wasser bezahlen. Das Stromversorgungsunternehmen bucht diesen Abschlag automatisch vom Girokonto ab. Aufgrund der hohen Überziehung des Kontos hat die Bank allerdings die Abbuchung storniert, also unbezahlt zurückgehen lassen. Das Stromversorgungsunternehmen schickte Familie Rother daraufhin eine Mahnung und drohte ihr gleichzeitig mit einer Stromsperre, wenn der rückständige Abschlag nicht binnen zwei Wochen bezahlt sein sollte.

Stromschulden sind ebenfalls existenzbedrohende Schulden, da das Versorgungsunternehmen die Stromzufuhr sperren kann, wenn diese Forderungen nicht umgehend beglichen werden. Daher wird – wie bei den Mietschulden – auch bei Energieschulden von Primärschulden gesprochen, die unbedingt reguliert werden müssen.

Da bei der Stromlieferung kein freier Wettbewerb existiert, sondern Sie vom jeweiligen Stromlieferer in Ihrer Gegend abhängig sind, wurde eine bundeseinheitliche Regelung der Versorgung über Verordnungen geschaffen. Diese Verordnungen sehen in § 33 AVB GasV auch etwas zur «Einstellung der Versorgung und fristlosen Kündigung» vor.

Demnach ist eine Einstellung der Stromlieferung erst unter folgenden Voraussetzungen möglich:
1. Mahnung der Forderung nach fälligem Zahlungstermin,
2. Androhung der Sperrung (wobei Mahnung und Androhung in einem Schreiben gekoppelt werden können),
3. frühestens zwei Wochen nach Androhung tatsächliche Sperrung des Stroms.

Wenn der Stromschuldner aus einem von der Privatwohnung räumlich getrennten – vielleicht auch schon nicht mehr existierenden – Gewerbebetrieb noch rückständige Stromschulden zu zahlen hat,

Abbildung 3: Ablauf vom Zahlungsverzug zur Stromsperre

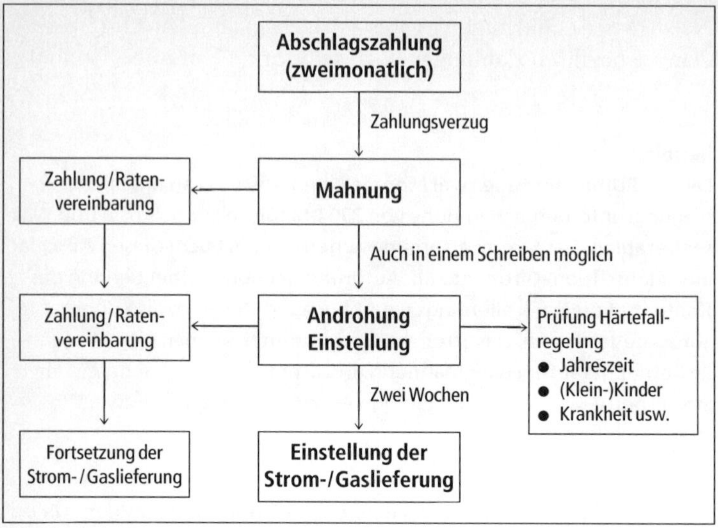

© ISKA, Nürnberg

kann das Energieversorgungsunternehmen die Stromlieferung für die Privatwohnung – die pünktlich bezahlt wird – nicht sperren.

Eine Sperrung wird aber nach § 33 AVBGasV als unverhältnismäßig angesehen und hat zu unterbleiben, wenn

a) sie «außer Verhältnis zur Schwere der Zuwiderhandlung» steht und
b) die Zahlung der zukünftigen Abschläge hinreichend sichergestellt ist.

Als unverhältnismäßig gilt eine Stromsperre dann, wenn

- dies der erste Zahlungsrückstand ist,
- es sich um eine geringfügige Forderung handelt,
- Kleinkinder, Behinderte, Kranke von der Stromsperre betroffen sind,
- gesundheitliche Störungen zu erwarten sind (z. B. im Winter), aber auch
- wenn eine volle Tiefkühltruhe vorhanden ist und der Inhalt dann verderben würde.

Bei Familie Rother hat das Stromversorgungsunternehmen die Stromsperre korrekt angedroht. Zwei Wochen nach Androhung könnte der Strom gesperrt werden, wenn Familie Rother den rückständigen Abschlag nicht zahlen kann. Allerdings muß hier das Stromversorgungsunternehmen prüfen, ob eine Sperre nicht unverhältnismäßig ist. In einem derartigen Fall hilft Ihnen Musterbrief 8 im Anhang bei der Formulierung.

Die Kosten für Strom sind, im Gegensatz zu den Heizungskosten, bereits im Regelsatz der Sozialhilfe enthalten. Daher ist eine Übernahme der Stromkosten durch das Sozialamt grundsätzlich nur im Rahmen des § 15a des Bundessozialhilfegesetzes, das heißt «zur Vermeidung von Obdachlosigkeit und vergleichbaren Notlagen» möglich. Dieser sieht jedoch vor, daß erst alle anderweitigen Zahlungsmöglichkeiten auszuschöpfen sind, bevor eine Übernahme dieser Kosten durch das Sozialamt möglich wird.

Das Sozialamt hat bei einem entsprechenden Antrag des Schuldners besonders dann, wenn schon gesperrt worden ist, pflichtgemäß zu prüfen, ob und auf welcher Basis (Beihilfe oder Darlehen) die Stromkosten übernommen werden.

Fazit: Umgang mit Stromschulden

- Die Zahlung des Stromabschlags ist, wie die Mietzahlungg, von hoher Priorität und dementsprechend sicherzustellen.
- Ist der Stromabschlag im zweimonatlichen Rhythmus zu bezahlen, sollte trotzdem der monatliche Bedarf im Finanzhaushalt eingeplant und «vorgespart» werden. Fällt Ihnen das «Vorsparen» in Höhe des monatlichen Abschlages schwer, vereinbaren Sie mit dem Stromversorgungsunternehmen monatliche Zahlungsweise.
- Wurde der Stromabschlag oder auch eine Nachzahlung beim Jahresabschluß nicht bezahlt, nehmen Sie unverzüglich mit dem Stromversorgungsunternehmen Kontakt auf und vereinbaren Sie, den Rückstand zum Beispiel in Raten zu begleichen. Lassen Sie sich solche Vereinbarungen schriftlich bestätigen.
- Weisen Sie das Versorgungsunternehmen darauf hin, wenn eine Sperre unverhältnismäßig ist.
- Wenn eine Stromsperre droht oder nicht mehr zu verhindern ist, stellen Sie beim Sozialamt Antrag auf Übernahme der rückständigen Stromschulden.

4. Die Bank zahlt nicht mehr aus: Was kann ich tun?

Beispiel:
Herr Rother hat sein Konto mittlerweile erheblich überzogen. Sein Gehalt in Höhe von 2750 DM ist eingegangen, die Miete von 995 DM und die Kreditrate in Höhe von 436 DM sind bereits wieder abgebucht worden. Herr Rother geht wie immer am Monatsanfang zur Bank und will 500 DM abheben, um Lebensmittel einzukaufen. Der Bankangestellte winkt ab und verweist auf den Schuldsaldo von 4781 DM und ein maximales Dispo-Limit von 4000 DM. Die Bank verlangt, daß Herr Rother sein Konto wieder innerhalb des Dispositionslimits führt. Weitergehende Auszahlungen seien daher (vorerst) nicht mehr möglich. Außerdem sei die Bank ja großzügig gewesen und habe sogar die Miete und die Kreditrate trotz Überziehung des Dispositionslimits überwiesen. Man könne die Aufregung von Herrn Rother deshalb gar nicht verstehen.

Die Bank versucht hier, einen Teil des Gehalts von Herrn Rother einzubehalten, um es mit den Forderungen, die sie gegen ihn hat (auf Rückführung des Dispos), zu verrechnen.

Während ein außenstehender Gläubiger immer einen Pfändungs- und Überweisungsbeschluß braucht, um an das Geld auf Ihrem Konto heranzukommen, hat die Bank als Gläubigerin es hier technisch leichter: Sie verrechnet einfach Ihre Schulden mit den eingehenden Beträgen.

Die Frage ist, ob sie dies so einfach tun kann, insbesondere, inwieweit sie sogar unpfändbare Einkommensanteile zurückhalten kann: Die Bank verrechnet bei Herrn Rother – nach Abzug von Miete und Kreditrate (insgesamt 1431 DM) – immerhin einen Betrag von 1319 DM (2750 DM – 1431 DM). Der pfändbare Betrag gemäß Pfändungstabelle beträgt dagegen nur 108,30 DM (siehe oben, S. 42 f.).

Nach § 394 BGB darf nur das verrechnet werden, was auch pfändbar ist. Demnach dürfte die Bank nur 108,30 DM verrechnen und müßte den Restbetrag ausbezahlen. Für Juristen stellt sich die Sachlage leider nicht so eindeutig dar. Für sie kommt es darauf an, ob der Betrag, der über den Dispositionskredit hinaus von Herrn Rother in Anspruch genommen wurde, als Vorschuß oder als Kredit zu bewerten ist. Wenn nämlich die Überziehung über das Limit hinaus wie ein Vorschuß zu sehen ist, dann darf die Bank vollständig verrechnen, ohne Pfändungsgrenzen berücksichtigen zu müssen. Ein Vorschuß darf immer voll verrechnet werden. Ist die Überziehung jedoch als eine Art geduldeter Kredit anzusehen, dann darf die Bank nur im Rahmen der Pfändbarkeit verrechnen.

Es ist daher schwierig zu beantworten, ob die Bank hier korrekt die Auszahlung verweigert oder Herr Rother mit Recht auf Auszahlung seines nicht pfändbaren Gehalts besteht.

Achtung: Günstiger sieht es mit der Auszahlung eingegangener Sozialleistungen aus: Hier kann der Schuldner innerhalb von sieben Tagen nach Eingang den gesamten Betrag vom Konto abheben, ohne daß die Bank davon etwas mit ihren eigenen Forderungen verrechnen darf. Zu der besonderen Behandlung von Sozialleistungen später mehr im Abschnitt «Besonderheit: Pfändung von Sozialleistungen», S. 127ff.

Tip: Um die Auszahlung Ihres nichtpfändbaren Einkommens – mit Ausnahme von Sozialleistungen – trotz Bankschulden in jedem Fall sicherzustellen, sollten Sie versuchen, mit Ihrer Bank eine Rückzahlungsvereinbarung über den überzogenen Dispo zu treffen, gleichzeitig aber auf weitere Auszahlungen bis zur Höhe des pfändungsfreien Betrags bestehen.

Gelingt dies nicht, wenden Sie sich an eine Verbraucherzentrale oder Schuldnerberatungsstelle, um Druck und Öffentlichkeit herzustellen! Banken fürchten ein negatives Image.

5. Mein Kredit wird gekündigt: Was muß ich beachten?

Die häufigsten Schulden sind nach den Erfahrungen von Schuldnerberatern Bankschulden, auch wenn dies von Banken oft bestritten wird. Das Kreditgeschäft ist ein zentraler Geschäftsbereich der Banken; das Angebot reicht vom Dispositionskredit über Ratenkredite bis hin zu Hypothekendarlehen.

Im Kreditvertrag werden unter anderem die Höhe des Kredits, die zu zahlenden Zinsen und die Art und Weise der Rückzahlung geregelt. Für Kreditverträge, die nach dem 1. 1. 1991 abgeschlossen wurden, gilt das Verbraucherkreditgesetz (VKG). Dagegen unterliegen Kreditverträge, die vor das Jahr 1991 zurückgehen, den (nicht so verbraucherfreundlichen) Bestimmungen des Bürgerlichen Gesetzbuches (BGB). Von Bedeutung ist diese Unterscheidung vor allem bei der Kündigung eines Kreditvertrags und den daraus resultierenden Folgen.

In diesem Kapitel geht es um die Frage, wann ein Kreditvertrag gekündigt werden kann und welche Verzugsfolgen sich daraus ergeben.

Kündigung

Beispiel:
Als Herr Rother sein Konto in der Zeit seiner Arbeitslosigkeit 1996 weiter überzieht, weigert sich die Bank (die zunächst noch das unpfändbare Einkommen ausgezahlt hat), die Raten für das Darlehen vom Girokonto auf den Kredit umzubuchen. Nachdem Herr Rother die Raten für Juli und August bei der A-Bank nicht mehr gezahlt hat, erhalten er und seine Frau, die den Kreditvertrag mit unterschrieben hat, einen Brief, in dem sie aufgefordert werden, die rückständigen Raten unverzüglich zu be-

zahlen. Andernfalls würde der Kreditvertrag gekündigt mit der Folge, daß der gesamte Restkreditbetrag in einer Summe sofort fällig wäre.

Eine Bank kann einen nach dem 1. 1. 1991 abgeschlossenen Kreditvertrag nach § 12 Verbraucherkreditgesetz (VKG) nur unter folgenden Voraussetzungen kündigen:

1. Kredite mit einer Laufzeit bis zu 36 Monaten, wenn der Verbraucher mit mindestens zwei aufeinanderfolgenden Raten ganz oder teilweise im Rückstand ist und der ausstehende Betrag sich mindestens auf 10 Prozent des Nettokreditbetrags beläuft,
2. Kredite mit einer Laufzeit ab 36 Monaten, wenn der Verbraucher mit mindestens zwei aufeinanderfolgenden Raten ganz oder teilweise im Rückstand ist und der ausstehende Betrag sich mindestens auf 5 Prozent des Nettokreditbetrags beläuft.
3. Zusätzlich muß der Kreditgeber dem Verbraucher erfolglos eine zweiwöchige Frist zur Zahlung des rückständigen Betrags mit der Androhung der Kündigung gesetzt haben.

Auf das Beispiel der Familie Rother bezogen bedeutet dies, daß die A-Bank den Kredit von Herrn und Frau Rother mit einer Laufzeit von 60 Monaten erst bei einem Ratenrückstand von mindestens 1000 DM (= 5 Prozent der Nettokreditsumme von 20 000 DM) bei mindestens zwei aufeinanderfolgenden Zahlungsterminen kündigen kann. Bei Familie Rother besteht zum Zeitpunkt des Schreibens der Bank aber erst ein Ratenrückstand mit einem Betrag von 872 DM. Erst wenn sie auch die Rate im September nicht zahlt, kann die Bank den Kreditvertrag kündigen.

Wie wird ein gekündigter Kredit nun abgerechnet?

Beispiel:
Familie Rother kann im September die Kreditrate wieder nicht bezahlen und schuldet der Bank somit drei Raten von insgesamt über 1000 DM. Daraufhin kündigt die A-Bank den Kredit im Oktober 1996. Familie Rother hat somit neun Raten (von November 1995 bis Juni 1996) bezahlt. Dies entspricht einer Gesamtsumme von 3924 DM. Die Bank fordert von

Familie Rother einen Restkreditbetrag in Höhe von 18277,44 DM. Wie kommt die Bank auf diese Summe?

Bei einem Ratenkreditvertrag sind die Zinsen bereits in jede Rate eingerechnet. Die Bank muß bei der Abrechnung eines Kredits von der Bruttokreditsumme also die gezahlten Raten abziehen und von dem Rest den Teil der Zinsen zurückvergüten, der nicht verbraucht wurde. Wenn die ursprüngliche Kreditlaufzeit – wie bei Familie Rother – 60 Monate beträgt und der Kredit vorzeitig bereits nach zwölf Monaten gekündigt wird, muß die Bank den bereits eingerechneten Zinsbetrag für die restlichen – nicht beanspruchten – 48 Monate zurückvergüten. Die Zinsrückvergütung wird nach einer festliegenden Formel berechnet und kann daher durch ein Computerprogramm leicht kontrolliert werden.

Tip: Zinsrückvergütungen bei gekündigten Krediten können Sie von Verbraucherzentralen oder Schuldnerberatungsstellen überprüfen lassen.

Beispiel:

Die Kreditabrechnung bei Familie Rother sieht dann wie folgt aus:

Bruttokreditsumme:	26160,00 DM	
gezahlte Raten	– 3924,00 DM	(9×436 DM)
Zinsrückvergütung	– 3958,56 DM	(Computerberechnung mit CAWIN4.0 des IFF)
Restkreditbetrag	**=18277,44 DM**	

Verzugszinsen

Nach Kündigung und Abrechnung des Kreditvertrags ist der Restkreditbetrag in einem Betrag an die Bank zurückzuzahlen. Sind Sie nicht in der Lage, diesen Restkreditbetrag vollständig an die Bank zu bezahlen, wird sie von Ihnen dafür Schadensersatz verlangen. Der Schadensersatz wird in Form von Verzugszinsen in Rechnung gestellt.

Auch hier hat die Rechtsprechung inzwischen den gröbsten Auswüchsen Einhalt geboten. Für die wichtigsten Kreditarten, mit Ausnahme der gewerblichen Darlehen und der Hypothekenkredite, gilt seit dem 1. 1. 1991 das Verbraucherkreditgesetz (VKG), in dem die Höhe der Verzugszinsen mit höchstens 5 Prozent über dem Diskontsatz der deutschen Bundesbank (D + 5) verbindlich festgelegt ist (§ 11 VKG).

Bei einem Diskontsatz von 2,5 Prozent im Oktober 1996 konnte die A-Bank von Familie Rother ab Kündigungstermin zunächst einen Verzugszinssatz von maximal 7,5 Prozent im Jahr verlangen. Das bedeutet, daß bei einem Forderungsbetrag von 18 277,44 DM jeden Monat Verzugszinsen in Höhe von 114,23 DM auflaufen.

Tip: Überprüfen Sie, ob bei Ihrem gekündigten Kredit mit dem zur Zeit gültigen Verzugszinssatz gerechnet wird. Den aktuell gültigen Diskontsatz erfahren Sie bei Schuldnerberatungsstellen und den Verbraucherzentralen; im Anhang finden Sie die Zinssätze aus der Vergangenheit.

Wenn die Bank einen Mahnbescheid beantragt, sollten Sie prüfen, welcher Verzugszinssatz von der Bank verlangt wird. Wenn im Mahnbescheid die Formel «D + 5» steht, verfährt die Bank korrekt. Wenn die Bank einen höheren Zinssatz verlangt, lohnt es sich, möglicherweise einen Teilwiderspruch einzulegen. Lesen Sie dazu mehr im Abschnitt «Zahlungsverzug und Mahnverfahren», S. 110ff.; Schuldnerberatungsstellen und Verbraucherberatungen sind Ihnen hierbei ebenfalls behilflich.

Für rechtskräftige Titel wie Vollstreckungsbescheid oder Urteil gilt allerdings: Haben Rechtsprechung und Gläubiger im Zeitpunkt der Entscheidung den Verzugszinssatz für korrekt befunden, ist er nicht mehr angreifbar.

«D + 5» auch für Altverträge?

Der Bundesgerichtshof hat festgestellt (BGH, Urteil vom 8. 10. 1991, AZ.: XI ZR 259/90, NJW 1992, 109), daß die Formel «D + 5» auch auf Kreditverträge übertragbar ist, die vor 1991 abgeschlossen wurden, sofern die Bank keine andere Verzugszinshöhe nachweisen kann.

Wie werden Ihre Zahlungen auf den Kredit verrechnet?

Ein Grund, warum Ihre Schulden vielfach trotz regelmäßiger Ratenzahlungen nicht geringer werden, liegt an der Verrechnung der Zahlungen mit den Schulden:

Werden Ihre Zahlungen zuerst mit den Zinsen verrechnet, verringert sich die Hauptforderung wenig oder sogar überhaupt nicht. Letzteres ist zum Beispiel dann der Fall, wenn die eingehenden Beträge geringer sind als die laufenden Zinsen. Muß Ihr Gläubiger jedoch die Rate zuerst mit der Hauptforderung und erst dann mit den Zinsen verrechnen, wird die Hauptforderung erheblich schneller abnehmen als bei der ersten Methode.

Welches ist nun der rechtlich richtige Weg, um Ihre Zahlungen zu verrechnen? Das hängt von der Art der Schulden ab: Die Verrechnung erfolgt entweder nach dem Verbraucherkreditgesetz oder nach dem Bürgerlichen Gesetzbuch.

Nach dem **Verbraucherkreditgesetz** muß die Bank jede eingehende Forderung, das heißt jede Ratenzahlung, nach folgender Reihenfolge abrechnen:

1. Kosten,
2. Hauptforderung,
3. Zinsen.

Jede eingehende Zahlung reduziert also zunächst die vorhandenen Kosten, zum Beispiel Mahnkosten, Rechtsanwaltskosten oder Gerichtskosten. Wenn diese Kosten bezahlt sind, wird der eingehende Betrag mit der Hauptforderung, also dem geschuldeten Betrag ohne Zinsen, und zum Schluß dann mit den Zinsen verrechnet. Hier gilt also die für Sie als Schuldner günstigere Methode.

Beispiel:

Verrechnung nach Verbraucherkreditgesetz

Eine Forderung in Höhe von 10000 DM verringert sich – berechnet mit dem Computerprogramm FOAB des IFF – bei einem Zinssatz von «D + 5» in Höhe von 7,5 Prozent und einer regelmäßigen Rate von 150 DM monatlich von einem angenommenen Kündigungsdatum 31. 10 1996 bis beispielsweise zum 31. 7. 1997 auf 8800 DM zuzüglich 535,95 DM Zinsen.

Hier besteht die Chance, daß der Schuldner bei regelmäßiger Ratenzahlung seinen Kredit zurückzahlen kann.

Für die Verrechnung eingehender Zahlungen bei Kreditverträgen, die vor 1991 abgeschlossen wurden, und sonstige, nicht dem Verbraucherkreditgesetz unterliegenden Forderungen, wie zum Beispiel Waren-, Unterhalts-, Miet- oder Versicherungsforderungen, bildet **§ 367 BGB** die Grundlage für die Forderungsverrechnung.

Hier werden die Zahlungen in folgender Reihenfolge verbucht:

1. Kosten
2. Zinsen
3. Hauptforderung.

Durch die Reduzierung der Hauptforderung erst ganz am Schluß wächst die Gefahr, daß der Schuldenberg trotz einer gewissen Rückzahlungssumme überhaupt nicht kleiner wird, da die Rate nicht ausreicht, um Kosten und Zinsen, geschweige denn auch nur einen Teil der Hauptforderung zu decken. Dies zeigt auch die folgende Rechnung:

Beispiel:
Verrechnung nach § 367 BGB
Eine angenommene Kreditforderung aus März 1985 über 20000 DM mit einem Verzugszinssatz von 14 Prozent und einer monatlichen Rückzahlungsrate von 200 DM seit dem 30. 4. 1985 ergibt bis zum 31. 7. 1997 folgende Situation:

In den zwölf Jahren von 1985 bis 1997 – berechnet wiederum mit dem Programm FOAB des IFF – wurden 29400 DM zurückgezahlt; der Forderungsstand im Juli 1997 beträgt trotzdem immer noch 25366,28 DM. Obwohl regelmäßig Raten bezahlt wurden, erhöhte sich der Forderungsbetrag, da die monatliche Rate nicht ausreichte, die «vorrangig» verrechneten Zinsen von etwa 235 DM monatlich auszugleichen. Somit steigt jeden Monat die Forderung. Viele nennen solche Situationen, in denen nicht einmal die Zinsen durch die Ratenzahlung gedeckt werden können, den «modernen Schuldturm».

Wie Sie um eine aktuelle Forderungsabrechnung ersuchen, sehen Sie im Musterbrief 1 im Anhang.

Wird Ihre Forderung nach § 367 BGB abgerechnet, sollten Sie folgendes beachten:

Tip
bei Verrechnung nach § 367 BGB:

1. Ratenzahlungen sollten erheblich höher als der monatliche Zinsbetrag sein, um eine (zeitnahe) Rückzahlung der Forderung zu ermöglichen.
2. Ist eine Tilgung der Forderung nicht möglich, da keine angemessene Ratenhöhe bezahlt werden kann, sollten Sie mit dem Gläubiger darüber verhandeln, die Forderung «einzufrieren», also zu erreichen, daß er auf die Zinsen oder zumindest einen Teil davon verzichtet.
3. Versuchen Sie eine Tilgung Ihrer Schulden durch Überweisungen mit dem Zusatz «Verrechnung mit der Hauptforderung» zu erreichen. Sie haben nämlich das Recht, die Verrechnungsform (zu Ihren Gunsten) abzuändern; allerdings ist das nur mit Zustimmung des Gläubigers möglich. Sollte der Gläubiger mit Ihrer Abänderung der Verrechnungsform nicht einverstanden sein, muß er dies kenntlich machen, das heißt die Rate zurücküberweisen oder auf einem «Treuhandkonto» hinterlegen und Sie darüber informieren.

6. Ich kann meinen Unterhalt nicht bezahlen: Auf was muß ich mich einstellen?

Gefängnis oder nicht?

Beispiel:
Unterstellen wir für die Kapitel über den Unterhalt einmal, Herr Rother müßte noch Unterhalt für ein nichteheliches Kind namens Marie bezahlen. Seit er arbeitslos ist, kann er den Regelunterhalt für das Kind nicht mehr aufbringen. Die Mutter des Kindes droht ihm nun ständig mit Gericht und Gehaltspfändungen. Herr Rother hat Angst, daß er wegen der Unterhaltsschulden ins Gefängnis kommt.

Unterhaltsschulden sind für alle Beteiligten eine heikle Angelegenheit. Der Unterhaltsgläubiger auf der einen Seite, in diesem Fall das Kind, vertreten durch seine Mutter, ist auf pünktliche Unterhaltszahlungen angewiesen. Auf der anderen Seite ist vielleicht der Unterhaltsschuldner wie Herr Rother durchaus gewillt, seinen Verpflichtungen nachzukommen, kann aber aus rein finanziellen Gründen die geforderten Zahlungen einfach nicht aufbringen.

Da zwischen Unterhaltsschuldner und -gläubiger vormals eine enge emotionale Beziehung bestand, wird ein emotionaler Konflikt häufig auch über Zahlung und Nichtzahlung des Unterhalts ausgetragen. Dies erschwert es, in diesem sensiblen Bereich zwischen allen Beteiligten einvernehmliche Lösungen zu finden.

Wenn Sie für Ihre (nichtehelichen) Kinder oder Ihren Ehepartner Unterhalt zahlen, ist dies keine freiwillige Angelegenheit. Sie haben eine gesetzliche Verpflichtung dazu. Deshalb können Sie grundsätzlich wegen Verletzung der Unterhaltspflicht angezeigt und zu einer Geldstrafe oder sogar zu einer Freiheitsstrafe verurteilt werden

(§ 170b StGB), wenn Sie sich absichtlich Ihrer Unterhaltsverpflichtung entziehen. Allerdings liegt in der Regel keine Unterhaltspflichtverletzung vor, wenn Sie durch unverschuldete Arbeitslosigkeit oder bei Krankheit nicht mehr zahlen können. Herr Rother muß daher keine Angst haben, ins Gefängnis zu kommen.

Gehaltspfändungen durch den Unterhaltsgläubiger

Beispiel:
Die Mutter der fiktiven Marie erfährt, daß Herr Rother wieder einen Arbeitsplatz gefunden hat. Sofort pfändet sie beim neuen Arbeitgeber sein Gehalt.

Unterhaltsgläubiger sind sogenannte bevorrechtigte Gläubiger. Ein bevorrechtigter Gläubiger ist nicht, wie die Bezeichnung vermuten läßt, gegenüber den übrigen Gläubigern in der Reihenfolge im Vorteil, sondern «nur» in der Höhe des pfändbaren Betrags.

Die allgemeingültigen Pfändungstabellen, wie Sie sie bereits im Kapitel «Schuldenmanagement I» S. 42f., kennengelernt haben, sind für einen Unterhaltsgläubiger nicht maßgeblich. Bei einer Unterhaltspfändung ist vielmehr dem Schuldner nur «so viel zu belassen, als er für seinen notwendigen Unterhalt und zur Erfüllung seiner gesetzlichen Unterhaltspflichten ... bedarf» (§ 850d Abs. 1 ZPO).

Bei einer Unterhaltspfändung wird das Gericht den nicht pfändbaren Betrag also selbst festlegen. Die Rechtsprechung hat hier von Gericht zu Gericht unterschiedliche Mindestpfändungsfreibeträge für verheiratete und nicht verheiratete Schuldner festgelegt. Sie können beim örtlich zuständigen Amtsgericht nachfragen, welcher Pfändungsfreibetrag bei Ihnen im Fall von Unterhaltspfändungen zugrunde gelegt würde. Am Beispiel von Herrn Rother wollen wir Ihnen die Berechnung des pfändbaren Betrags bei einer Unterhaltspfändung einmal vorführen. Dabei gehen wir davon aus, daß der vom zuständigen Gericht der Region festgesetzte Pfändungsfreibetrag für einen verheirateten Schuldner 1000 DM beträgt. Diesen Betrag dürfte er also trotz Unterhaltspfändung behalten.

Beispiel:

Herr Rother erhält ein Nettoeinkommen von 2750 DM. Er ist für seine Frau und seine zwei ehelichen Kinder Paul und Emma sowie – hier unterstellt – für sein nichteheliches Kind Marie unterhaltsverpflichtet, somit also für vier Personen. Als erstes wird für die Berechnung der persönliche Pfändungsfreibetrag von Herrn Rother vom Nettoeinkommen abgezogen. Das so ermittelte Resteinkommen wird durch die Anzahl der Unterhaltsberechtigten geteilt, so daß jeder den gleichen Unterhaltsanteil erhält.

Nettoeinkommen:	2750,00 DM
Pfändungsfreibetrag f. Herrn Rother	–1000,00 DM
Resteinkommen	1750,00 DM

Verteilt man das Resteinkommen auf die Unterhaltsberechtigten, ergibt sich jeweils ein Anteil von 437,50 DM pro Person (1750 DM : 4). Seine nichteheliche Tochter, vertreten durch ihre Mutter, kann somit das Einkommen von Herrn Rother in Höhe von 437,50 DM pfänden.

Der Pfändungsbetrag für nicht bevorrechtigte Gläubiger wie Banken, Vermieter u. a. betrüge bei vier Unterhaltsberechtigten dagegen «nur» ganze 2 DM. Hier geht es nämlich strikt nach der Pfändungstabelle (siehe Anhang).

An diesem Beispiel können Sie erkennen, daß in der Regel der Pfändungsbetrag bei einer Unterhaltspfändung sehr viel höher ist als bei einer «normalen» Pfändung.

Unterhalts- und andere Pfändungen

Ein Unterhaltsgläubiger wird entsprechend der normalen Rangfolge der Pfändungsgläubiger, das heißt der Reihe nach, bedient. Allerdings kann er, auch wenn er an zweiter oder dritter Stelle steht, neben dem «normalen» Pfändungsgläubiger noch den (oben bereits errechneten und) per Gerichtsbeschluß festgelegten Anteil einfordern, der über den pfändbaren Betrag eines Normalgläubigers hinausgeht.

Beispiel:

Das Gehalt von Herrn Rother wird bereits von der A-Bank gepfändet. Die Unterhaltsgläubigerin Marie steht an zweiter Stelle. So ergibt sich folgende Berechnung:

- A-Bank (nach § 850 c ZPO) 2,00 DM
- Unterhaltsgläubigerin Marie: 435,50 DM
  (§ 850 d ZPO)
  Pfändung insgesamt: 437,50 DM

Abbildung 4:
Unterhaltspfändung am Beispiel von Herrn Rother

<table>
<tr><td colspan="4">Unpfändbarer Teil nach Festlegung durch Gericht (Selbstbehalt)</td><td>1000 DM</td><td rowspan="6">Nettogehalt 2750 DM</td></tr>
<tr><td colspan="2">1. Unterhaltsberechtigter</td><td>437,50 DM</td><td colspan="2" rowspan="5">1750 DM pfändbar, aufzuteilen auf vier Unterhaltsberechtigte (inklusive uneheliche Tochter)</td></tr>
<tr><td colspan="2">2. Unterhaltsberechtigter</td><td>437,50 DM</td></tr>
<tr><td colspan="2">3. Unterhaltsberechtigter</td><td>437,50 DM</td></tr>
<tr><td>4. Unterhaltsberechtigter</td><td>435,50 DM</td><td rowspan="2">437,50 DM</td></tr>
<tr><td>«Normalgläubiger»</td><td>2,00 DM</td></tr>
</table>

Im Ergebnis kommt damit die (spätere) Pfändung eines Unterhaltsberechtigten möglicherweise parallel zur (vorherigen) Pfändung eines «normalen» Gläubigers zum Zuge, weil die Beträge, die dem Schuldner verbleiben müssen, beim Unterhaltsberechtigten vom Gericht meist niedriger angesetzt werden als das nach der Tabelle unpfändbare Einkommen.

Abänderungsklage

Die Höhe des Unterhalts wird durch Vereinbarung oder Beschluß festgelegt. Eine einmal festgelegte Unterhaltshöhe bleibt so lange bestehen, wie nichts anderes von beiden Parteien oder vom Gericht beschlossen wird.

Wenn Sie Unterhaltszahlungen einstellen, weil Sie durch Einkommenseinbußen nicht mehr in der Lage sind, sie zu leisten, bleibt der Unterhaltsanspruch trotzdem bestehen. Die nicht erfolgten Zahlungen summieren sich auf. Wenn Sie Unterhalt von zum Beispiel 349 DM im Monat zu zahlen haben und dies ein Jahr lang nicht tun, beläuft sich der Unterhaltsrückstand immerhin schon auf 4188 DM.

Bei (erheblicher) Änderung der Einkommenssituation, zum Beispiel wenn Sie unverschuldet Ihren Arbeitsplatz verlieren oder ein regelmäßiges Zusatzeinkommen entfällt, haben Sie die Möglichkeit, durch eine Abänderungsklage (§ 323 ZPO) eine Senkung des Unterhalts zu erreichen. Durch die Herabsetzung Ihrer Unterhaltshöhe durch das Gericht vermeiden Sie, Ihre Schulden weiter durch rückständige Unterhaltszahlungen zu erhöhen. Eine Klage auf Abänderung des Unterhalts gilt nur für die Zukunft; ein entsprechendes Urteil wirkt nicht zurück. Sie sollten diesen Antrag also unverzüglich nach Eintritt der Einkommensverschlechterung stellen. Sollte sich Ihr Einkommen dagegen wieder verbessern, so sind Sie natürlich genauso verpflichtet, dies sofort mitzuteilen und den Unterhaltsbetrag entsprechend wieder nach oben anzupassen.

Erhöhung der Pfändungsfreigrenzen

Achtung:
Auch bei einer Unterhaltspfändung haben Sie die Möglichkeit, einen Antrag auf Erhöhung der Pfändungsfreigrenzen zu stellen, wenn Sie durch die Pfändung unter Ihr sozialhilferechtliches Existenzminimum gelangen. Lesen Sie hierzu mehr im Abschnitt «Erhöhung der Pfändungsfreigrenzen», S. 138 ff.

Fazit: Umgang mit Unterhaltsschulden

1. Die Unterhaltszahlung stellt neben der sozialen auch eine gesetzliche Verpflichtung dar und sollte daher bevorzugt behandelt werden.
2. Bei erheblichen Einkommenseinbußen sollten Sie sich darum kümmern, einvernehmlich oder über eine Abänderungsklage eine Senkung der Unterhaltszahlungen zu erreichen. Diese gilt allerdings nur für zukünftige Zahlungen.
3. Auch ohne erhebliche Einkommenseinbußen kann eine Unterhaltszahlung für Sie schwierig sein, wenn dadurch das sozialhilferechtliche Existenzminimum unterschritten wird.
4. Für die Schulden aus der Vergangenheit, also den Unterhaltsrückstand, sollten Sie sich mit dem Unterhaltsgläubiger in Verbindung setzen und eine Vereinbarung treffen, wie der Rückstand (allmählich) abgebaut werden kann.

7. Die Geldeintreiber! Was ist bei Inkassobüros zu beachten?

Beispiel:

Herr Rother bekommt Post vom Inkassobüro O-Incasso. Die Firma O-Incasso teilt mit, daß sie die Interessen des Versandhauses O vertritt. Sie mahnt die dort offene Forderungssumme an und fordert Herrn Rother auf, den geforderten Betrag innerhalb einer Woche zu zahlen. Dazu ist Herr Rother allerdings nicht in der Lage.

Drei Wochen später schreibt das Inkassobüro erneut und droht mit einem gerichtlichen Verfahren und der Zwangsvollstreckung, wenn Forderungssumme und Inkassokosten nicht umgehend beglichen werden. Herr Rother kann immer noch nicht zahlen.

Nach weiteren sechs Wochen geht bei Familie Rother wieder ein Schreiben des Inkassobüros ein. Wie Herrn Rother auffällt, ist die Forderung weiter erhöht worden. Diesmal droht O-Incasso damit, den Vorgang an einen Rechtsanwalt zu übergeben, wenn nicht binnen zehn Tagen die im Brief genannte, nicht weiter erläuterte Forderungssumme vollständig bezahlt wird. Nach diesem Schreiben ist es zwei Monate lang ruhig.

Eines Tages klingelt es an der Wohnungstür, und ein Mann steht vor der Tür. Er kommt vom Inkassobüro O-Incasso und möchte «sich gerne mal mit Herrn Rother über seine Schulden unterhalten». Damit die Nachbarn nicht unnötig von der Situation in Kenntnis gesetzt werden, wäre es doch besser, die Angelegenheit in der Wohnung zu besprechen. Dort setzt der Außendienstmitarbeiter Familie Rother erheblich unter Druck und meint, wenn sie ein von ihm mitgebrachtes Schuldanerkenntnis unterschrieben, könne man ja in Ruhe über die Sache reden. Herr Rother weigert sich jedoch, dieses Schuldanerkenntnis zu unterzeichnen. Schließlich muß er sogar von seinem Hausrecht Gebrauch machen, da der Mitarbeiter des Inkassobüros die Wohnung trotz Aufforderung nicht verlassen will.

Diese oder ähnliche Erfahrungen haben Sie vielleicht auch schon mit Inkassobüros gemacht.

Was sind nun Inkassobüros, und wie arbeiten sie? Inkassobüros haben sich darauf spezialisiert, die Forderungen von Gläubigern beizutreiben. Wenn sie Erfolg haben, werden sie prozentual daran beteiligt, wenn sie die Forderung nicht ohnhin gekauft haben. Inkassobüros haben also ein starkes Interesse daran, erstens dem Schuldner hohe Kosten aufzubürden und zweitens einen Großteil der Forderung einzutreiben.

Bevor ein Inkassobüro tätig werden darf, braucht es eine Zulassung durch den Präsidenten des zuständigen Landgerichts, ohne die kein Inkassobüro in Deutschland tätig sein darf. Den Gerichten obliegt auch die Aufsicht über die Inkassobüros. Sie entscheiden, ob im Einzelfall eine Zulassung wieder entzogen wird. Beim Landgericht können Sie sich des weiteren über ein Inkassobüro beschweren, besonders wenn es Sie durch Anschreiben, aber auch Außendienstmitarbeiter besonders aggressiv unter Druck setzt.

Die Beitreibung von Forderungen ist ein Geschäft. Hier geht es in der Regel nicht um Ihren Einzelfall. Einzelne Inkassounternehmen beschäftigen 70, andere 200, das größte sogar über 800 Mitarbeiter. Inkassounternehmen verfolgen die Strategie, Sie durch regelmäßige Anschreiben permanent unter Druck zu setzen. Die meisten Inkassounternehmen haben hier ein ausgeklügeltes Mahnsystem mit einzelnen Mahnstufen entwickelt, in denen Sie in genau vorherbestimmten Zeitabständen angeschrieben werden. Das wichtigste für das Inkassounternehmnen ist, daß Sie sich dadurch unter Zugzwang gesetzt fühlen und selbst dann noch Ratenzahlungen vornehmen, wenn Sie eigentlich nicht pfändbar sind. Kleine oder auch Kleinstraten in der Höhe von 30 bis 50 DM, mit denen Sie in der Regel weder Zinsen noch Kosten Ihrer Schulden begleichen können, bringen den Inkassounternehmen insgesamt durchaus einen erklecklichen Erlös, wenn Sie überlegen, wie viele dieser kleinen Beträge sie einnehmen. «Kleinvieh macht auch Mist», dieser Spruch kann uneingeschränkt auf die Strategie vieler Inkassounternehmen angewendet werden. Wenn Sie davon ausgehen, daß ein Inkassounternehmen etwa bis zu 50000 Forderungen verwaltet, für die je 50 DM im Monat bezahlt werden, kommt immerhin die stattliche Summe von 2,5 Millionen DM im Monat zusammen.

Notwendige Kosten? Grundsätzlich sind die notwendigen Kosten einer Beitreibung durch Sie als Schuldner zu bezahlen. Voraussetzung hierfür ist allerdings, daß die Forderung fällig und die Einschaltung eines Inkassounternehmens tatsächlich erforderlich gewesen ist.

Ob und wann es «erforderlich» ist, ein Inkassounternehmen einzuschalten, daran scheiden sich jedoch die Geister. Ein paar Richtlinien gibt es jedoch.

Inkassounternehmen werden entweder in der Anfangsphase eines Rückstands, also im Zeitraum zwischen vergeblicher Mahnung bis kurz vor Beantragung des Mahnbescheids, mit der Beitreibung beauftragt oder aber nach der Titulierung, also nach dem Vollstreckungsbescheid oder Urteil:

In der **vorgerichtlichen Mahnzeit** dürfen Inkassokosten nicht verlangt werden, wenn

- Sie zahlungsunfähig sind und dies dem Gläubiger oder auch dem Inkassobüro mitgeteilt haben (s. Musterschreiben 2 im Anhang).
- Sie Einwendungen gegen die Forderung erhoben haben, so daß von vornherein abzusehen war, daß es notwendig sein würde, einen Rechtsanwalt einzuschalten, um einen Titel gegen Sie zu erwirken. Sie sollen nicht für Inkasso- *und* Rechtsanwaltskosten einstehen müssen!

Inkassokosten, die **nach rechtskräftigem Titel** entstehen, sind ebenfalls nur dann zu zahlen, wenn sie «notwendig» gewesen sind, und auch dann maximal nur in Höhe der Rechtsanwaltsgebühren. Nicht notwendige Kosten sind:

- höhere Kosten als 3 DM für einfache Mahnschreiben: Hier verlangen manche Inkassobüros bis zu 10 DM pro Brief!
- Mahngebühren neben Verzugszinsen, denn mit den Verzugszinsen soll alles abgegolten sein (so ein BGH-Urteil vom 28. 4. 1988, AZ.: III ZR 120/87, NJW 1988, 1971),
- Postgebühren, die entstehen, wenn Zahlungsaufforderungen per Nachnahme zugesandt werden,
- Vergleichsgebühren, wenn der Vergleich lediglich in einer einfachen Ratenzahlungsvereinbarung besteht,
- Adreßermittlung und Detektivkosten nur dann, wenn Ihre neue Adresse tatsächlich schwer zu ermitteln war. Haben Sie sich ordnungsgemäß an- und abgemeldet, sind diese Kosten nicht zulässig. Hier können grundsätzlich nur die Kosten einer Anfrage beim Einwohnermeldeamt in Rechnung gestellt werden.

Ob die von einem Inkassounternehmen verlangten Kosten berechtigt sind, sollten Sie grundsätzlich durch eine Schuldnerberatungsstelle, Ihre Verbraucherzentrale oder einen Rechtsanwalt überprüfen lassen!

Tips: Umgang mit Inkassobüros

1. Fordern Sie vom Inkassobüro, Ihnen die Inkassovollmacht, also die Abtretungserklärung des Gläubigers, vorzulegen. Verhandeln Sie erst nach Nachweis dieser Vollmacht mit dem Inkassobüro.
2. Wenn Sie zahlungsunfähig sind, teilen Sie dies sofort Ihrem Gläubiger, spätestens dem Inkassobüro nach dessen erstem Schreiben mit.
3. Einen Außendienstmitarbeiter eines Inkassounternehmens müssen Sie nicht in Ihre Wohnung lassen. Lassen Sie sich den Namen nennen und am besten den Ausweis zeigen und machen Sie sich Notizen dazu; dies ist eventuell für spätere Beschwerden von Bedeutung.
4. Unterschreiben Sie grundsätzlich kein Schuldanerkenntnis oder eine vorformulierte Ratenvereinbarung. Sie erkennen damit nicht nur die Forderung an, sondern darüber hinaus auch die – häufig überhöhten – Inkassokosten!
5. Fordern sie vom Inkassobüro eine Forderungsabrechnung, aus der die Kosten, die Zinsen und die Hauptforderung klar zu erkennen sind. Geben Sie sich nicht mit Pauschalforderungen zufrieden!
6. Bedenken Sie, daß Sie durch die Bezahlung von Kleinstraten zum einen die Inkassokosten indirekt anerkennen und zum anderen Zinsen begleichen, die sonst verjähren würden. Außerdem reduzieren Sie mit solch niedrigen Beträgen Ihre Schulden nur dann, wenn keine Zinsen mehr auflaufen, das heißt bei einer entsprechenden Ratenzahlungsvereinbarung.
7. Werden bei einem Mahnbescheid Inkassokosten mitaufgeführt, so haben Sie 14 Tage Zeit, um prüfen zu lassen, ob die Kosten wirklich gerechtfertigt sind (siehe auch Abschnitt «Zahlungsverzug und Mahnverfahren», S. 110 ff.). Im Zweifelsfall legen Sie einen Teilwiderspruch gegen die Inkassokosten ein.

8. Ehe, Scheidung und Schulden: Wie mit den Schulden umgehen?

Beispiel:
Angenommen, Herr und Frau Rother lassen sich scheiden. Den Kredit der A-Bank haben beide gemeinsam als Kreditnehmer unterschrieben. Der Mietvertrag lief allein auf den Namen von Herrn Rother. Die Forderungen der Versandhäuser richten sich allein gegen Frau Rother. Sie hatte damals Gegenstände für den Haushalt, wie zum Beispiel Kinderkleidung, bestellt. Die Forderung des Einkaufsmarktes betrifft ausschließlich den Kauf einer Stereoanlage durch Herrn Rother. Aus der gemeinsamen Wohnung sind noch Mieten und Renovierungskosten offen.

In der Scheidungsvereinbarung wurde durch das Gericht festgehalten, daß Herr Rother die Kreditraten an die A-Bank weiterzahlt und diese Zahlung dann auf den Unterhalt an Frau Rother angerechnet wird. Einige Monate nach der Scheidung schreibt die A-Bank Frau Rother an und fordert von ihr die Zahlung der Kreditrate, da Herr Rother die Zahlungen eingestellt hat. Frau Rother ist empört und verweist die Bank auf die Scheidungsvereinbarung.

Wie das Beispiel der Familie Rother zeigt, ist das Thema Schulden auch nach der Scheidung noch lange nicht beendet. Die Ehe kann schon lange geschieden sein, die gemeinsamen Schulden aus der Ehe verfolgen einen aber noch über Jahre oder Jahrzehnte.

Bevor wir hier auf die Aspekte des Umgangs mit Schulden bei einer Scheidung eingehen, wollen wir Ihnen zunächst ein paar Hinweise auf die ehelichen Güterrechtsverhältnisse und die Haftung in der Ehe und bei Verträgen geben.

Eheliche Güterrechtsformen: In einer Ehe hat man die Möglichkeit, zwischen drei Güterrechtsformen zu wählen. Es sind dies die **Zugewinngemeinschaft, Gütertrennung** oder **Gütergemeinschaft.**

Die Gütergemeinschaft spielt in der Praxis heute kaum eine Rolle, weshalb wir nicht weiter auf sie eingehen müssen. Die Zugewinngemeinschaft ist dagegen die gebräuchlichste der ehelichen Güterrechtsformen. Trifft ein Ehepaar keine ausdrückliche Wahl, so gilt die Zugewinngemeinschaft. Eine Zugewinngemeinschaft ist im Grundsatz eine Art Gütertrennung. Dabei besteht allerdings der Unterschied, daß am Ende einer Ehe durch Scheidung ein interner Ausgleich der jeweiligen Zugewinne zu vollziehen ist. Bei einer vereinbarten Gütertrennung, die erfordert, daß ein ausdrücklicher Ehevertrag geschlossen wurde, wird dieser Ausgleich am Ende der Ehe nicht oder nur dann vorgenommen, wenn er im Ehevertrag ausdrücklich geregelt und vereinbart wurde.

Man kann somit festhalten, daß im Grundsatz sowohl bei einer Zugewinngemeinschaft als auch bei einer Gütertrennung die in einer Ehe angeschafften Werte Eigentum dessen sind, der sie erworben hat.

Entsprechend gilt, daß für Verträge, die während der Ehe geschlossen wurden, zunächst auch nur derjenige Ehepartner haftet, der den Vertrag unterschrieben hat. Dies gilt als Ausnahme allerdings nicht für «Geschäfte des täglichen Bedarfs». In diesem Zusammenhang wird oft auch von der «Ehegattenhaftung» gesprochen. Bei Geschäften des täglichen Bedarfs kann auch ein Ehepartner allein das Geschäft tätigen, ohne zuvor ausdrücklich die Zustimmung des Ehepartners zu benötigen, um ihn später trotzdem mit in die Haftung nehmen zu können. Hierunter fällt zum Beispiel der Mietvertrag, aber auch der Kauf von Kleidung, zum Beispiel bei einem Versandhaus. Größere Käufe, die über den alltäglichen Lebensbedarf hinausgehen, fallen nicht unter die Ehegattenhaftung. Dies kann zum Beispiel der Kauf eines Computers, einer Stereoanlage oder eines Fitneßgeräts sein.

Im Ergebnis hat somit die Wahl der ehelichen Güterrechtsform nichts mit der Haftung bei Anschaffungen zu tun.

Gesamtschuldnerische Haftung: Herr und Frau Rother haften – durch gemeinsame Unterschrift – gesamtschuldnerisch für den Kredit bei der A-Bank. Gesamtschuldnerische Haftung bedeutet, daß beide für die Zahlung dieses Kreditvertrags bis zu dessen voller Rückzahlung haften. Eine gesamtschuldnerische Haftung bleibt daher auch nach der Ehe bestehen, sofern mit der Bank nichts anderes vereinbart wurde. Insofern bindet selbst ein Scheidungsurteil die Bank in keiner Weise. Sie kann weiterhin frei entscheiden, von welchem Vertragspartner sie die Erfüllung des Vertrages verlangt. Frau Rother ist daher – im Rahmen ihrer Zahlungsfähigkeit – gegenüber der Bank verpflichtet, die Raten weiterhin zu zahlen.

Achtung: Wer einen Vertrag unterschrieben hat, ob als Auftraggeber, Kreditnehmer oder Bürge, haftet für seine Unterschrift auch noch nach der Ehe, bis der Vertrag vollständig erfüllt ist.

Gemeinsames Konto («**Oder-Konto**»)**:** Haben auch Sie ein gemeinsames Konto mit Ihrem Partner? Ein «Oder-Konto» ist – im Gegensatz zu einem «Und-Konto» – dadurch gekennzeichnet, daß jeder Kontoinhaber allein über das Konto verfügungsberechtigt ist, aber alle Kontoinhaber gemeinsam (das heißt gesamtschuldnerisch) haften. Die Auflösung eines Oder-Kontos ist ebenfalls nur gemeinschaftlich möglich.

Deshalb ist es wichtig, daß es bei einer Scheidung auch zu einer Regelung hinsichtlich der Auflösung des gemeinsamen Kontos kommt. Denn es soll schon häufiger vorgekommen sein, daß ein Ehepartner noch schnell das Konto abgeräumt hat und der andere dann mit den Schulden im Regen stand. Es besteht zwar grundsätzlich ein interner Ausgleichsanspruch, aber auch der muß erst einmal durchgesetzt werden!

Tips:

Scheidung und Schulden

1. Versuchen Sie bei einem gemeinsamen Kredit, mit der Bank zu einer Teilung des Kreditvertrags zu kommen.
2. Gemeinsame Konten (Oder-Konten) sollten Sie auflösen. Macht der Ehepartner hier nicht mit, so veranlassen Sie, daß nur noch gemeinsam über das Konto verfügt werden kann (Und-Konto).
3. Haben Sie ein eigenes Konto, für das dem Partner eine Vollmacht eingeräumt wurde, sollten Sie die Vollmacht rechtzeitig löschen lassen.
4. Besitzen Sie eine Lebensversicherung, ändern Sie im Versicherungsvertrag die Bezugsberechtigung für den Versicherungsfall.

5. Ist bei Ihrer Scheidung eine Regelung getroffen worden, wonach Sie bei Übernahme der Kreditraten auf einen Teil ihres Unterhalts verzichten, ist bei Nichteinhaltung der Regelung unverzüglich ein neuer Unterhaltstitel zu erwirken und der Unterhalt entsprechend einzufordern.
6. Bei einer internen Ausgleichsregelung der Schulden sollten Sie darauf achten, welchen Anteil an den Schulden Sie tatsächlich gehabt haben.

9. Was muß ich beachten, wenn ich Schulden erbe?

Beispiel:

Der Vater von Frau Rother ist am 1. Juni 1997 gestorben. Ein tragisches Ereignis für Frau Rother. Als einziges Kind der Familie mußte sie sich um alles kümmern, da ihre kranke Mutter dazu nicht in der Lage war. Ein Testament gibt es nicht. Über seine finanziellen Angelegenheiten hat ihr Vater weder seine Frau noch seine Tochter je aufgeklärt. Er besaß zwar ein Sparguthaben über 5000 DM, aber wie sich herausstellte, hatte er Kredite in einer Gesamthöhe von circa 30000 DM aufgenommen. Ihr Vater hat ihr und ihrer Mutter somit nur Schulden hinterlassen. Aufgrund ihrer eigenen Schuldensituation kann Frau Rother diese nicht bezahlen. Sie ist verzweifelt. Was soll sie tun?

Vermögen und Schulden nur vereint: Erben können Sie nur im ganzen. Vermögen und Schulden werden immer gemeinsam vererbt. Den Erbvorgang nennt man deshalb auch das «Eintreten in die Gesamtrechtsnachfolge», das mit allen Rechten, aber auch mit allen Pflichten verbunden ist. Hierzu gehört auch die Verpflichtung, alle vorhandenen Schulden übernehmen zu müssen.

Deshalb ist es für Sie als Erben wichtig, zu wissen, ob neben einem eventuellen Vermögen noch Schulden vorhanden sind und ob der Wert der Schulden den des Vermögens übersteigt, wie in unserem Beispiel. Sie sollten daher vor Antritt des Erbes forschen, ob der Erblasser irgendwo noch Schulden hatte. Dabei geht es nicht nur um Ratenkredite, überzogene Konten, Versandhausschulden oder Hypotheken- und Grundschulden, sondern auch um Steuerschulden sowie Miet- und Pachtschulden.

Ausschlagung: Die Annahme einer Erbschaft erfolgt zunächst automatisch. Sie werden als Erbe eingesetzt, wenn Sie gegenüber dem

Nachlaßgericht nichts anderes erklären. Eine Erbschaft kann aber auch ausgeschlagen werden.

Wenn Sie ein Erbe ausschlagen, wird es so verteilt, als wenn Sie nicht vorhanden wären. Die Mutter würde im Fall Rother dann Alleinerbin, wenn nicht auch sie das Erbe ausschlägt. Im letzteren Fall ginge die Erbschaft dann auf die Enkelkinder über, die sie auch wieder ausschlagen können.

Für die Ausschlagung sind folgende Fristen zu beachten:

- Mit Kenntnis des Erbfalls oder mit Testamentseröffnung durch das Nachlaßgericht haben Sie sechs Wochen Zeit, um die Erbschaft auszuschlagen. Frau Rother muß im Beispiel das Erbe also bis zum 12. Juli ausgeschlagen haben.
- Bei nachgewiesenem Auslandsaufenthalt während des Erbfalls besteht eine Ausschlagungsfrist von sechs Monaten.
- Sollten Sie von der Überschuldung des Erblassers erst nach der Ausschlagungsfrist erfahren haben, können Sie unter bestimmten Umständen auch später noch die Annahme der Erbschaft – die ja automatisch eintritt, wenn Sie nichts tun – anfechten. Zur Anfechtung haben Sie nach Kenntnisnahme nochmals sechs Wochen Zeit. Fragen Sie hierzu einen Anwalt.

Tip: Die Ausschlagung müssen Sie beim Amtsgericht, Abteilung «Nachlaßgericht», schriftlich erklären. Sie können allerdings die Erklärung auch von einem Notar beglaubigen lassen. Der Notar muß dann die Erklärung innerhalb der geltenden Frist beim zuständigen Amtsgericht einreichen. Ein einfaches Schreiben, mit dem Sie die Erbschaft ausschlagen, reicht somit nicht aus. Die Ausschlagung müssen Sie beim zuständigen Amtsgericht am Wohnort des Erblassers erklären.

Nachlaßkonkursverfahren: Sollten Sie alle Fristen versäumt haben, haben Sie automatisch das Erbe angenommen. Herauszufinden, ob und wie viele Schulden der Erblasser gehabt hat, braucht Zeit, die über die gesetzlichen Fristen häufig hinausgeht. Oft stellt sich erst nach ein paar Monaten plötzlich heraus, daß weitere Schulden bestanden, weil vielleicht ein bisher unbekannter Gläubiger des Erblassers seine Forderung dann erst geltend macht.

Als letzten «Rettungsanker» können Sie dann noch ein sogenanntes Nachlaßkonkursverfahren beantragen. Dieses Verfahren ist allerdings kostenpflichtig. Es wird dabei vom Gericht geprüft, ob aus dem vorhandenen Vermögen des Erblassers die Kosten des Gerichts wie auch die des Nachlaßkonkursverwalters bezahlt werden können. Ist dies der Fall, wird das Nachlaßkonkursverfahren eröffnet, und der Konkursverwalter zahlt dann aus dem vorhandenen Vermögen die Schulden; der Rest wird an die Erben verteilt.

Der große Vorteil für Sie: Ihr Vermögen wird nicht angetastet, denn Haftungsmasse ist allein die Erbmasse.

Tip: Schulden erben

- Eine überschuldete Erbschaft können Sie innerhalb von sechs Wochen beim zuständigen Amtsgericht ausschlagen (für weitere Fristen siehe oben).
- Bei Fristversäumnis sollten Sie sich beim Nachlaßgericht wegen eines Nachlaßkonkursverfahrens erkundigen und dies gegebenenfalls beantragen.
- Wenn Sie Schulden haben, sollten Sie mit Ihren Angehörigen und Kindern offen über Ihre Situation sprechen und sie über ihre Möglichkeiten nach Eintritt des Erbfalls aufklären.

Was kann Ihr Gläubiger tun?

1. Zahlungsverzug und Mahnverfahren: Der Gläubiger sichert seine Forderung

Beispiel:
Als Frau Rother eines Morgens zum Briefkasten geht, findet Sie ein Schreiben des O-Versands. Es war ihr im letzten Monat einfach nicht möglich, die fällige Rate von 78 DM zu überweisen. Der erste Brief des O-Versands ist noch ganz freundlich: «... gehen wir davon aus, daß Sie lediglich übersehen haben, die monatliche Rate zu begleichen ...» Doch in den Folgemonaten werden die Schreiben drohender.

Wenn Sie Ihren Verpflichtungen nicht mehr nachkommen, wird Ihr Gläubiger zunächst versuchen, den rückständigen Betrag auf gütlichem Weg zu erhalten. Er wird Ihnen eine Mahnung schicken, und erst wenn Sie nach mehrmaligen Aufforderungen immer noch nicht gezahlt haben, wird er zu härteren Mitteln greifen, bei Krediten zunächst einmal kündigen.

Nach der Kündigung kann der Gläubiger den gesamten Kreditbetrag zuzüglich Zinsen und Kosten von Ihnen fordern (siehe Abschnitt «Mein Kredit wird gekündigt», S. 86ff.). In der Regel werden Sie kaum in der Lage sein, die gesamte Summe zurückzuzahlen, wenn Sie vorher schon die einzelnen Raten nicht aufbringen konnten. Versuchen Sie also möglichst, eine solche Situation zu vermeiden.

Beispiel:
Frau Rother läßt das erste und auch die beiden nachfolgenden Mahnschreiben des O-Versands unbeantwortet, da sie ohnehin nicht zahlen kann.

Verlockend ist es ja, den Kopf wie Frau Rother in den Sand zu stekken, wenn immer mehr Gläubiger Mahnschreiben mit mehr oder weniger bedrohlichen Untertönen schicken. Nur sinnvoll ist es nicht, denn es ist nicht wahrscheinlich, daß Ihre Gläubiger die ausstehenden Zahlungen einfach vergessen. Vielmehr können Sie davon ausgehen, daß nach den «bösen» Briefen zwangsläufig die Mahn- und Vollstreckungsbescheide kommen und eines Tages der Gerichtsvollzieher vor der Tür steht.

Tip:

Handeln Sie rechzeitig:

1. Reden Sie mit Ihren Gläubigern, wenn Sie nur kurzfristige Zahlungsschwierigkeiten haben. Bitten Sie um einen Zahlungsaufschub, um eine Ratenzahlung oder – bei bereits bestehender Ratenzahlung – um eine zwischenzeitliche Reduzierung der zu zahlenden Raten.
2. Versuchen Sie, sich selbst zu helfen, oder gehen Sie zu einer anerkannten Beratungsstelle, wenn Sie lieber auf unterstützende Hilfe zurückgreifen möchten.

Reagieren Sie auf die Mahnschreiben nicht oder können Sie sich mit Ihrem Gläubiger außergerichtlich nicht einigen, wird er versuchen, Sie per Gericht zur Zahlung seiner Forderung zu zwingen. Bedenken Sie noch einmal, daß es bei einem Kredit nach der Kündigung nicht nur um die einzelnen Raten, sondern um den gesamten Kreditbetrag zuzüglich Zinsen und Kosten geht.

Die für den Gläubiger einfachste und kostengünstigste Möglichkeit hierzu stellt das (gerichtliche) Mahnverfahren dar.

Mahnverfahren: Das Gericht prüft in einem Mahnverfahren nicht, ob die Forderung gegen Sie auch tatsächlich berechtigt ist! Es erläßt auf Antrag des Gläubigers ohne weiteres einen Mahnbescheid und stellt Ihnen als Schuldner diesen per Postzustellungsurkunde zu. Dann ist es an Ihnen, sich dagegen zu wehren.

Sie können gegen einen gerichtlichen Mahnbescheid innerhalb von zwei Wochen bei Gericht schriftlich Widerspruch einlegen. Zu begründen brauchen Sie Ihren Widerspruch nicht. Widerspruch sollten Sie einlegen, wenn Sie die ganze Forderung, Teile der Forderung, aber auch zum Beispiel die Inkassokosten oder die Höhe der berechneten Zinsen für ungerechtfertigt halten.

Was passiert, wenn Sie nicht rechtzeitig Widerspruch einlegen? Reagieren Sie auf den Mahnbescheid nicht und zahlen Sie auch nicht, kann Ihr Gläubiger nach Ablauf der Widerspruchsfrist beim Amtsgericht den Erlaß eines Vollstreckungsbescheids beantragen. Hierzu hat er sechs Monate Zeit, sonst verfällt der Mahnbescheid.

Bei einem Vollstreckungsbescheid wird es gefährlich: Er kann nach Wunsch des Gläubigers entweder per Post oder über einen Gerichtsvollzieher an Sie zugestellt werden. Und wenn der Gerichtsvollzieher schon einmal auf dem Weg zu Ihnen ist, kann der Gläubiger ihn auch gleich mit der Zwangsvollstreckung beauftragen.

Achtung: Dies gilt auch dann, wenn Sie vorher Einspruch gegen den Vollstreckungsbescheid eingelegt haben. Im Juristendeutsch: «Der Einspruch hat keine aufschiebende Wirkung gegenüber der Zwangsvollstreckung.»

Für den Einspruch haben Sie wiederum zwei Wochen Zeit.

Achtung: Ignorieren Sie nie einen Mahnbescheid, auch wenn Sie ihn für noch so unberechtigt halten. Spätestens wenn Sie die Einspruchsfrist gegen den Vollstreckungsbescheid verpaßt haben und dieser rechtskräftig geworden ist, kann Ihr Gläubiger auf dieser Grundlage vollstrecken, ohne daß Sie es verhindern können. Nur wenn Sie durch Ihren Widerspruch oder Einspruch dafür sorgen, daß die Sache vor Gericht kommt, können Sie den Gläubiger zwingen, die Berechtigung seiner Forderung nachzuweisen.

Widerspruch oder Einspruch: Haben Sie Widerspruch gegen den Mahnbescheid oder Einspruch gegen den Vollstreckungsbescheid eingelegt, geht die ganze Sache vor das Amts- oder Landgericht Ihres Wohnorts; beim Mahnbescheid geschieht das jedoch nur auf Antrag Ihres Gläubigers. Nun darf sich der Richter mit dem Fall beschäftigen: Er überprüft, ob tatsächlich eine Forderung in der genannten Höhe gegen Sie besteht. Der Gläubiger muß seine Forderung begründen und sie, wenn Sie diese bestreiten, mit Beweisen untermauern.

Haben Sie ohne Ihr Verschulden die Zwei-Wochen-Frist des Widerspruchs oder des Einspruchs verpaßt, kommt es darauf an, ob Sie triftige Gründe dafür hatten, zum Beispiel weil Sie im Krankenhaus oder im Urlaub waren. In diesem Fall können Sie «Wiedereinsetzung in den vorigen Stand» verlangen. Wenn Sie dem Gericht dann zusammen mit Ihrem verspäteten Widerspruch oder Einspruch die Gründe für die Verspätung nennen und entsprechende Belege dafür beifügen, wird es Sie behandeln, als ob Sie rechtzeitig agiert hätten. Haben Sie die Frist aber einfach vergessen, gilt dies nicht als triftiger Grund!

Bleiben Sie in keinem Fall untätig!

Beispiel:

Das Ehepaar Rother hat den Mahn- und Vollstreckungsbescheid rechtskräftig werden lassen, ohne etwas zu tun. Die beiden sind der Ansicht, daß «man ja sowieso nichts machen» könne, da die Forderung des O-Versands, der nach Kündigung des Kredits alle Raten auf einmal verlangt, ihnen durchaus berechtigt erscheint.

Grundsätzlich hat unsere Musterfamilie richtig gehandelt: Ein Widerspruch/Einspruch *ohne* Grund ist unsinnig und kann Sie höchstens noch Geld kosten, wenn Ihnen beim nachfolgenden Gerichtsverfahren die Kosten aufgebürdet werden, weil Sie im Unrecht waren.

Trotzdem sollten Sie nicht untätig bleiben: Ein rechtskräftiger Vollstreckungsbescheid hat zur Folge, daß Sie in Kürze mit dem Gerichtsvollzieher rechnen müssen. Spätestens wenn Sie den Vollstreckungsbescheid zugestellt bekommen haben, sollten Sie sich daher entweder selbst an Ihren Gläubiger oder, wenn Sie sich dies allein nicht zutrauen, an eine Schuldnerberatungsstelle wenden, um sich dort beraten zu lassen.

Der Berater wird zunächst den Bescheid noch einmal überprüfen. Vielleicht findet er doch noch einige Fehler, die Ihnen als Laie gar nicht so aufgefallen sind. War die Forderung beispielsweise bereits an ein Inkassounternehmen übergeben, so werden hier häufig hohe Inkasso- oder Anwaltsgebühren aufgeschlagen, die in dieser

Form nicht zulässig sind (siehe Abschnitt «Die Geldeintreiber!», S. 98 ff.). Der Berater wird sich nach einem ausführlichen Gespräch mit Ihnen über Ihre Einkommens- und Schuldensituation mit Ihrem Gläubiger in Verbindung setzen und versuchen, hier zu einer Einigung zu kommen. Mehr zu diesem Vorgehen lesen Sie im Kapitel «Schuldnerberatung: Wie kann sie helfen» ab S. 214.

Abschließend haben wir noch einmal alle wichtigen Punkte des Mahnverfahrens zusammengestellt. Prüfen Sie anhand der nachfolgenden Checkliste sorgfältig, ob sich Ihr Gläubiger korrekt verhalten hat.

Checkliste 8:
Mahnverfahren

1. Zahlen Sie trotz Mahnung nicht, kann der Gläubiger bei Gericht einen *Mahnbescheid* beantragen, was er bei einem Kredit meistens nach einer Kündigung tun wird. Halten Sie die Forderung für unberechtigt, können Sie dagegen binnen *zwei Wochen* Widerspruch einlegen. Ein verspäteter Widerspruch gilt als Einspruch gegen den (nachfolgenden) Vollstreckungsbescheid.
2. Nach Ablauf der zwei Wochen kann Ihr Gläubiger einen *Vollstreckungsbescheid* beantragen und gleichzeitig den Gerichtsvollzieher mit der Zwangsvollstreckung beauftragen! Spätestens jetzt sollten Sie sich mit einem Einspruch innerhalb von weiteren *zwei Wochen* wehren, wenn Sie Zweifel an der Richtigkeit der Forderung oder auch nur eines Teils davon haben. Erst dann prüft das Gericht, ob die Forderung gerechtfertigt ist.
3. Auch wenn Sie keinen Grund haben, gegen den Mahn- oder Vollstreckungsbescheid vorzugehen, sollten Sie diesen unbedingt zum Anlaß nehmen, sich bei einer anerkannten Schuldnerberatungseinrichtung beraten zu lassen, wie Sie mit dem Problem umgehen sollen.

Abbildung 5:
Ablauf eines Mahnverfahrens

2. Schulden bei Behörden: Welche Rechte habe ich?

Öffentlich-rechtliche Gläubiger haben das Privileg, ihre Forderungen unmittelbar und in Eigenregie «beitreiben», also durchsetzen zu dürfen. Sie müssen keinen Mahnbescheid bei Gericht beantragen und auch keinen Gerichtsvollzieher beauftragen. Der Bescheid der jeweiligen Behörde ist ein vollwertiger Titel, der die Zwangsvollstreckung einer Forderung ermöglicht. Öffentlich-rechtliche Gläubiger bedienen sich darüber hinaus eigener Vollziehungsbeamter. Auch Pfändungen, zum Beispiel eine Gehaltspfändung, können sie selbst veranlassen. Durch diese «Vollstreckungshoheit» haben öffentlich-rechtliche Gläubiger in vielen Fällen gegenüber den Privatgläubigern einen Zeitvorsprung.

Von diesem Zeitvorteil abgesehen sind öffentlich-rechtliche Gläubiger aber den Privatgläubigern gleichgestellt. Es gibt keine darüber hinausgehenden Sonderrechte für die Beitreibung öffentlicher Forderungen. So gelten die Pfändungsgrenzen auch für Arbeitsamt, Finanzamt, Krankenkassen, Stadtverwaltung, die Gerichtskasse, Sozialamt usw.

Der «Bescheid» einer Behörde stellt dabei die Forderungsgrundlage dar. Deshalb müssen Sie jeden Bescheid einer Behörde grundsätzlich überprüfen. Sind Sie der Ansicht, daß der Bescheid nicht korrekt ist, müssen Sie innerhalb eines Monats nach Zustellung schriftlich Widerspruch bei der ausstellenden Behörde einlegen. Der Widerspruch ist zu begründen. Hierbei sollten Sie sich eines Beistandes, zum Beispiel eines Rechtsanwalts oder einer Schuldnerberatungsstelle versichern, da es – im Gegensatz zum Mahnbescheid – bei Behördenbescheiden auf genaue Formulierungen ankommt.

Können Sie keinen begründeten Widerspruch einlegen, sollten Sie trotzdem nicht warten, bis der Vollziehungsbeamte vor der Tür steht, sondern mit der Behörde über die Form der Rückzahlung verhandeln. Folgende Möglichkeiten und Anträge können Sie grundsätzlich bei den Behörden formlos, aber bitte immer schriftlich stellen:

- *Ratenzahlung:* Der Antrag auf ratenweise Rückzahlung der Forderung wird in der Regel positiv beschieden, wenn Sie ihn sorgfältig begründen. Sie sollten dazu Ihre eingeschränkte finanzielle Situation durch Belege nachweisen.
- *Stundung:* Ein Antrag auf Stundung ist nur dann sinnvoll, wenn Sie die Forderung zeitbefristet, zum Beispiel im nächsten halben oder ganzen Jahr, nicht zahlen können, Ihnen aber eine spätere Rückzahlung möglich ist. Grund für eine Stundung könnte zum Beispiel eine Umschulung oder eine Krankheit sein.
- *Niederschlagung:* Eine Niederschlagung ist der vorübergehende Verzicht der Behörde auf Beitreibung der Forderung unter den gegebenen Umständen. Sie kann befristet oder auch unbefristet ausgesprochen werden. Grundsätzlich kann eine Niederschlagung bei Verbesserung Ihrer Einkommens- und Vermögenssituation wieder aufgehoben werden. Sie bedeutet – im Gegensatz zum Erlaß – keinen vollständigen Verzicht auf die Forderung.
- *Erlaß:* Den vollständigen Erlaß einer öffentlich-rechtlichen Forderung zu erreichen, ist fast nicht möglich. Hier müssen schon besondere Gründe vorliegen. Einen Teilerlaß, zum Beispiel im Rahmen eines Gesamtvergleichs zu erreichen, ist dagegen manchmal unter folgenden Umständen möglich: Bei Vergleichsverhandlungen muß die Behörde die gleiche Quote wie alle anderen beteiligten Gläubiger erhalten, und es muß eine dauerhafte Zahlungsunfähigkeit vorliegen. Teilerlasse beziehen sich auch oft auf Nebenforderungen wie Gebühren (zum Beispiel Säumniszuschläge) und Zinsen und können dann erreicht werden, wenn die Hauptforderung vollständig bezahlt worden ist.

Tip: Sie sollten regelmäßigen Kontakt mit der Behörde halten, der Sie Geld schulden, und sie über ihre finanziellen Probleme unter Vorlage von Nachweisen unterrichten. Bei der Suche nach Lösungsmöglichkeiten sind Behörden nach dem Sozialstaatsgebot verpflichtet, Ihre Finanzisituation zu berücksichtigen.

3. O Schreck, der Gerichtsvollzieher kommt

Beispiel:
Das Ehepaar Rother hat den Mahnbescheid rechtskräftig werden lassen, ohne Widerspruch zu erheben und ohne sich an eine Schuldnerberatungsstelle zu wenden, da die Forderung «schon richtig sein wird». Auch der Vollstreckungsbescheid ist inzwischen rechtskräftig geworden. Wenn ihr Mann bei der Arbeit ist und es an der Tür klingelt, öffnet Frau Rother nur äußerst zögerlich und voller Angst. Sie rechnet ständig mit dem Gerichtsvollzieher und befürchtet, er wird ihnen alles wegnehmen, was sie noch besitzen.

Zunächst noch einmal: Es ist nie zu spät, eine Beratungsstelle aufzusuchen, um über Verhandlungen mit den Gläubigern den «Besuch» des Gerichtsvollziehers möglichst zu vermeiden.

Ein bißchen beruhigen können wir unser Ehepaar Rother (und Sie natürlich auch) hinsichtlich des Gerichtsvollziehers: Natürlich ist es sehr unangenehm, wenn er kommt, aber er ist in seinen Rechten doch sehr beschränkt:

Unpfändbare Gegenstände: So dürfen Sie grundsätzlich alles behalten, was Sie zu einer angemessenen Lebensführung benötigen. § 811 ZPO regelt, welche Gegenstände unpfändbar sind, die der Gerichtsvollzieher also nicht mitnehmen darf. Hierzu gehören zum Beispiel

- Kleidung,
- Haushaltsgeräte,
- Einrichtungsgegenstände,
- Fernseher,
- Waschmaschine,
- Haustiere und
- Trauringe.

Pfändbar sind diese Dinge nur, wenn sie außergewöhnlich wertvoll sind; der Gerichtsvollzieher muß hier einen zeitgemäßen Lebensstandard berücksichtigen.

So ist heute ein normaler Fernseher grundsätzlich nicht mehr pfändbar, selbst dann, wenn der Schuldner noch über ein Radio verfügt. Pfändbar ist hingegen eine Waschmaschine bei alleinstehenden Personen, die zumindest in einer größeren Stadt einen Waschsalon nutzen können. Umstritten ist, ob der Gerichtsvollzieher eine Stereoanlage mitnehmen darf; er darf es auf jeden Fall dann nicht, wenn abzusehen ist, daß bei einer Versteigerung der Anlage nicht mehr Geld eingenommen werden kann, als zur Deckung der Verfahrenskosten notwendig ist (§ 803 Abs. 2 ZPO). Ihr Pkw ist uneingeschränkt pfändbar, wenn Sie Ihre Arbeitsstelle auch mit öffentlichen Verkehrsmitteln erreichen können. Ähnliches gilt für den Computer: Brauchen Sie ihn beruflich, bleibt er Ihnen erhalten; nutzen Sie ihn überwiegend für Computerspiele, ist er pfändbar.

Ablauf der Pfändung: Konkret verläuft eine Sachpfändung so, daß der Gerichtsvollzieher ein Pfandsiegel (den sogenannten Kuckuck) auf die gepfändete Sache aufklebt. Danach wird der Wert geschätzt und der Gegenstand schließlich versteigert. Den Verkaufserlös – abzüglich der Verfahrenskosten – erhalten die Gläubiger. Ein eventueller Mehrerlös, der allerdings auf Versteigerungen nur selten erzielt wird, steht Ihnen zu.

Beispiel:
Als der Gerichtzsvollzieher in der Wohnung des Ehepaars Rother auftaucht, fällt ihm als erstes der ansehnliche Perserteppich im Wohnzimmer auf. Obwohl Frau Rother immer wieder beteuert, daß das teure Stück nur von ihrer Tante geliehen ist, solange diese im Ausland weilt, klebt der Gerichtsvollzieher seinen Kuckuck darauf. Wie kann sich die Tante dagegen wehren?

Eigentum anderer Personen: Bei einer Zwangsvollstreckung gegen Sie darf der Gerichtsvollzieher natürlich nur Gegenstände mitnehmen, die Ihnen gehören. Dies ist noch relativ unproblematisch, wenn Sie allein wohnen, wird aber für den Gerichtsvollzieher um so schwieriger, je mehr Personen im gleichen Haushalt wohnen. Da kann es im Eifer des Gefechts schon einmal passieren, daß Dinge gepfändet werden, die Ihnen gar nicht gehören. Natürlich wird der Gerichtsvollzieher dies möglichst vermeiden. Bei Ehepaaren gibt es, um ihm die Arbeit zu erleichterrn, allerdings eine gesetzliche «Vermutung», daß die Dinge in der gemeinsamen Wohnung auch beiden gehören.

Wird trotzdem etwas zu Unrecht mitgenommen, haben Dritte, seien dies nun Verwandte, Freunde, Freundinnen, WG-Mitglieder, Lebens- oder Ehepartner, die Möglichkeit, eine sogenannte Drittwiderspruchsklage vor Gericht zu erheben (§ 771 ZPO).

Tips für den Umgang mit dem Gerichtsvollzieher

1. Sie sind keineswegs verpflichtet, dem Gerichtsvollzieher mitzuteilen, wo Sie arbeiten oder wie Ihre Kontoverbindung lautet. Seien Sie also vorsichtig mit Ihren Äußerungen: Es droht eine Lohn- oder Kontopfändung (siehe nächster Abschnitt «Lohnpfändung», S. 121 ff.).
2. Wenn Sie nichts zu verbergen haben, verspricht die Taktik, dem Gerichtsvollzieher freundlich alles zu zeigen, was er sehen will, mehr Erfolg als eine Verweigerungshaltung. Selbst wenn Sie die Tür nicht öffnen, wird er mit einer Durchsuchungsanordnung samt Schlosser erscheinen und nötigenfalls die Tür gewaltsam öffnen lassen.
3. Im übrigen sind auch Gerichtsvollzieher durchaus lernfähig: Haben sie einmal erkannt, daß bei Ihnen nichts zu holen ist, werden sie beim nächsten Vollstreckungsauftrag dem Gläubiger gleich mitteilen, daß sich bei Ihnen die Zwangsvollstreckung nicht lohnt.

4. Lohnpfändung

Weitaus häufiger als die Sachpfändung ist die Pfändung Ihres Lohns oder Gehalts, da dies häufig die einzigen Geldbeträge sind, auf die Ihre Gläubiger bei Ihnen zugreifen können.

Hierzu muß der Gläubiger bei Gericht einen Antrag auf Erlaß eines Pfändungs- und Überweisungsbeschlusses stellen. Der Rechtspfleger läßt diesen Beschluß dem sogenannten Drittschuldner, also bei einer Lohnpfändung Ihrem Arbeitgeber, zustellen. Natürlich erhalten auch Sie den Beschluß, wenn oft auch erst mit einigen Tagen Verzögerung. Ein Pfändungs- und Überweisungsbeschluß hat zur Folge, daß Ihr Arbeitgeber den pfändbaren Teil Ihres Gehalts nicht mehr an Sie, sondern an Ihren Gläubiger überweist.

Achtung: Überlegen Sie, wie der Gläubiger an die Angaben über Ihren Arbeitgeber gekommen ist! Bedenken Sie rechtzeitig, daß Sie nicht verpflichtet sind, dem Gerichtsvollzieher Auskünfte dieser Art zu geben.

Eine Lohnpfändung bedeutet jedoch nicht, daß Sie nun überhaupt kein Geld mehr erhalten. Insofern ähnelt eine Lohnpfändung der Sachpfändung, bei der auch nicht alles aus Ihrer Wohnung mitgenommen werden darf. Der Gesetzgeber befürchtet zu Recht, daß Sie bei einer uneingeschränkten Lohnpfändung sozialhilfebedürftig werden könnten.

Unpfändbares Einkommen

Ihr Arbeitgeber muß Ihnen zunächst bestimmte «Sondereinkommen» in vollem Umfang auszahlen. § 850 a ZPO nennt eine Reihe von unpfändbaren Bezügen, die Ihnen trotz Lohnpfändung ungeschmälert erhalten bleiben müssen. Hierzu gehören insbesondere

- 50 Prozent einer Überstundenvergütung (Grundvergütung + Zuschläge),
- Urlaubsgeld, Treueprämien, Heirats- und Geburtsbeihilfen,
- übliche Aufwandsentschädigungen, Auslösungen sowie soziale Zulagen bei auswärtiger Beschäftigung (Spesen, Kilometergeld),
- Schmutz- oder Gefahrenzulagen, die eine in der Arbeit selbst liegende Erschwernis ausgleichen (nicht aber Nacht- oder Wochenendzulagen!),
- Weihnachtsgeld bis zur Hälfte des monatlichen Bruttoeinkommens, wobei höchstens 540 DM pfändungsfrei sind,
- in der Regel auch Kindergeld und Erziehungsgeld (dazu Abschnitt «Besonderheit: Pfändung von Sozialleistungen», S. 127).

Was muß Ihnen vom Rest ausgezahlt werden?

Auch der Rest Ihres Einkommens ist nicht vollständig pfändbar. Aus dem nach Abzug der unpfändbaren Beträge verbleibenden Bruttoeinkommen errechnet Ihr Arbeitgeber unter Abzug von Steuern und Sozialversicherungen ein «bereinigtes» Nettoeinkommen. Nun schlägt er in der bundeseinheitlichen Pfändungstabelle nach (Anhang zu § 850c ZPO, siehe auch Anhang des Buches) und bestimmt nach

- Nettoeinkommen und
- Zahl der unterhaltsberechtigten Personen (zum Beispiel Ehepartner, eheliche und nichteheliche Kinder, *nicht* aber Stiefkinder oder nichteheliche Partner)

den pfändbaren Lohnanteil. Diesen führt er dann nach Eingang des Pfändungs- und Überweisungsbeschlusses monatlich an den entsprechenden Gläubiger ab; den Rest erhalten Sie.

Beispiel:

Herr Rother hat für drei Unterhaltsberechtigte zu sorgen (Ehefrau und zwei Kinder). Im Mai 1997 erhält er brutto ein Grundgehalt von 3780 DM. Davon werden folgende Beträge abgezogen:

Grundgehalt	3780 DM
Steuern	– 218 DM
Solidaritätszuschlag	– 18 DM
Sozialversicherungen (21 Prozent)	– 794 DM
Nettoeinkommen	**2750 DM**

Der pfändbare Betrag beläuft sich im Mai nach der Tabelle zu § 850c ZPO, Spalte 3, bei einem Nettoeinkommen bis zu 2759,99 DM auf 108,30 DM. Diesen Betrag wird der Arbeitgeber an den pfändenden Gläubiger auszahlen; die übrigen 2641,70 DM verbleiben Familie Rother.

In den Monaten, in denen Sie Weihnachtsgeld, Urlaubsgeld oder andere Sonderzahlungen erhalten, wird die Berechnung schwieriger:

Beispiel:
Im November sieht die Gehaltsabrechnung von Herrn Rother folgendermaßen aus:

Grundgehalt	3780 DM
halbes Gehalt als Weihnachtsgeld	1890 DM
Gesamtbrutto	6170 DM

An Steuern und Sozialabgaben muß Herr Rother im Monat November insgesamt 2220 DM zahlen.

Pfändungsberechnung:

Gesamtbrutto	**6170 DM**
gesetzliche Abzüge	**–2220 DM**
Netto	**3950 DM**
unpfändbarer Anteil des Weihnachtsgeldes	**– 540 DM**
«bereinigtes» Netto für Pfändungstabelle	**3410 DM**

Der pfändbare Betrag im November nach Tabelle, Spalte 3, bis zu einem Nettoeinkommen vom 3419,99 DM beläuft sich auf 306,30 DM.

Achtung: Prüfen Sie sorgfältig, ob Ihr Arbeitgeber bei der Berechnung des pfändbaren Einkommens *alle unterhaltsberechtigten Personen* einbezogen hat. Es kann vorkommen, daß Kinder, für die Sie Unterhalt bezahlen, nicht auf Ihrer Lohnsteuerkarte eingetragen sind, so daß Ihr Arbeitgeber sie nicht berücksichtigen kann.

Checkliste 9: Einkommen unterhalb der Pfändungsgrenze

Bei einem Einkommen bis zu
- 1219,99 DM bei Alleinstehenden,
- 1697,99 DM bei einem
- 2039,99 DM bei zwei und
- 2379,99 DM bei drei Unterhaltsberechtigten

kann Ihnen nach der Pfändungstabelle überhaupt nichts weggenommen werden; ein höheres Einkommen ist gestaffelt pfändbar (Stand Ende 1997).

Was ist bei eigenem Einkommen eines Unterhaltsberechtigten?

Beispiel:
Frau Rother erhält mit dem Erziehungsgeld für Tochter Emma ein eigenes Einkommen in Höhe von 600 DM. Wie wirkt sich das auf das pfändbare Einkommen von Herrn Rother aus?

Grundsätzlich hat ein eigenes Einkommen eines Ihrer Unterhaltsberechtigten keinen Einfluß auf Ihr pfändbares Einkommen. Ihr Arbeitgeber muß sich zunächst einfach nach den Angaben auf Ihrer Lohnsteuerkarte richten. Wenn Sie dort als verheiratet eingetragen sind, muß er Ihren Ehepartner als unterhaltsberechtigt berücksichtigen, auch wenn Sie tatsächlich keinen oder nur einen geringen Unterhaltsbeitrag leisten.

Nur ein Antrag Ihres Gläubigers beim Vollstreckungsgericht, in dem er auf das eigene Einkommen des Ehepartners hinweist, kann bewirken, daß der selbst verdienende Unterhaltsberechtigte bei der Berechnung nicht mehr berücksichtigt wird (§ 850 c Abs. 4 ZPO).

Tip: Wenden Sie sich an eine Schuldnerberatungsstelle oder Verbraucherzentrale, um in komplizierteren Einzelfällen genau zu bestimmen, welche Beträge pfändbar sind.

Wer zuerst kommt, mahlt zuerst

Kommen mehrere Gläubiger auf die Idee, Ihr Gehalt zu pfänden, so hat Ihr Arbeitgeber diese nacheinander zu berücksichtigen. Dies bedeutet, daß der Gläubiger, der dem Arbeitgeber *zuerst* einen Pfändungs- und Überweisungsbeschluß *vorlegt*, so lange Ihre gesamten pfändbaren Beträge erhält, bis die gepfändete Forderung vollständig erfüllt ist. Erst danach kommt der nächste Gläubiger zum Zug.

Achtung: Anders ist dies bei Lohnabtretungen (siehe S. 130ff.). Dort richtet sich die Reihenfolge mehrerer Gläubiger nach dem Datum der Abtretungserklärung, nicht nach dem Datum der Vorlage beim Arbeitgeber!

Was geschieht mit Unterhaltsforderungen?

Viele Schuldner sind der Ansicht, daß Unterhaltsforderungen von Ex-Ehepartnern, den aus dieser Ehe stammenden oder nichtehelichen Kindern den «normalen» Forderungen von Banken etc. vorgehen. Dies ist jedoch, wie im Abschnitt «Ich kann meinen Unterhalt nicht bezahlen», S. 93ff., bereits geschildert, ein weit verbreiteter Irrtum! Das pfändbare Einkommen wird für Unterhaltsschulden lediglich höher angesetzt, so daß der Unterhaltsgläubiger zumeist einen kleinen Teil seiner Forderung noch neben einem anderen Gläubiger bekommt.

Sind Lohnpfändungen ein Kündigungsgrund?

Beispiel:

Sie können sich vorstellen, daß der Arbeitgeber von Herrn Rother bei diesen komplizierten Berechnungen einen nicht unerheblichen Aufwand bei der Lohnpfändung hat. In einem kürzlichen Wutanfall hat er ihm sogar schon mit Kündigung gedroht: «Wenn das mit diesen Pfändungen so weitergeht, setze ich Sie an die Luft!!!» Herr Rother befürchtet nun, daß sein Arbeitsverhältnis ernsthaft in Gefahr sein könnte.

Verständlich ist es ja, daß ein Arbeitgeber nicht gerade begeistert ist, wenn immer wieder neue Pfändungs- und Überweisungsbeschlüsse bei ihm eingehen. Trotzdem rechtfertigt das Vorliegen von Pfändungen allein noch keine ordentliche Kündigung eines Arbeitsverhältnisses. Dafür müßte es für den Arbeitgeber durch zahlreiche Lohnpfändungen erst zu einem so großen Arbeitsaufwand kommen, daß dies «zu wesentlichen Störungen im Arbeitsablauf oder in der betrieblichen Organisation führt», wie das Bundesarbeitsgericht festgestellt hat (BAG, Urteil vom 4. 11. 1981, NJW 1982, 1062). Das wird kaum einmal der Fall sein und wurde auch vom Gericht in der konkreten Entscheidung abgelehnt.

Kommt die Pfändung allerdings noch in der Probezeit oder arbeiten Sie in einem Kleinbetrieb ohne Kündigungsschutz, so droht Ihnen tatsächlich der Verlust des Arbeitsplatzes, denn Ihr Arbeitgeber braucht dann eine Kündigung nicht zu rechtfertigen.

5. Besonderheit: Pfändung von Sozialleistungen

Zu den Sozialleistungen gehören Arbeitslosengeld, Arbeitslosenhilfe, Erziehungsgeld, Kindergeld, Krankengeld, Renten, Übergangsgeld, Unterhaltsgeld und Wohngeld. Da es keinen Grundsatz gibt, wonach Sozialleistungen nicht pfändbar wären, können sie grundsätzlich in vollem Umfang wie Arbeitseinkommen gepfändet werden. Es gilt ebenfalls die Pfändungstabelle nach § 850c ZPO (siehe Anhang).

Achtung: Einige Sozialleistungen sind allerdings unpfändbar:

- Sozialhilfe (§ 4 BSHG),
- Mutterschaftsgeld (§ 54 Abs. 3 Nr. 2 SGB I),
- Erziehungsgeld (§ 54 Abs. 3 Nr. 1 SGB I),
- Kindergeld (kann höchstens direkt für Unterhaltsansprüche des Kindes gepfändet werden (§ 54 Abs. 5 SGB I),
- Ausbildungsförderung nach dem Berufsausbildungsförderungsgesetz (Bafög).

Wenn Sie eine der genannten unpfändbaren Sozialleistungen erhalten, sind Sie zu keinerlei Ratenzahlungen an Gläubiger verpflichtet. Ihre Gläubiger müssen die Unpfändbarkeit dieser Leistungen respektieren. Sollten Sie trotzdem – auf freiwilliger Basis – Ratenzahlungen leisten, achten Sie darauf, daß Sie nicht in anderweitige finanzielle Notsituationen kommen. Sozialhilfe, Kindergeld und Erziehungsgeld sind in erster Linie zur Sicherung Ihres Existenzminimums da.

6. Problem: Kontopfändung

Beispiel:
Als Herr Rother zur Bank kommt, erklärt ihm der Bankangestellte höflich, aber bestimmt, daß er wegen des Pfändungs- und Überweisungsbeschlusses eines Gläubigers nicht über das auf sein Konto eingegangenes Gehalt verfügen könne. Dieser Betrag werde an den Gläubiger überwiesen. Herr Rother ist empört: Wie soll er nun seine Miete überweisen, und Geld zum Leben brauchen er und seine Familie ja auch noch.

Die Gläubiger können auch auf alle Gelder auf Ihrem Konto zugreifen. Auch dies geschieht per Pfändungs- und Überweisungsbeschluß wie bei der Lohnpfändung, nur daß in diesem Fall der Beschluß Ihrer Bank als Drittschuldner zugestellt wird.

Folge der Zustellung ist, daß Ihr Konto zunächst einmal gesperrt wird, Sie also nicht mehr unbegrenzt an Ihr Guthaben kommen. Soweit hat der Bankangestellte im Beispiel also Recht. Aber die Bank darf das Geld erst frühestens nach zwei Wochen an den pfändenden Gläubiger auszahlen. Bis dahin haben Sie die Möglichkeit, sich gerichtlich gegen die Pfändung zur Wehr zu setzen (siehe Checkliste 10). Eine Chance auf Erfolg haben Sie allerdings nur bei Beträgen, die ein regelmäßiges Einkommen betreffen:

- *Wiederkehrende Einkommen*, dies sind alle Formen von Arbeitseinkommen und Dienstbezügen, Renten, aber grundsätzlich auch Sozialleistungen, können auf dem Konto nur im Rahmen der allgemeinen Pfändungsgrenzen (s. Abschnitt «Lohnpfändung», S. 121 ff.) gepfändet werden.
- Achtung bei *Sozialleistungen*: Hier gilt ein erweiterter Schuldnerschutz (siehe Abschnitt «Kontopfändung und Aufrechnung bei Sozialleistungen», S. 141 ff.).
- *Sparguthaben*, auch auf Bauspar- oder Wertpapierkonten, sind hingegen voll pfändbar und unterliegen keinem Pfändungsschutz!

Checkliste 10: Geld vom Konto trotz Pfändung

Um von Ihrem Arbeitseinkommen zumindest Ihr Existenzminimum ausgezahlt zu bekommen, sind folgende Schritte notwendig:

1. Sie müssen einen Antrag nach § 850k ZPO beim Vollstreckungsgericht stellen, mit dem Sie beantragen, daß die unpfändbaren Beträge freigegeben werden (s. Musterschreiben 3 im Anhang). Ein Schreiben an Ihre Bank genügt hierzu nicht, denn diese kann nicht darüber entscheiden, wieviel Geld Sie benötigen.
2. Das Gericht prüft dann anhand der Pfändungstabelle, welche Beträge Sie beanspruchen können.
3. Handeln Sie schnell: Der Gerichtsbeschluß muß innerhalb von zwei Wochen nach Zustellung des Pfändungs- und Überweisungsbeschlusses an die Bank beim Kreditinstitut vorliegen. Ist das Geld erst einmal an den Gläubiger überwiesen, bekommen Sie es nicht mehr zurück! Nehmen Sie für diesen Antrag die Dienste einer Schuldnerberatungsstelle oder eines Anwalts in Anspruch!

Für den Fall, daß die Bank selbst Ihr Gläubiger ist und nicht auszahlen will, bekommen Sie Tips im Abschnitt «Die Bank zahlt nicht mehr aus», S. 84ff.

Achtung: Kontopfändungsschutz bei einem gemeinsamen Konto mit ihrem Partner/Partnerin: Bei einem gemeinsamen Konto, in der Banksprache ein «Oder-Konto», ist jeder Kontoinhaber allein verfügungsberechtigt. Eine Kontopfändung wirkt jedoch in diesem Fall gegen das gesamte Konto. Das heißt, daß auch das nicht gepfändete Einkommen Ihres Partners von der Bank nicht freigegeben wird. In diesem Fall müssen nicht nur Sie, sondern auch Ihr Partner unverzüglich bei Gericht eine «Drittwiderspruchsklage» nach § 771 ZPO auf Freigabe seines Einkommens einreichen. Auch hier ist zu empfehlen, sich sofort mit einem Anwalt oder einer Schuldnerberatungsstelle in Verbindung zu setzen.

7. Lohnabtretung

Noch leichter als über die Lohnpfändung kann ein Gläubiger über eine Lohnabtretung an Ihr Gehalt kommen. Ist er clever, läßt er sich von Ihnen gleich im Kreditvertrag den Anspruch auf Ihr Gehalt abtreten. Dann spart er sich später den Pfändungs- und Überweisungsbeschluß und muß lediglich die von Ihnen unterschriebene Abtretungserklärung bei Ihrem Arbeitgeber vorlegen.

Beispiel:
Als Herr Rother am 15. 10. 1995 zu seiner Bank ging, um dort den Kredit über 20000 DM zu beantragen, wurde im Kleingedruckten auch eine Lohnabtretung vereinbart. In dem Moment, in dem er seine Unterschrift unter den Vertrag setzte, trat er gleichzeitig sein pfändbares Einkommen an die Bank ab, selbst wenn ihm die entsprechende Klausel gar nicht aufgefallen ist.

Die Abtretung ist für einen Gläubiger die ideale Möglichkeit, schnell und kostengünstig an die pfändbaren Teile Ihres Einkommens zu gelangen. Selbstverständlich muß Ihr Arbeitgeber Ihnen auch hier das Geld auszahlen, das Sie zum Leben benötigen, und das sich anhand der Pfändungstabelle errechnen läßt. Alles darf er nicht einbehalten!

Aber: nicht alle Lohnabtretungen sind wirksam!

Tip: Lassen Sie sich von Ihrem Arbeitgeber eine Kopie der vorgelegten Abtretungserklärung geben und überprüfen Sie diese bei einer Schuldnerberatungsstelle oder Verbraucherzentrale. Oft sind solche Abtretungen, besonders solche in Verträgen, die vor dem 30. 6. 1989 abgeschlossen wurden, unwirksam, weil bestimmte Mindestanforderungen fehlen. Das hat der Bundesgerichtshof in zwei Entscheidungen (BGH, Urteil vom 22. 6. 1989, AZ.: III ZR 72/88, WM 1989, 1086, und BGH, Urteil vom 7. 7. 1992, AZ.: XI ZR 274/91, NJW 1992, 2626) festgestellt. So muß in der Erklärung unter anderem genau festgehalten sein, was abgetreten wird, für welchen Kredit die Abtretung gilt und in welcher Höhe sie wirksam wird.

Haben Sie eine alte Lohnabtretung, lohnt sich eine Kontrolle der Wirksamkeit besonders.

Lohnabtretungen nutzen!

Lohnabtretungen müssen nicht immer nur eine Belastung darstellen. Vielmehr können Sie diese auch geschickt zu Ihren eigenen Gunsten oder, genauer, zugunsten Ihrer Familie einsetzen.

Ebenso wie außenstehende Gläubiger sich eine Lohnabtretung von Ihnen geben lassen können, können Sie zum Beispiel auch Ihrem Ex-Ehepartner oder Ihren Kindern, denen gegenüber Sie zum Unterhalt verpflichtet sind, Ihr pfändbares Einkommen abtreten. So können Sie sicherstellen, daß Ihre Familie im Verhältnis zu anderen Gläubigern bevorzugt wird. Ähnliches gilt für Ihren Vermieter, wenn es darum geht, die Mietzahlung zu gewährleisten, oder andere wichtige Gläubiger. Da für die Reihenfolge der Abtretungen das Datum der Ausstellung der Erklärung entscheidend ist, im Gegensatz zu Pfändungs- und Überweisungsbeschlüssen (siehe S. 125), also nicht die Vorlage bei Ihrem Arbeitgeber, kümmern Sie sich am besten so früh wie möglich darum.

Wenn Sie allerdings bereits Ihren pfändbaren Lohnanteil an einen Gläubiger abgetreten haben, so können Sie dies nicht noch einmal tun. Sie können Ihren Lohn nur einmal abtreten, sonst machen Sie sich des Eingehungsbetruges schuldig.

Achtung: Zwar ist das Datum der Erklärung ausschlaggebend dafür, welcher Gläubiger zuerst den pfändbaren Teil Ihres Einkommens erhält. Lassen Sie sich jedoch nicht dazu verleiten, Abtretungserklärungen zurückzudatieren. Hier müssen Sie, bei Zweifeln an der Echtheit des Datums, mit einer Klage der Gläubiger rechnen, die über eine (vermeintlich) spätere Erklärung verfügen. Wegen der rechtlichen Anforderungen an die Formulierung einer solchen Abtretungserklärung lassen Sie sich von einer Beratungseinrichtung helfen.

Lohnabtretungen ausschließen!

In vielen Betrieben ist eine Abtretung der pfändbaren Lohnanteile durch Tarifvertrag oder Betriebsvereinbarung ausgeschlossen. In diesem Fall wird der Arbeitgeber die Abtretung nicht anerkennen! Dies hat für Sie als Schuldner

- den *Vorteil*, daß Sie nicht mit dem Zugriff eines Gläubigers aufgrund einer Abtretungserklärung rechnen müssen,
- aber auch den *Nachteil*, daß Ihnen die Lohnabtretung gegenüber einem Gläubiger nicht als Sicherungsmittel zur Verfügung steht.

Tip: Auch ohne betriebliche Vereinbarung können Sie eine Lohnabtretung ausschließen, und zwar durch individuelle Regelung mit Ihrem Arbeitgeber. Dies sollten Sie tun, bevor ein Gläubiger seine Abtretung offenlegt. Um sich ein Hintertürchen für besonders wichtige Gläubiger offenzuhalten, können Sie auch festschreiben, daß eine Lohnabtretung nur mit ausdrücklicher Zustimmung des Arbeitgebers wirksam werden kann.

8. Eidesstattliche Versicherung: Ist nun alles aus?

Waren alle Zwangsvollstreckungsversuche eines Gläubigers, also Sachpfändung ebenso wie Lohn- und Kontopfändung, erfolglos, kann er Sie als letztes Mittel zur Abgabe einer eidesstattlichen Versicherung (früher «Offenbarungseid» genannt) zwingen (§ 807 ZPO).

Wenn Ihnen eine derartige Aufforderung vom Gericht ins Haus flattert, erschrecken Sie nicht zu sehr! Sie sollen hier über Ihr Vermögen Auskunft geben. Stellt sich in diesem Verfahren heraus, daß Sie tatsächlich kein für die Gläubiger pfändbares Vermögen besitzen, müssen Sie keineswegs damit rechnen, bis zur Begleichung Ihrer Schulden ins Gefängnis zu kommen. Eine eidesstattliche Versicherung wird auch nicht im polizeilichen Führungszeugnis erwähnt oder was der schrecklichen Gerüchte mehr sind, die sich um die «EV» ranken!

Eine eidesstattliche Versicherung ist ein von Ihnen abzugebendes, genaues Verzeichnis Ihrer Vermögenswerte, Ihrer Einkünfte, Ihrer Arbeitsstelle und anderer, Ihr Vermögen betreffender Daten. Der Name der Erklärung rührt daher, daß Sie die Richtigkeit und Vollständigkeit dieses Vermögensverzeichnisses an «Eides statt» versichern müssen.

Tip: Halten Sie sich beim Ausfüllen der Unterlagen an die Wahrheit, denn wegen einer falschen eidesstattlichen Versicherung können Sie zu einer Freiheitsstrafe von bis zu drei Jahren verurteilt werden (aber wie gesagt auch nur deswegen, nicht etwa, weil Sie Ihre Schulden nicht bezahlen können!).

Sinn und Zweck dieser Erklärung ist es, Ihre Gläubiger über Ihre Einkommens- und Vermögenssituation zu informieren, damit diese sicher sein können, daß Sie nicht doch noch irgendwo verwertbares Vermögen besitzen.

Die eidesstattliche Versicherung wird vor einem Rechtspfleger abgegeben. Mit der Ladung zum Termin erhalten Sie ein mehrseitiges Formular zugeschickt, das Sie am besten ausgefüllt zum Termin mitbringen. Kommen Sie der Ladung nicht nach, wird der Gerichtsvollzieher Sie aufsuchen, um Ihnen bei einer weiteren Verweigerungshaltung Haft anzudrohen.

Die Abgabe der eidesstattlichen Versicherung oder der Erlaß eines Haftbefehls, wenn Sie nicht freiwillig zum Termin gekommen sind, wird im sogenannten Schuldnerverzeichnis eingetragen. Er wird nicht, wie viele Legenden zu berichten wissen, in der Tageszeitung veröffentlicht! Trotzdem werden Sie wohl spätestens durch diese Eintragung «kreditunwürdig». Abschriften des Verzeichnisses bekommen Banken und Kaufleute im Bereich des Gerichts. Der Eintrag dort bleibt drei Jahre bestehen und wird dann automatisch gelöscht.

Achtung: Gehen Sie nach Abgabe einer eidesstattlichen Versicherung neue Zahlungsverpflichtungen ein, die Sie nicht aus Ihrem (unpfändbaren) Einkommen begleichen können, so könnten Sie des Betrugs hinsichtlich Ihrer Zahlungsfähigkeit verdächtigt werden, es sei denn, in der Zwischenzeit ist Ihre Zahlungsfähigkeit nachweislich wiederhergestellt.

Ein Gutes schließlich hat selbst die eidesstattliche Versicherung: Ihre Gläubiger können nach Abgabe der EV zwar noch weiter gegen Sie vollstrecken, werden dies aber im Regelfall nicht mehr tun, da es nicht sehr erfolgversprechend ist. Dies hat für Sie den Vorteil, daß Sie nicht mehr täglich mit dem Gerichtsvollzieher oder den Eintreibern der Inkassofirmen rechnen müssen.

Welche Rechte haben Sie als Schuldner?

1. Sind meine Schulden wirklich so hoch?

Immer wieder ließ sich in der Vergangenheit beobachten, daß Gläubiger unzulässig hohe Summen von ihren Schuldnern forderten. Daher hier gleich der erste Tip:

Tip: Geben Sie sich nicht damit zufrieden, daß Ihr Gläubiger von Ihnen mündlich oder schriftlich pauschal eine Summe verlangt. Fordern Sie immer eine detaillierte schriftliche Darstellung, wie sich Ihre Schulden zusammensetzen.

Zu hoch kann eine Forderung insbesondere deswegen sein, weil

- Ihr Gläubiger zu hohe Verzugszinsen nach Kündigung des Kredits berechnet hat (siehe S. 88 ff.),
- in der Aufstellung unzulässige Inkassokosten verlangt werden (siehe S. 98 ff.) oder
- die Verrechnung Ihrer Zahlungen mit der Kreditforderung falsch erfolgt (siehe S. 90 ff.),
- Forderungen oder Forderungsbestandteile wie Zinsen bereits verjährt sind (siehe S. 147 ff.),
- schon die Vertragszinsen in solchem Maße überhöht waren, daß der Kreditvertrag wegen zu hoher Vertragszinsen sittenwidrig ist.

Kommen Ihnen Zweifel an der Berechtigung der Forderung überhaupt oder ihrer Höhe, sollten Sie sich unbedingt bei einer Beratungsstelle oder einem Anwalt erkundigen, ob alles seine Ordnung hat.

Fast alle angesprochenen Bereiche haben wir bereits in früheren Kapiteln behandelt; es fehlt lediglich noch die **Sittenwidrigkeit von Kreditverträgen.**

Als die Zinsen, die die Banken für ihre Kredite nahmen, immer höher wurden, legte der Bundesgerichtshof den Kreditinstituten Anfang der achtziger Jahre Fesseln an: Er erklärte Kredite für sittenwidrig, bei denen die Kosten, also die Zinsen und Kreditgebühren, etwa doppelt so hoch waren wie im Durchschnitt des Markts üblich. Oft waren es Teilzahlungsbanken, die hier besonders negativ auffielen. Als Folge dieser Sittenwidrigkeit brauchten die Schuldner, die einen solchen Kreditvertrag unterschrieben hatten, nun überhaupt keine Zinsen mehr zu zahlen. Sie mußten nur den erhaltenen Kreditbetrag zurückzahlen.

Heute werden kaum noch sittenwidrige Kreditverträge abgeschlossen, denn die Banken haben mittlerweile aus den gegen sie ergangenen Gerichtsentscheidungen gelernt.

Tip: Haben Sie noch einen Altvertrag aus dem Zeitraum von etwa 1975 bis 1986, könnte sich eine Überprüfung bei einer Verbraucherzentrale oder Schuldnerberatungsstelle lohnen.

Ist jedoch bereits ein Vollstreckungsbescheid oder Urteil bezüglich des zweifelhaften Darlehens gegen Sie ergangen, wird es schwieriger. Durfte Ihr Gläubiger zum damaligen Zeitpunkt auf die Richtigkeit des Zinssatzes vertrauen, können Sie den rechtskräftigen Titel nicht mehr angreifen. Hier wird der «Rechtsfriede» über die Gerechtigkeit gesetzt! Anders kann es sein, wenn Ihr Gläubiger schon damals wußte, daß seine Zinsen (sittenwidrig) überhöht waren.

2. Erhöhung der Pfändungsfreigrenzen

Da sich nicht jede besondere Situation eines Schuldners mit einer fixierten Tabelle wie der gesetzlichen Pfändungstabelle erfassen läßt, sieht das Gesetz noch einen besonderen Schuldnerschutz vor: Wenn Ihnen durch eine Pfändung weniger als das sozialstaatlich garantierte Existenzminimum verbleibt, Sie also weniger als den Sozialhilfesatz zum Leben haben, können Sie beim Vollstreckungsgericht eine Anhebung der Pfändungsfreigrenzen verlangen (§ 850f. ZPO).

Dieser Fall tritt insbesondere bei hohen Mieten, vielen Unterhaltsverpflichtungen oder bei hohen Fahrtkosten für den Weg zur Arbeit ein. Wenn das Gericht Ihrem Antrag stattgibt, bedeutet dies, daß weniger gepfändet wird und Sie damit umgekehrt mehr Geld in Ihrer Haushaltskasse haben.

Tip: Kommen Sie während einer Pfändung mit dem Ihnen verbleibenden Betrag nicht aus, sollten Sie unbedingt Ihre Möglichkeiten prüfen, Ihre Pfändungsfreigrenzen erhöhen zu lassen! Bei der Berechnung oder der Antragstellung ist Ihnen die Schuldnerberatungsstelle behilflich.

Checkliste 11:
Vorgehen zur Anhebung der Pfändungsfreigrenze

1. Sie sollten sich beim zuständigen Sozialamt Ihren Sozialhilfebedarf errechnen und bestätigen lassen. Damit dieser korrekt beziffert werden kann, benötigen Sie folgende Unterlagen:
   - Lohn- und Gehaltsabrechnung,
   - Nachweis über Miete und Nebenkosten,
   - Nachweis über Heizkosten,
   - Nachweis über Fahrtkosten (falls vorhanden),
   - Nachweis über Hausrat- und Haftpflichtversicherung (falls vorhanden).
2. Ist Ihr errechneter Sozialhilfebedarf höher als der Ihnen nach einer Pfändung ausbezahlte Lohn, können (und sollten) Sie einen Antrag auf Erhöhung der Pfändungsfreigrenzen nach § 850f ZPO beim zuständigen Amtsgericht Ihres Wohnorts stellen. Einen entsprechenden Musterbrief 4 finden Sie im Anhang.
3. Hierzu benötigen Sie:
   - die Bescheinigung des Sozialamts über Ihren Sozialhilfebedarf,
   - eine Lohnabrechnung,
   - den Pfändungs- und Überweisungsbeschluß (oder mehrere).
4. Wichtig ist, daß der Antrag sich auf alle Gläubiger bezieht, die bei Ihrem Arbeitgeber pfänden, also nicht nur gegen den erstrangigen Gläubiger. Lassen Sie sich also von Ihrem Arbeitgeber eine Liste aller dort vorliegenden Beschlüsse geben.

Lohnabtretungen ungleich Lohnpfändungen

Achtung: Bei Lohnabtretungen können Sie bei Gericht keinen Antrag auf Erhöhung der Pfändungsfreigrenzen stellen, da die Abtretungen nicht dem Zwangsvollstreckungsrecht unterliegen (Sie haben die Abtretung ja freiwillig unterschrieben). Das Vollstreckungsgericht ist also für einen Erhöhungsantrag nicht zuständig.

Nach neuerer Rechtsprechung darf der Abtretungsgläubiger aber trotzdem nur so viel einziehen, daß Ihnen Ihr Existenzminimum nach dem Bundessozialhilfegesetz verbleibt (Amtsgericht Düsseldorf, Urteil vom 31. 3. 1994, AZ.: 44 C 19319/93, BAG-SB 1995, 15).

Tip: Auch hier sollten Sie also versuchen, von einem Gläubiger, der eine Lohnabtretung bei Ihrem Arbeitgeber offengelegt hat, unter Vorlage Ihres vom Sozialamt errechneten Bedarfs eine Reduzierung der Lohnabtretung zu erreichen. Hilfestellung bieten auch hier die Schuldnerberatungsstellen und das Musterschreiben 5.

Aber: Rentenabtretung gleich Rentenpfändung

Einen direkten Anspruch auf Berücksichtigung Ihres Existenzminimums bei Abtretungen haben Sie, wenn Sie Rente, Arbeitslosengeld oder andere Sozialleistungen beziehen.

Hier ist der Sozialleistungsträger, also die Rentenversicherungsanstalt oder das Arbeitsamt, verpflichtet, auf Ihren Antrag hin den an den Gläubiger aufgrund einer Abtretung abzuführenden Betrag so zu reduzieren, daß Ihnen der vom Sozialamt errechnete Bedarf verbleibt, so das Bundessozialgericht (BSG, Urteil v. 23. 5. 1995, AZ.: 13 JR 43/93). Schreiben Sie an Ihren Sozialleistungsträger unter Zuhilfenahme des Musterschreibens 6.

3. Kontopfändung und Aufrechnung bei Sozialleistungen

Da Sozialleistungen in der Regel dazu dienen, Ihr Existenzminimum abzusichern, gibt es hier einen besonderen Schuldnerschutz:

Sieben Tage Zeit zur Abhebung des vollständigen Betrags: Sie können innerhalb von sieben Tagen uneingeschränkt über den vollen Betrag der Sozialleistungen verfügen, der auf Ihrem Konto eingegangen ist, ohne daß in diesem Zeitraum etwas an pfändende Gläubiger abgeführt werden darf (§ 55 SGB I). Dies gilt analog für die kontoführende Bank: Auch sie darf eingehende Sozialleistungen innerhalb dieser Siebentagefrist nicht mit Ihren Kontoschulden verrechnen und Ihnen die Auszahlung verweigern.

Tip: Wenn Sie Sozialleistungen erhalten, gehen Sie *sofort* nach Überweisung zur Bank und verlangen Sie die Auszahlung des gesamten eingegangenen Betrags. Tun Sie dies nicht, verlieren Sie nach sieben Tagen Ihren besonderen Schuldnerschutz.

Beispiel:
Das Erziehungsgeld, das Frau Rother für ihre Tochter Emma erhält, kommt am 3. 7. auf das bereits gepfändete Konto. Die Bank muß – bei entsprechendem Nachweis – die Sozialleistungen bis einschließlich 10. 7. in voller Höhe an Frau Rother auszahlen, wenn diese es verlangt. Sie darf sie nicht mit einer vorhandenen Überziehung verrechnen oder vorher an pfändende Gläubiger auszahlen.

Tip: Haben Sie Probleme mit der Auszahlung von Sozialleistungen innerhalb der Siebentagefrist, nehmen Sie auch hier die Hilfe einer Schuldnerberatungsstelle in Anspruch! Oft genügt ein Anruf eines Beraters bei der entsprechenden Bank, um die Angelegenheit zu klären.

Danach: Anspruch auf das nicht pfändbare Einkommen: Nach Ablauf von sieben Tagen entfällt der besondere Pfändungsschutz, und die Beträge sind wieder vollständig innerhalb der üblichen Grenzen pfändbar.

Damit Sie aber auch hier nicht mit völlig leeren Händen dastehen, bleibt Ihnen, wie bei jedem anderen Einkommen auch, der Anspruch auf das nicht pfändbare Einkommen. Zahlt die Bank Ihnen diesen Betrag nicht freiwillig aus, müssen Sie hier so vorgehen, wie schon bei der Kontopfändung von Arbeitseinkommen beschrieben: Sie benötigen einen Beschluß des zuständigen Amtsgerichts nach § 850k ZPO, damit das nichtpfändbare Einkommen an Sie ausgezahlt werden kann (siehe S. 128 f.). Schwieriger wird es allerdings bei einer Verrechnung der Bank mit eigenen Forderungen, s. bereits den Abschnitt «Die Bank zahlt nicht mehr aus», S. 84 ff.

Beispiel:

Hat Frau Rother es nicht geschafft, das Erziehungsgeld bis zum 10. 7. abzuheben, wird ihre Bank bei einer vorliegenden Kontopfändung den vollen Betrag an den Gläubiger auszahlen.

Um dies zu verhindern, hat sie dann noch die Möglichkeit, beim Vollstreckungsgericht einen Antrag auf Pfändungsschutz nach § 850k ZPO zu stellen. Da das Erziehungsgeld unpfändbar ist, wird sie auf diesem Weg den ganzen Betrag ausgezahlt erhalten. Sie muß allerdings sehr schnell reagieren, um hier noch erfolgreich zu sein, denn zwei Wochen nach Eingang, also nach dem 17. 7., wird die Bank das Erziehungsgeld an den pfändenden Gläubiger auszahlen, wenn kein anderslautender Gerichtsbeschluß vorliegt.

4. Abfindung nur für Ihre Gläubiger?

Erhalten Sie von Ihrem Arbeitgeber bei Kündigung eine Abfindung, zum Beispiel aus einem Sozialplan oder Vergleich im Kündigungsschutzprozeß, wird diese wie normales Einkommen gewertet und ist damit im Regelfall voll pfändbar.

Für Ihre Gläubiger ist dies äußerst erfreulich; für Sie als Schuldner jedoch entfällt der eigentliche Zweck der Abfindung, nämlich als zusätzliche finanzielle Absicherung für die Zeit Ihrer Arbeitslosigkeit oder als Überbrückung bis zum Erhalt der Rente zu dienen.

Wie Sie hier noch etwas retten können, zeigt Ihnen die nachfolgende Checkliste.

Checkliste 12:
Unpfändbarkeitserklärung eines Teils Ihrer Abfindung

1. Stellen Sie beim zuständigen Gericht einen Antrag nach § 850i ZPO, daß ein Teil der Abfindung für unpfändbar erklärt wird. Das Gericht kann Ihnen dann nach freiem Ermessen einen Teil der Abfindung belassen.
2. Beachten Sie, daß Sie diesen Antrag vor Auszahlung der Abfindung stellen. Hat Ihr Arbeitgeber die Abfindung erst an den pfändbaren Gläubiger ausgezahlt, ist es zu spät!

Tip: Gelingt es Ihnen, zumindest einen Teil der Abfindung vor der Pfändung zu retten, können Sie das Geld auch dafür nutzen, Ihre Schulden mit einem Schlag loszuwerden: Vereinbaren Sie in einem Vergleich, daß Sie die Abfindung an Ihre Gläubiger auszahlen und diese im Gegenzug auf den Rest ihrer Forderungen verzichten.

5. Recht auf ein Girokonto

Beispiel:
Nachdem das Konto der Rothers im Jahr 1996 wegen der Arbeitslosigkeit von Herrn Rother permanent auch über das Dispolimit hinaus überzogen ist, erhalten sie ein Schreiben ihrer Bank, wonach diese zum 1. 10. 1996 die Kontoverbindung kündigt und die sofortige Rückzahlung der ausstehenden Beträge fordert. Das Ehepaar Rother ist entsetzt. Darf die Bank das so einfach tun?

Grundsätzlich ist eine Bank, wie jeder andere Vertragspartner, frei darin, mit wem sie Verträge abschließt. Das gilt genauso für einen Vertrag über ein Girokonto. Sie ist also auch frei, den Kontovertrag – in der Regel unter Einhaltung einer angemessenen Frist – zu kündigen. Das tut sie, wenn ihr der Kunde zuviel Ärger verursacht, wenn also zum Beispiel das Girokonto häufig zu weit und zu lange überzogen wird oder ein negativer Schufa-Eintrag auftaucht.

Haben Sie einmal Ihr Konto verloren, wird es schwierig, bei einer anderen Bank noch eins zu bekommen. Denn diese wird selbstverständlich sofort eine Anfrage bei der Schufa vornehmen und sich bei einem größeren Schuldenstand genau überlegen, ob sie mit Ihnen eine Kontoverbindung eingeht.

Wenn Sie sich vor Augen halten, wie oft Sie nach Ihrer Kontonummer gefragt werden, können Sie sich vorstellen, wie schwierig es ist, ohne ein Girokonto auszukommen. Ganz alltägliche Zahlungen wie Miete, Energiekosten oder Telefonrechnungen können nur noch in bar vorgenommen werden. Für Bareinzahlungen werden Ihnen hohe Gebühren berechnet, denn die Banken wollen diesen Verwaltungsaufwand gern vermeiden und versuchen, ihre Kunden über Gebühren dazu zu bewegen, ihre Zahlungsvorgänge lieber durch Überweisungen, Abbuchungen oder Daueraufträge zu erledigen. Gerade dies funktioniert ohne Konto aber nicht, wodurch sich der Teufelskreis für den Schuldner schließt!

Auch ein neuer Arbeitgeber wird Sie immer um die Angabe Ihrer Bankverbindung bitten. Sobald Sie kein Konto nennen können, werden Sie im besten Fall Verwunderung ernten. Meist wird aber der – nicht ganz falsche – Verdacht auftreten, daß Sie aufgrund Ihrer Verschuldung nicht über ein Konto verfügen. Viele Arbeitgeber zögern bei der Einstellung verschuldeter Arbeitnehmer, da zum Beispiel die Bearbeitung von Gehaltspfändungen oder -abtretungen mit viel Aufwand verbunden ist.

Verweigert die Bank Ihnen die Einrichtung eines Kontos, werden Sie damit von weiten Teilen des normalen wirtschaftlichen Lebens ausgeschlossen. Mit dieser Situation sind mittlerweile etwa 500 000 Haushalte in Deutschland konfrontiert. Aus diesem Grund gibt es inzwischen verschiedene Gesetzesinitiativen, die das Recht auf ein Girokonto verbindlich festlegen sollen. Dieses Recht hat sich zwar noch nicht durchsetzen lassen, doch ist immerhin die Kreditwirtschaft durch die Diskussion mehr und mehr unter Druck geraten. Schließlich hat sie darauf mit einer freiwilligen Selbstverpflichtung reagiert, nach der es *jedermann* möglich sein soll, zumindest ein Girokonto auf Guthabenbasis einzurichten. Für ein solches Konto wird kein Dispositionskredit gewährt, es ist also nicht möglich, das Konto zu überziehen.

Dies ist zur Zeit die einzige Möglichkeit, ein Konto zu bekommen, wenn Ihnen die Einrichtung eines «normalen» Girokontos mit Dispositionsrahmen verweigert wird oder Ihr früheres Konto gekündigt wurde.

Tip: Nicht alle Banken wollen gern an die freiwillige Selbstverpflichtung erinnert werden. Weisen Sie Ihre Bank deshalb mit Nachdruck auf diese Verpflichtung der Kreditwirtschaft hin. Am ehesten werden Sie mit diesem Anliegen wahrscheinlich bei einer Sparkasse oder einer Volks- und Raiffeisenbank Erfolg haben. Klappt es hier auch nicht, schalten Sie eine Verbraucherzentrale oder Schuldnerberatungsstelle bzw. das Bundesaufsichtsamt für Kreditwesen in Berlin ein.

In einigen Bundesländern gibt es Sparkassengesetze, die Ihnen die Einrichtung eines Kontos auf Guthabenbasis erleichtern.

Beispiel:
Familie Rother wendet sich nach Kündigung des Kontos bei ihrer Hausbank an eine Sparkasse an ihrem Ort und beantragt ein Girokonto auf Guthabenbasis. Kann auch diese ihr die Eröffnung so einfach verweigern?

In sechs Bundesländern sind die öffentlich-rechtlichen Sparkassen mittlerweile per Gesetz dazu verpflichtet, mit jedem Kunden, der dies wünscht, einen Girovertrag abzuschließen. Dies gilt für Bayern, Brandenburg, Nordrhein-Westfalen, Rheinland-Pfalz, Sachsen-Anhalt und Sachsen. Dort haben Sie bei einer Sparkasse also grundsätzlich einen Rechtsanspruch auf die Eröffnung eines Kontos. Es gibt dabei jedoch, je nach Bundesland, verschiedene Ausnahmevorschriften, die es der Sparkasse vielleicht trotzdem ermöglichen, die Aufnahme einer Geschäftsbeziehung mit Ihnen zu verweigern.

Tip: Wenn Sie in einem der genannten sechs Bundesländer wohnen, versuchen Sie, bei einer öffentlich-rechtlichen Sparkasse ein Konto zu bekommen. Weisen Sie auf Ihren Rechtsanspruch hin. Sollte Ihr Antrag trotzdem abgelehnt werden, lassen Sie sich diese Ablehnung schriftlich bestätigen. Suchen Sie mit diesem Schreiben eine Schuldnerberatungsstelle auf und lassen Sie sich dort über Ihre weiteren Möglichkeiten beraten.

6. Verjährung von Forderungen und Zinsen

Nicht alle Forderungen, mit denen Ihre Gläubiger an Sie herantreten, müssen Sie auch tatsächlich noch bezahlen. So gibt Ihnen die «Einrede der Verjährung» das Recht, unter bestimmten Voraussetzungen die Rückzahlung noch offener Beträge oder verjährter Teilbeträge zu verweigern.

Eine Verjährung bringt die Forderung gegen Sie nicht zum Erlöschen, sondern räumt Ihnen lediglich ein Verweigerungsrecht ein. Sie müssen sich dazu gegenüber Ihrem Gläubiger auf die Einrede der Verjährung berufen: Dies bedeutet, daß Sie Ihrem Gläubiger bei einer Zahlungsaufforderung oder Mahnung mitteilen, daß Sie wegen der Verjährung nicht mehr zahlen wollen.

Achtung: Zahlen Sie auf eine verjährte Forderung, ohne von diesem Recht Gebrauch zu machen, können Sie den geleisteten Betrag von Ihrem Gläubiger nicht wieder zurückfordern!

Gesetzliche Verjährungsfristen dürfen vertraglich weder ausgeschlossen noch sonst erschwert werden. Aber: eine *Verkürzung* der Frist ist vertraglich zulässig, auch in Allgemeinen Geschäftsbedingungen (§ 225 BGB).

Hemmung und Unterbrechung

Nicht immer, wenn die genannten Fristen abgelaufen sind, ist die Forderung auch tatsächlich verjährt. Verschiedene Handlungen von Gläubigerseite, aber auch von Ihnen können die Verjährungsfrist unterbrechen oder hemmen.

Unterbrechung der Verjährung: Die Verjährung wird unterbrochen durch

- Zahlungen des Schuldners (Abschlags- oder Zinszahlungen, Sicherheitsleistungen),
- Anerkennung der Forderung durch den Schuldner zum Beispiel schon durch Bitte um Stundung oder wohlwollende Prüfung und Berücksichtigung der wirtschaftlichen Verhältnisse,
- Zustellung eines gerichtlichen Mahnbescheids, nicht aber schon durch Mahnung des Gläubigers,
- ein unterzeichnetes Schuldanerkenntnis,
- Klage des Gläubigers und
- Zwangsvollstreckungsversuch.

Die Unterbrechung bewirkt, daß ab dem Datum der Unterbrechungshandlung die jeweilige *Verjährungsfrist von neuem* zu laufen beginnt.

Beispiel:

Nehmen wir an, Familie Rother hat eine Arztrechnung vom 18. 10. 1995 bis heute nicht bezahlt. Für die Honorare freiberuflich Tätiger besteht eine Verjährungsfrist von zwei Jahren, die mit Ablauf des Jahres, in dem die Forderung entstanden ist, zu laufen beginnt. Grundsätzlich beginnt also die Verjährungsfrist am 1. 1. 1996 und endet am 31. 12. 1997. Schickt der Arzt erst am 5. 1. 1998 eine Mahnung, kann Familie Rother ihm zurückschreiben, daß die Forderung verjährt und sie daher nicht mehr zur Bezahlung verpflichtet sei. Sie kann sich also auf die Einrede der Verjährung berufen.

Ist ihr Gläubiger aber etwas cleverer und läßt er seinen Schuldnern noch Silvester 1997 einen Mahnbescheid durch das Gericht zustellen, ist die Verjährung unterbrochen und beginnt am 31. 12. 1997 erneut für zwei Jahre. Der gleiche Effekt tritt ein, wenn Familie Rother auf die einfache Mahnung eines Gläubigers hin beispielsweise am 5. 5. 1997 um einen Zahlungsaufschub bittet – und damit die Forderung anerkennt. Auch dadurch wird die Verjährungsfrist unterbrochen und fängt neu an zu laufen.

Hemmung der Verjährung: Bei der Hemmung der Verjährung beginnt die Verjährungsfrist, im Gegensatz zur Unterbrechung, nicht von neuem. Der Zeitraum, für den die Hemmung eintritt, wird lediglich nicht mit in die Verjährungsfrist eingerechnet. Dadurch

Tabelle 5: Verjährungsfristen

30 Jahre	regelmäßige Verjährungsfrist, Beginn am Fälligkeitstag (§§ 195, 198 BGB) gilt für: ● rechtskräftige Urteile, ● Darlehensforderungen, ● Vollstreckungsbescheide und alle sonstigen Forderungen, die keiner verkürzten Verjährung unterliegen.
5 Jahre	Beginn mit Ablauf des Jahres, in dem der Anspruch fällig geworden ist (§§ 228, 229 AO), gilt für: ● Steuerrückstände
4 Jahre	Beginn mit Ablauf des Jahres, in dem der Anspruch fällig geworden ist (§§ 197, 201 BGB), gilt für: ● Zinsen, ● regelmäßig wiederkehrende Leistungen (z. B. Miete, Pacht, Rente, Unterhaltsbeiträge), ● Forderungen von Gewerbetreibenden untereinander (außer Darlehen), ● Rückforderungsansprüche von Kreditkunden bei sittenwidrigen Kreditverträgen (BGH, Urteil vom 10. 7. 1986, AZ.: III ZR 133/85, NJW 1986, 2564), ● Besoldungsrückstände von Beamten, ● Sozialleistungen.
3 Jahre	Gilt für: ● (zivilrechtliche) Schadensersatzansprüche aus unerlaubten Handlungen, ● erbrechtliche Pflichtteilsansprüche, ● Gewährleistungsansprüche bei arglistigem Verschweigen von Mängeln des Objekts beim Grundstückskauf.
2 Jahre	Beginn mit Ablauf des Jahres, in dem der Anspruch fällig geworden ist (§§ 196, 201 BGB), gilt für: Forderungen von ● Gewerbetreibenden gegen Privatpersonen gemäß Handelsgesetzbuch (HGB) ● Transportunternehmen, ● Gastwirte, ● Lohn- und Gehaltsempfänger, ● Honorarforderungen freier Berufe (z. B. Ärzte, Rechtsanwälte, Architekten, Ingenieure, Steuerberater, Wirtschaftsprüfer).
6 Monate	Beginn mit Abnahme des Werks, Übergabe der Ware usw., gilt für: ● Ansprüche des Eigentümers, Vermieters, Verleihers wegen Veränderung oder Verschlechterung der Sache), ● Anspruch des Mieters, Entleihers wegen Ersatz von Verwendungen, ● Anspruch auf Wandelung, Minderung und Schadensersatz bei Kauf-/Werkverträgen, ● Entschädigungsansprüche gegen die Post.

wird die jeweilige *Verjährungsfrist* um die Zeit der Hemmung *verlängert*. Die Verjährung ist gehemmt, solange der Gläubiger die Forderung stundet oder der Schuldner zur Verweigerung der Leistung berechtigt ist, beispielsweise wenn er einen Gegenanspruch geltend machen kann.

Besonderheit: Verjährung von Zinsen

Wenn auch die (Haupt-)Forderung eines Gläubigers bei einem Darlehen erst nach 30 Jahren verjährt, gilt für die entstehenden Zinsen eine regelmäßige Verjährungsfrist von vier Jahren (§§ 197, 218 Abs. 2 BGB).

Für Sie bedeutet dies, daß Sie lediglich die Zinsen zahlen müssen, die im laufenden und in den vergangenen vier Jahren angefallen sind.

Beispiel:

Unterstellen wir, Herr Rother hätte sich 1988 von einem Bekannten 1000 DM geliehen, die er nie zurückgezahlt und in den letzten Jahren auch völlig vergessen hat. Dem Kreditgeber ging es wahrscheinlich ähnlich, denn auch er rührte sich in den zurückliegenden Jahren nicht. Erst Ende 1997 forderte er plötzlich die 1000 DM, die sich inzwischen über den reichlich unverschämten Zinssatz auf etwa das Dreifache gesteigert hatten.

Herr Rother könnte sich gegenüber seinem Gläubiger nun auf die Verjährung eines Teils der Zinsen berufen. Zahlen müßte er nur noch die Zinsen aus den Jahren 1993 bis 1997 – und natürlich die 1000 DM, denn die Hauptforderung aus einem privaten Darlehen verjährt erst nach 30 Jahren.

Verjährung von Steuern

Im Gegensatz zu zivilrechtlichen Forderungen und Ansprüchen führt die Verjährung bei öffentlichen Abgaben unmittelbar zum Erlöschen des Anspruchs. Das bedeutet, daß Sie sich nicht ausdrücklich auf die Verjährung berufen müssen. Irrtümlich gezahlte Steuerschulden können Sie dementsprechend auch wieder zurückverlangen.

Wie mit Gläubigern verhandeln?

Wie sollten Sie mit Ihren Gläubigern verhandeln? Eine schwierige Frage, die nur nach einer Analyse Ihrer persönlichen Finanz- und Schuldensituation zu beantworten ist. In diesem Kapitel soll trotzdem der Versuch gemacht werden, allgemeine Grundlagen für die Verhandlung mit Gläubigern aufzuzeigen. Als erstes gehen wir auf die Verhandlungsvorbereitung ein, anschließend auf Grundsätze in den Verhandlungen. Nicht fehlen darf natürlich die Vorstellung der wichtigsten Verhandlungs- und Sanierungsmöglichkeiten. Viele Schuldner fragen sich zum Beispiel immer wieder, was sie tun sollen, wenn sie nicht pfändbar sind. Auch hier wollen wir einige Tips geben. Schließlich gibt es auch beim Verhandlungsabschluß einiges zu beachten.

1. Klärung der eigenen Verhandlungsgrundlagen

Bevor Sie mit Ihren Gläubigern in Kontakt treten, sollten Sie Ihre Verhandlungen gründlich vorbereiten. Die folgende Checkliste hilft Ihnen.

Checkliste 13: Verhandlungsvorbereitung

1. Prüfen Sie, ob die Forderung in der Sache und Höhe gerechtfertigt ist.
2. Ermitteln Sie Ihre Pfändungsgrenze (= gesetzliche Zahlungsfähigkeit, siehe S. 42 f., 121 ff.).
3. Ermitteln Sie Ihr zur Schuldenregulierung vorhandenes frei verfügbares Einkommen (= individuelle Zahlungsfähigkeit).
4. Überprüfen Sie, ob ein Verbraucherkonkursverfahren für Sie in Betracht kommt.

Das Ergebnis dieser vier Ermittlungen wird dann Ihre Verhandlungsstrategie gegenüber Ihren Gläubigern wesentlich bestimmen.

Beispiel:
Herr Rother konnte seinen Ratenverpflichtungen schon 1996 nicht mehr nachkommen. Sein Konto bei der A-Bank ebenso wie sein Kredit sind gekündigt worden. Mittlerweile hat er bei einer anderen Bank ein Konto auf Guthabenbasis und nach Arbeitslosigkeit einen neuen Arbeitsplatz gefunden. Herr Rother will nun seine Schulden zurückzahlen. Die Bank schreibt ihn an und fordert ihn auf, eine Rate von mindestens 250 DM monatlich zu zahlen. Die anderen Gläubiger stellen ebenfalls Ansprüche. Herr Rother überlegt Anfang 1997, ob er das Ratenangebot der A-Bank

annehmen soll. Wenn er die vorgeschlagene Rate bezahlt, so denkt er, hat er erst einmal Ruhe.

Diese Vorgehensweise klingt zwar bequem, ist aber zu kurz gedacht: Zunächst einmal sollte Herr Rother, bevor er mit der A-Bank Kontakt aufnimmt, prüfen, ob die Forderung und die verlangten Zinsen und Kosten überhaupt korrekt sind (siehe Abschnitt «Sind meine Schulden wirklich so hoch?», S. 136 f.).

Gehen wir davon aus, daß die Forderung stimmt. Als nächstes schaut Herr Rother in der Pfändungstabelle nach und stellt fest, daß er monatlich mit 108,30 DM pfändbar ist (sog. gesetzliche Zahlungsfähigkeit). Dies könnten also seine Gläubiger unter Zwang von ihm fordern.

Daraufhin will er noch überprüfen, welche Mittel er individuell zur «freien» Verfügung hat, das heißt zur Schuldenregulierung verwenden kann. Dies ermittelt er mit der Gegenüberstellung seiner Einnahmen und Ausgaben (vgl. S. 26 ff.). Hier stellt er fest, daß die Familie – solange seine Frau das Erziehungsgeld für Emma bekommt – über circa 500 DM frei verfügen kann. Allerdings ist schon jetzt absehbar, daß sich die Situation nach fünf Monaten ändern wird, wenn nämlich der Erziehungsgeldanspruch ausläuft. Zu diesem Zeitpunkt werden überhaupt keine «freien» Finanzmittel zur Schuldenregulierung mehr vorhanden sein. Seine individuelle Zahlungsfähigkeit liegt also dann noch unter der Pfändbarkeitsgrenze.

Das Angebot der A-Bank kann Herr Rother, selbst wenn er es wollte, nur maximal fünf Monate aus seinem frei verfügbaren Einkommen bezahlen. Danach wird er die Ratenzahlung kaum mehr in dieser Höhe weiterführen können, ohne weitere einschneidende Einsparungen beim Lebensunterhalt vornehmen zu müssen, und es besteht sogar die Gefahr, daß er in Kürze lebensnotwendige Zahlungen wie Miete oder Strom nicht mehr leisten kann.

Herr Rother wird nun noch prüfen, ob für ihn nicht auch der Verbraucherkonkurs ein geeigneter Weg zur Schuldenregulierung sein kann (s. S. 165 ff.). Er geht davon aus, daß er bei seiner neuen Firma einen sicheren Arbeitsplatz gefunden hat. Seine Frau wird jedoch wegen der kleinen Kinder in den nächsten Jahren kaum zur Verbesserung des Familieneinkommens beitragen können. Um sich genauer zu informieren, hat er deshalb bei der nächsten Schuldnerberatungsstelle einen Termin vereinbart.

2. Was Sie in der Verhandlung mit Gläubigern beachten sollten

Gläubiger sind zunächst einmal nur daran interessiert, daß ihre Forderung möglichst schnell, unkompliziert und vollständig zurückgezahlt wird. Dies ist ein legitimes Interesse der Gläubiger, kollidiert jedoch mit Ihrem Interesse daran, immer ausreichend zahlungsfähig zu bleiben. Sie sollten daher darauf achten, daß *zuerst* Ihr Existenzminimum gesichert ist und Sie *dann* mit angemessenen Raten und in einem überschaubaren Zeitraum Ihre Schulden zurückzahlen.

Aufgrund der widerstreitenden Interessen ist die Verhandlungsführung mit den Gläubigern nicht immer ganz einfach. Gläubiger wollen möglichst viel von Ihnen wissen, um ihre Betreibungschancen besser einschätzen zu können, während Sie Ihr Existenzminimum, Ihren Arbeitsplatz, Ihre Wohnung usw. sichern möchten.

Nachfolgend sind daher zwölf Grundsätze formuliert, die Sie in der Verhandlung mit Gläubigern beachten sollten, um Ihre Interessen zu wahren und nicht übervorteilt zu werden:

Checkliste 14: Grundsätze im Umgang mit Gläubigern

1. **Verhandlungen sind grundsätzlich schriftlich zu führen.** Mündliche Verhandlungen sollten, zu Ihrer Sicherheit, nachträglich schriftlich bestätigt werden. Die Schriftform erleichtert Ihnen die Beweisführung.
2. **Fordern Sie eine aktuelle Forderungsaufstellung an, aufgelistet nach Hauptforderung, Zinsen und Kosten.** Aus der Forderungsaufstellung muß der Forderungsverlauf nachvollziehbar sein. Hiermit haben sie dann die Möglichkeit, die Rechtmäßigkeit einzelner Forderungsbestandteile überprüfen zu können.
3. **Sind Sie zahlungsunfähig,** das heißt nicht pfändbar, **teilen Sie dies dem Gläubiger unverzüglich mit.**
4. Sie haben keine Auskunftspflicht gegenüber Ihren Gläubigern. Eine **Auskunftspflicht besteht für Sie nur bei der Abgabe einer eidesstattlichen Versicherung vor Gericht.**
5. Freiwillige Angaben über Ihre finanzielle wie berufliche Situation, die Sie Ihrem Gläubiger gegenüber machen, sollten korrekt sein.
6. **Trotzdem gilt: So wenig Informationen wie möglich.** Bei der Herausgabe von Informationen und Unterlagen sollten Sie grundsätzlich vorsichtig sein, da der Gläubiger diese Informationen auch gegen Sie benutzen kann.
7. Folgende Informationen sollten dem Gläubiger – bei Bedarf – zur Verfügung gestellt werden: Nettoeinkommen, unterhaltsberechtigte Personen, Anzahl der Gläubiger und Gesamtverschuldung. Informationen und Unterlagen über andere Gläubiger sollten dagegen dem/den Gläubigern grundsätzlich nicht gegeben werden.
8. Angaben über weitere Haushaltsangehörige – die nicht von den Schulden betroffen sind – sind ebenfalls grundsätzlich nicht mitzuteilen.
9. Bei Zusendung von Kopien Ihrer Gehaltsbescheinigungen sollten Sie die Angaben über den Arbeitgeber, die Kontonummer und Ihren Ehepartner schwärzen. Mit diesen Informationen könnte der Gläubiger sonst sofort entsprechende Zwangsvollstreckungsmaßnahmen einleiten lassen.

10. Unterschreiben Sie eine vom Gläubiger vorgelegte Ratenzahlungsvereinbarung erst nach rechtlicher Überprüfung, entweder durch einen Rechtsanwalt, eine Schuldnerberatungsstelle oder eine Verbraucherzentrale. In einer Ratenzahlungsvereinbarung können überhöhte Kosten und Zinsen und auch eine zusätzliche Abtretung versteckt sein. Mit Unterschrift erkennen Sie diese Kosten und Zinsen an.
11. **Ratenzahlungsvereinbarungen, die Sie mit Ihrem Gläubiger getroffen haben, sind einzuhalten.** Sollte sich Ihre finanzielle Situation zu Ihrem Nachteil verändert haben, so teilen Sie dies dem Gläubiger mit und bitten um Stundung der Ratenvereinbarung. Bedenken Sie, wenn Sie den Kopf in den Sand stecken, verschlechtert dies nur Ihre Verhandlungsposition für die Zukunft.
12. **Sichern Sie sich professionelle Hilfestellung durch seriöse Schuldnerberatung bei der Verhandlung mit Ihren Gläubigern.** Schuldnerberatung kann Ihnen bei der Ausarbeitung einer Verhandlungsstrategie behilflich sein. Für die Durchführung des Verbraucherkonkursverfahrens müssen Sie sich an sogenannte geeignete Stellen wenden, da diese dann den außergerichtlichen Einigungsversuch durchführen werden. «Geeignete Stellen» werden aller Voraussicht nach Schuldnerberatungsstellen sein (die Adressen erfahren Sie ab Mitte 1998 bei dem für Sie zuständigen Gericht).

3. Welche Verhandlungs- und Sanierungsmöglichkeiten gibt es?

Die Sanierung Ihrer Schulden erfordert planvolles Handeln gegenüber Ihren Gläubigern. Als erstes ist daher die grundsätzliche Sanierungsstrategie zu entscheiden:

1. Regulierung nur einzelner Forderungen, ohne eine Gesamtentschuldung anzustreben oder
2. Gesamtregulierung aller Schulden im Rahmen des Verbraucherkonkurses.

Regulierung einzelner Forderungen

Zwischen folgenden Verhandlungsmöglichkeiten können Sie hier je nach Situation wählen:

- **Stundung.** Stundung bedeutet, daß der Gläubiger die Beitreibung oder die Rückzahlung einer Forderung für einen vorherbestimmten Zeitraum aussetzt. Stundungen sind dann sinnvoll, wenn in absehbarem Zeitraum sich Ihre finanzielle Situation wieder stabilisiert, so daß Sie die Forderung zurückzahlen können (maximal 1 Jahr).
- **Ratenzahlung ohne weitere Vereinbarung.** Die Rückzahlung einer Forderung erfolgt in Raten. Hier ist die gesamte Forderung einschließlich Zinsen und Kosten zu begleichen. Diese Rückzahlungsvereinbarung ist dann zu wählen, wenn Sie ausreichend pfändbar sind und unbedingt eine Pfändung vermeiden wollen, da Sie sonst Probleme mit dem Arbeitgeber befürchten.
- **Ratenzahlungsvergleich.** Ein Vergleich sieht immer einen anteiligen Forderungsverzicht des Gläubigers vor. Beim Ratenzahlungsvergleich wird der vereinbarte Vergleichsbetrag in Raten beglichen. Hier gibt es zwei Möglichkeiten:

– **Festschreibung der Forderung mit ratenweiser Rückführung.** In diesem Fall verzichtet der Gläubiger auf die zukünftig anfallenden Zinsen.

Beispiel:

Die Forderung eines Gläubigers beträgt 5000 DM zuzüglich 250 DM Kosten und 500 DM Zinsen. Dies ergibt eine Gesamtforderung von 5750 DM. Diese Forderung wird festgeschrieben und in 23 Raten à 250 DM beglichen. Zukünftige Zinsen bleiben also unberücksichtigt.

– **Vergleich einer Forderung, die mit einer festgelegten Ratenanzahl und -höhe beglichen wird.** Hier verzichtet der Gläubiger nicht nur auf zukünftige Zinsen, sondern auch auf einen Teil der bereits bestehenden Forderung.

Beispiel:

Es besteht wie im obigen Beispiel eine Gesamtforderung von 5750 DM. Es werden aber nur 3750 DM in 15 Monatsraten à 250 DM zurückbezahlt.

Anzahl und Höhe der Raten sind Verhandlungssache und hängen von Ihrer Verhandlungssituation ab. Je älter die Forderung ist und je weniger Sie pfändbar sind (und sein werden), desto eher wird ein Nachlaß bei der Forderung erreicht werden können.

- **Vergleich (ohne Ratenzahlung).** Ein Vergleich (ohne Ratenzahlung) stellt einen Verzicht des Gläubigers auf einen Teil seiner Forderung bei sofortiger Bezahlung der Vergleichssumme dar. Bei einem Vergleich müssen Sie entweder selbst oder über dritte Personen, zum Beispiel Freunde, Verwandte, Arbeitgeber usw. über einen Betrag verfügen, der sofort an den Gläubiger bezahlt wird.

Beispiel:

Die Gesamtforderung des Gläubigers beträgt 7500 DM. Sie bieten dem Gläubiger eine einmalige Zahlung von 3000 DM an, wenn dieser dafür auf die Restforderung verzichtet. Mit der Zahlung ist dann der Vergleich erfüllt.

Ihr Gläubiger wird dann einem solchen Vergleich in Form einer Einmalzahlung zustimmen, wenn die Wahrscheinlichkeit relativ hoch ist, daß er seine Forderung gar nicht oder nur zu einem geringen Teil bzw. nur in einem sehr langen Zeitraum und mit großem Aufwand realisieren kann. Wenn Sie also über Jahre hinaus nicht oder nur ganz gering pfändbar sind und von dritter Seite (Freunde, Bekannte usw.) über einen zusätzlichen Betrag verfügen können, wächst die Bereitschaft beim Gläubiger, Ihnen einen Teil der Forderung zu erlassen.

Gesamtregulierung im Rahmen des Verbraucherkonkurses

Beim Verbraucherkonkursverfahren (s. S. 165 ff.) müssen Sie zuerst eine außergerichtliche Einigung mit **all** Ihren Gläubigern anstreben. Erst wenn dieser außergerichtliche Einigungsversuch gescheitert ist, können Sie das gerichtliche Verfahren beantragen. Wie eine solche Gesamtregulierung aussehen kann, wird im Abschnitt «Außergerichtlicher Einigungsversuch», S. 175 ff., genau beschrieben.

Tip: Lassen Sie sich von Schuldnerberatungsstellen und Verbraucherzentralen beraten, wenn Sie die Durchführung eines Verbraucherkonkursverfahrens beabsichtigen.

4. Ich bin nicht pfändbar, soll ich trotzdem verhandeln?

Wie sieht nun die Situation aus, wenn Sie nicht pfändbar sind? Das Gesetz schützt Sie als Schuldner und definiert durch die Pfändungsgrenzen das Existenzminimum, das Ihnen auf jeden Fall zur Verfügung stehen muß. Das «Sozialstaatsprinzip» unserer Verfassung, im Grundgesetz Artikel 20 und 28 verankert, verbietet quasi eine «Kahlpfändung». Wenn Ihr Einkommen unterhalb der Pfändungsgrenze liegt, sind Sie als zahlungsunfähig anzusehen und haben damit das Recht, die Rückzahlung Ihrer Schulden so lange zu verweigern, bis Sie wieder zu pfändbarem Einkommen gelangen.

Das Problem besteht jedoch darin, daß die Gläubiger in der Regel, obwohl Sie nicht pfändbar sind, versuchen, Sie weiter unter moralischen Druck zu setzen, und auf freiwillige Rückzahlung Ihrer Schulden dringen. Sie fordern von Ihnen die Zahlung von kleinen Raten, damit Sie Ihnen Ihre Zahlungswilligkeit beweisen. Nur braucht niemand, der zahlungsunfähig ist, einem Gläubiger nachweisen, daß er zahlungswillig ist. Zahlungswilligkeit ist nur dann von Bedeutung, wenn Sie sich absichtlich der Rückzahlung Ihrer Schulden entziehen. Davon ist so lange nicht auszugehen, wie Sie nur über ein Einkommen unterhalb der Pfändungsgrenze verfügen. Aus welchem Grund Sie solch ein geringes Einkommen verdienen, darüber sind Sie keinem Rechenschaft schuldig.

Deshalb sollten Sie sich genau überlegen, ob Sie aus Ihrem pfändungsfreien Einkommen «freiwillige» Zahlungen an Gläubiger leisten. Die Zahlungen, auch wenn sie noch so gering sind, verringern Ihr Existenzminimum, welches, wie der Name schon sagt, Ihre existentiellen Bedürfnisse wie Essen, Wohnen, Licht und Wärme absichern soll. Über die Pfändungsgrenze hinausgehende Zahlungen sollten Sie deshalb grundsätzlich erst einmal nicht leisten. Nur in begründeten Ausnahmefällen sollten Sie «freiwillige» Zahlungen über die Pfändungsgrenze hinausgehend vornehmen. Folgende Ausnahmefälle sind unter anderem vorstellbar:

1. Wenn Ihnen aufgrund einer besonders geringen Miete oder anderweitiger Unterstützung tatsächlich Mittel zur «freien» Verfügung stehen.
2. Wenn der Gläubiger mindestens einer Forderungsfestschreibung bzw. einer erheblichen Forderungsreduzierung zugestimmt hat.
3. Wenn es sich um eine Kleinstforderung handelt, zum Beispiel bis 500 DM, die in einem angemessenen Zeitraum von einem halben oder maximal einem Jahr zurückgezahlt werden kann.

Achtung: Ausgenommen von dem hier Gesagten sind Geldstrafen. Geldstrafen sind normalerweise in einem Betrag zu bezahlen. Es kann jedoch – auf Antrag – eine ratenweise Zahlung vom Gericht gewährt werden. Diese Raten sind selbstverständlich dann auch aus dem nichtpfändbaren Einkommensanteil zu zahlen.

5. Verhandlungsabschluß: Was muß ich beachten?

Beispiel:
Herr Rother hat mit dem O-Versand einen Ratenzahlungsvergleich mit 12 Raten à 100 DM vereinbart. Herr Rother zahlt alle Raten pünktlich; er bewahrt auch die Überweisungsbelege auf. Nachdem alle Zahlungen erledigt sind, hört er vom O-Versand nichts mehr. Ein halbes Jahr später schreibt das O-IK Inkassobüro, das die Forderung des O-Versandhauses übernommen hat, Herrn Rother an und fordert ihn auf, Raten zu zahlen, andernfalls würde man gegen ihn die Zwangsvollstreckung einleiten. Herr Rother ist überrascht, denn er dachte, die Angelegenheit sei erledigt. Gott sei Dank, denkt er sich, kann ich ja meine Zahlungen nachweisen.

Was hätte Herr Rother beachten sollen, damit so etwas nicht passiert? Herr Rother hätte sofort nach Erfüllung des Vergleichs, also nach Zahlung der letzten Rate, das O-Versandhaus anschreiben und die Herausgabe folgender Unterlagen bzw. Mitteilungen verlangen müssen:

1. Bestätigung der vollständigen Erfüllung des Vergleichs,
2. Zusendung des (entwerteten) Vollstreckungstitels,
3. Meldung an die Schufa bezüglich Erledigung der Forderung und gegebenenfalls
4. «Löschungsbewilligung» für das Schuldnerverzeichnis vom Gläubiger zur Vorlage am Amtsgericht. Dies ist jedoch nur notwendig, wenn dieser Gläubiger vorher von ihm eine eidesstattliche Versicherung verlangt hatte.

Eine Formulierungsvorgabe finden Sie im Musterbrief 7 (s. Anhang). Selbst wenn Herr Rother die Forderung korrekt bezahlt hat, der Gläubiger aber noch im Besitz des Vollstreckungstitels ist, kann der Gläubiger trotzdem weiter vollstrecken, und Herr Rother müßte gegen diese Zwangsvollstreckung klagen. Deshalb ist es für Sie ganz wichtig, daß Sie bei Begleichung – auch im Rahmen eines Vergleichs –, den Gläubiger sofort um den Vollstreckungstitel bitten bzw. (falls nicht vorhanden) um einen Erledigungsvermerk.

Wenn Sie den Erledigungsvermerk bzw. den Vollstreckungstitel in den Händen haben, erst dann können Sie sich sicher sein, daß diese Forderung tatsächlich erledigt ist.

Exkurs Schufa: Einmal abgestempelt, immer abgestempelt?

Jedes Geschäft mit Ihrer Bank, das auch nur im entferntesten etwas mit einer Kreditaufnahme zu tun hat, wird an die Schufa gemeldet und mit den dort vorhandenen Daten über Sie abgeglichen. Das fängt schon mit der Kontoeröffnung an, denn schon jetzt möchte die Bank gern wissen, ob Sie im Ernstfall, also zum Beispiel bei einer Kreditaufnahme, auch kreditwürdig sind.

Die Schufa ist die wichtigste Quelle, nach deren Auswertung Banken darüber entscheiden, ob Sie als Kunde ein Konto, einen Kredit oder eine der begehrten Plastikkarten wie ec- oder Kreditkarte bekommen.

Das Kürzel «Schufa» bedeutet «Schutzgemeinschaft für allgemeine Kreditsicherung» und stellt eine Art Register über jeden Bankkunden dar. Insbesondere werden Negativmerkmale wie Zahlungsverzug, Kreditkündigungen, Mahnverfahren oder eidesstattliche Versicherungen gespeichert. Die Daten werden drei Jahre nach dem Eintrag wieder gelöscht.

Damit Sie nun nicht völlig schutzlos dastehen – denn wer weiß schon, was an die Schufa gemeldet wird, ohne daß er darauf Einfluß nehmen kann –, haben Sie das Recht, die Berichtigung von falschen Einträgen zu verlangen. Erfahren werden Sie von solchen «Irrtümern» spätestens dann, wenn Ihnen Ihre Bank einen Kredit verweigert, ohne daß es dafür einen ersichtlichen Grund gibt. Gegen eine Gebühr von 15 DM können Sie bei Ihrer örtlichen Schufa die Daten abfragen, die über Sie gespeichert sind. Die Anschrift hierfür finden Sie im anhängenden Adressenverzeichnis.

Das Verbraucher-insolvenzverfahren

1. Auch bisher gab es schon ein Konkursverfahren

Schon seit 1877 gibt es in Deutschland eine Konkursordnung. Wegen der hohen Kosten wurde sie allerdings im wesentlichen von gewerblichen und nicht von privaten Schuldnern genutzt.

Fand sich doch einmal ein privater Schuldner, der Konkurs anmeldete, mußte dieser einen entsprechenden Antrag beim zuständigen Gericht stellen, woraufhin das Konkursverfahren durchgeführt wurde. Ergebnis war die Verwertung des noch vorhandenen Vermögens. An dem Erlös wurde jeder Gläubiger entsprechend seiner Quote an den Schulden beteiligt. Der Erlös ist erfahrungsgemäß sehr gering (sonst wäre der Schuldner ja nicht in Konkurs gegangen) und liegt meist nur bei wenigen Prozent der Gesamtforderung.

Beispiel:
Die Schulden von Familie Rother belaufen sich Ende 1997 auf insgesamt etwa 28000 DM. Hätte sie – was nicht zu empfehlen ist – Konkurs nach dem alten Recht beantragt und würde die Quote nach Verwertung des Vermögens beispielsweise 2 Prozent betragen, erhielten alle Gläubiger zusammen 560 DM, jeder einzelne Gläubiger bekäme 2 Prozent seiner Forderung zurück. Was aber geschähe mit den restlichen 27440 DM?

Der wichtigste Unterschied zwischen altem Konkursrecht und neuem Verbraucherinsolvenzverfahren besteht darin, daß nach altem Recht die restlichen Forderungen, die durch das Konkursverfahren nicht beglichen werden konnten, nicht etwa erlassen wurden, sondern in voller Höhe bestehenblieben. Die Gläubiger konnten auch weiterhin mit bösen Briefen, über Eintreiber oder in sonstiger Form auf Zahlung ihrer Forderung durch den Schuldner bestehen.

Fazit: Dem Privatschuldner würden bei einem Verfahren nach altem Konkursrecht im wesentlichen Kosten entstehen; seine Schulden würde er dadurch nicht los. Anders als für eine GmbH, die aufgelöst werden und dann unter neuem Namen wieder aufmachen kann, besteht für einen privaten Schuldner keine Möglichkeit, sich als Person «aufzulösen». Er bleibt den Inkassoversuchen seiner Gläubiger unverändert 30 Jahre lang ausgesetzt. Warum also sollten Sie ein solches Konkursverfahren anstrengen, selbst wenn Sie in der Lage wären, die Kosten dafür aufzubringen? Es gibt keinen Grund.

In den neuen Bundesländern ist die Situation nur theoretisch, nicht aber praktisch anders: Dort trat 1990 die sogenannte Gesamtvollstreckungsordnung in Kraft. Diese befreit den Schuldner ebensowenig von seinen Schulden wie die Konkursordnung der alten Bundesländer. Eine gewisse Erleichterung ergibt sich immerhin aus der Tatsache, daß das Einkommen des Schuldners nach Durchführung des Gesamtvollstreckungsverfahrens nur noch dann pfändbar sein soll, wenn es so hoch ist, daß er daraus «neues Vermögen» bilden könnte. Es besteht also ein günstigerer Vollstreckungsschutz.

Was dies im Einzelfall bedeutet, ist im Gesetz nicht definiert. Es spricht einiges dafür, daß der dem Schuldner verbleibende Betrag höher sein soll als das pfändbare Einkommen; eine genaue Festlegung gibt es aber nicht. Große praktische Bedeutung für den Privatschuldner konnte jedoch auch das Gesamtvollstreckungsverfahren nicht gewinnen, denn auch bei diesem Verfahren sind die Verfahrenskosten, für die der Schuldner aufkommen muß, immens.

2. Völlig neu ab 1999: Schuldenbefreiung bei Zahlungsunfähigkeit

Die Zahl von über zwei Millionen überschuldeten Haushalten in Deutschland hat den Gesetzgeber dazu bewogen, die geltenden, nicht sehr effektiven Gesetze zu ändern: Wer zu tief in seine Schulden verstrickt ist, zieht sich oft aus seiner gesellschaftlichen und sozialen Verantwortung zurück, trägt nicht mehr zum Bruttosozialprodukt bei, zahlt keine Steuern und verursacht meist hohe Kosten für die Sozialkassen, ganz zu schweigen von der menschlich schwierigen Situation, die jahrelange Überschuldung für den Schuldner und seine Angehörigen mit sich bringt!

Daher wurde nach langen Diskussionen als spezieller Teil der Insolvenzordnung das sogenannte Verbraucherinsolvenzverfahren für Verbraucher und Kleingewerbetreibende entwickelt, das am 1. Januar 1999 in Kraft tritt.

Wichtigstes Ziel ist es, daß die Schuldner am Ende des neuen Verfahrens vollständig von ihren Schulden befreit werden.

Was für den Schuldner ein Segen sein soll, bedeutet umgekehrt für die Gläubiger, daß sie ihre Forderungen bis auf einen geringen Teil, den sie noch zurückerhalten, langfristig abschreiben müssen. Dies mag mancher für ungerecht halten, doch im Grunde entspricht das neue Verfahren nur dem bestehenden Zustand: Auch wenn es ein solches Verfahren nicht gäbe, würden die Gläubiger kaum einen nennenswerten Teil ihrer Forderungen erhalten, da das Einkommen des Schuldners zur vollständigen Rückzahlung meist nicht ausreicht. Durch das neue Verfahren haben die Gläubiger nun die Möglichkeit, über einen geregelten Zahlungsplan zumindest einen Teil ihrer ausstehenden Forderungen zu erhalten. Darüber hinaus können sie die bisher überschuldeten Verbraucher auch wieder als neue Bank- oder Versandhauskunden gewinnen.

3. Vierstufiges Verfahren

Beim Verbraucherinsolvenzverfahren handelt es sich um ein vierstufiges Verfahren. Es beginnt zwingend mit einem
«**außergerichtlichen Einigungsversuch zwischen Schuldner und Gläubigern**».
Scheitert dieser Versuch, muß das von einer geeigneten Stelle bescheinigt werden. Nächster Schritt im Verfahren ist der
«**gesetzliche Schuldenbereinigungsplan**».
Dies ist ein zweiter Einigungsversuch, der mit Hilfe der Autorität des Gerichts und des Gesetzes durchgesetzt werden soll. Scheitert auch dieser Versuch, kommt es im dritten Schritt zum
«**vereinfachten Insolvenzverfahren**»,
in dessen Verlauf das eventuell vorhandene Vermögen des Schuldners verwertet wird. Im vierten und letzten Schritt schließt sich die
«**Wohlverhaltensperiode mit Restschuldbefreiung**»
an, die sieben Jahre, für Altfälle (siehe Abschnitt «Altfall», S. 207 f.) fünf Jahre dauert. Schafft es der Schuldner, über die gesamte Periode ordnungsgemäß den vom Gericht angesetzten, pfändbaren Teil seines Einkommens an einen Treuhänder abzuführen, wird er am Ende per Gerichtsbeschluß von seinen restlichen Schulden befreit.

Ziel dieses neuartigen Verfahrens ist es, jedem Überschuldeten eine reelle Chance zu geben, einen sozialen und wirtschaftlichen Neuanfang ohne Schulden unternehmen zu können. Dafür muß er aber unter Beweis stellen, daß er aktiv und kontinuierlich am Abbau seiner Schulden mitarbeitet. Dieser Beweis wird dadurch erbracht, daß er bestimmte festgelegte Zahlungsverpflichtungen über die gesamte Periode, also ganze sieben Jahre, ohne Unregelmäßigkeiten durchhält.

Abbildung 6: Verbraucherinsolvenzverfahren. Ablauf und Stufen (vereinfachte Darstellung)

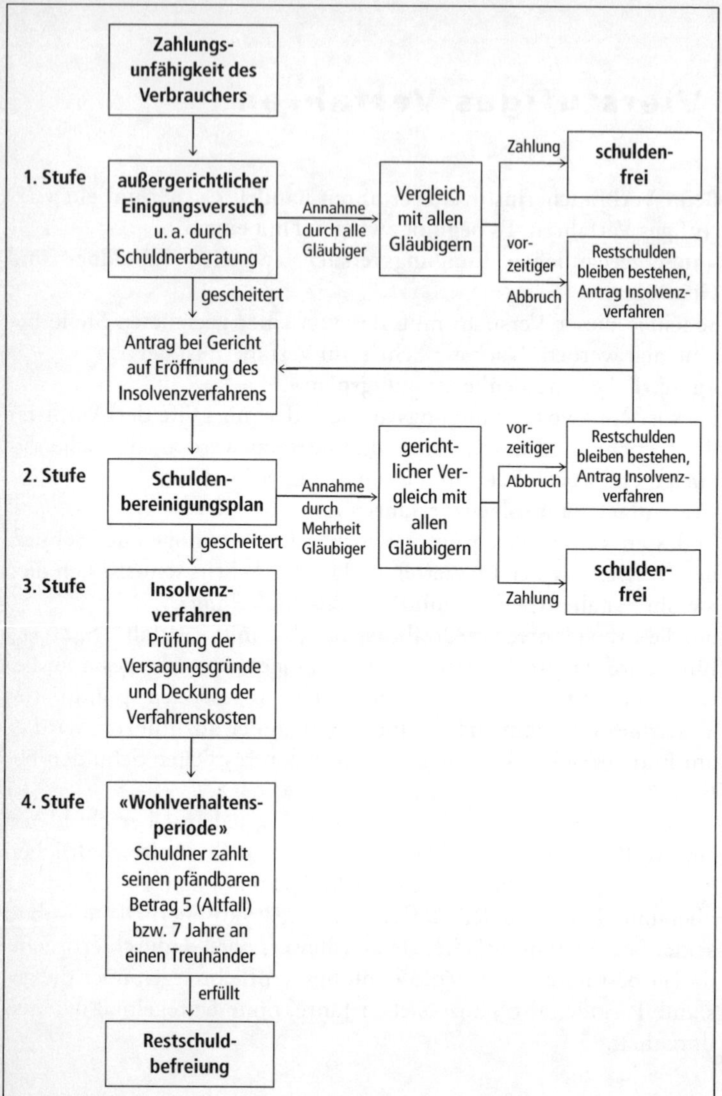

Beispiel

Herr Rother nimmt an einer Informationsveranstaltung zur neuen Verbraucherinsolvenzordnung teil. Nach den Ausführungen des Vortragenden meldet er sich etwas unsicher zu Wort: «Bei mir ist sowieso kaum etwas zu holen, da ich mit meinem Einkommen gerade meine Familie ernähren kann. Warum muß ich dann so ein langes Verfahren durchlaufen? Im Grunde könnte so eine Restschuldbefreiung doch auch sofort erteilt werden.»

Abwegig ist dieser Gedanke nicht. In den USA wird eine solche Möglichkeit als sogenannter fresh start, als sofortiger Neubeginn, angeboten. Das deutsche Recht ist hier jedoch strenger.

- Zum einen will es nur einem redlichen Schuldner die «Wohltat» der Schuldenbefreiung zukommen lassen. Deshalb sind an das Verfahren so harte Voraussetzungen geknüpft wie die siebenjährige Abtretung des pfändbaren Einkommens an einen Treuhänder. Gleichzeitig ist der Schuldner verpflichtet, sich um «zumutbare Arbeit» zu bemühen.
- Zum anderen sollen die Gerichte, die ja auch die Voraussetzungen für einen «fresh start» prüfen müßten, so wenig wie möglich belastet werden. Im deutschen Recht muß daher zunächst eine außergerichtliche Einigung zwischen Gläubigern und Schuldnern versucht werden.

In den folgenden Kapiteln erfahren Sie, was es für Sie im einzelnen bedeutet, das neue Verfahren in Anspruch zu nehmen.

4. Das schaffe ich allein nie ...

Lassen Sie sich durch vielleicht kompliziert klingende Begriffe nicht dazu verleiten, auf die Möglichkeiten des neuen Verfahrens zu verzichten. Sie können dabei kostenlos auf die professionelle Hilfe von Schuldnerberatungsstellen zurückgreifen, die Sie unbedingt nutzen sollten. Mehr dazu erfahren Sie im Kapitel «Schuldnerberatung», S. 214 ff.

Wenden Sie sich aber nicht erst dann an eine Beratungsstelle, wenn Sie selbst erfolglos versucht haben, mit Ihren Gläubigern zu verhandeln. Bei den Schuldnerberatungseinrichtungen der Wohlfahrtsverbände, also zum Beispiel der Diakonie, Caritas, des Paritätischen Wohlfahrtsverbands oder der Arbeiterwohlfahrt sowie denen der Kommunen und der Verbraucherzentralen finden Sie Berater, die jahrelange Erfahrung im Umgang mit Schuldnern haben – auch mit Ihren Problemen. Diese Berater können mit Ihnen zusammen individuelle Zahlungspläne zum Vergleichsverfahren entwickeln, mit Gläubigern verhandeln und Ihnen auch allgemein umfassend zur Seite stehen. Sind Sie bereit und in der Lage dazu, einen Verbraucherkonkurs nach der neuen Ordnung durchzuführen, werden Sie hier auch kompetente Begleitung durch das gesamte, langjährige Verfahren finden!

Nachdem Sie mit einer Schuldnerberatungsstelle Kontakt aufgenommen haben, sollen Sie zunächst alles versuchen, um mit Hilfe der Berater einen angemessenen (außergerichtlichen) Vergleich aufzustellen, den Sie Ihren Gläubigern vorlegen können. Können Sie auf diesem Wege bereits Einigkeit erzielen, haben Sie meist schon die beste der für Sie in Frage kommenden Lösungen erreicht. Damit die Beratungsstelle einen solchen Vergleichsplan aufstellen kann, der auch für Ihre Gläubiger eine akzeptable Lösung bietet, ist sie auf Ihre aktive Mithilfe angewiesen: Sie müssen zunächst von sich aus alle Angaben über die Gläubiger zusammentragen. Dann können Sie diese zusammen mit Ihrer Schuldnerberatungsstelle anschreiben, um den aktuellen Stand der jeweiligen Forderung zu erfragen. Außerdem sind Sie in der Pflicht, Ihr Einkommen und Ihre Ausgaben realistisch einzuschätzen, damit nicht ein Vergleich abgeschlossen wird, den Sie später über die lange Laufzeit gar nicht durchhalten können (siehe Kapitel «Schuldenmanagement I», S. 26 ff.).

Tip: Nutzen Sie Ihre Chance! Scheuen Sie sich nicht, eine Beratungsstelle aufzusuchen: Diese Stellen wurden eingerichtet, um Sie zu unterstützen. Arbeiten Sie möglichst eng und vertrauensvoll mit Ihrem Berater zusammen. Vielleicht haben Sie schon über einen längeren Zeitraum Rechnungen, Schreiben von Gläubigern und Inkassoeintreibern ignoriert. Wenn Sie wirklich etwas verändern wollen, muß es mit der Kopf-in-den-Sand-Taktik jetzt vorbei sein. Die Anstrengung lohnt sich!

5. Voraussetzung für das Verfahren: Zahlungsunfähigkeit

Wenn Sie daran denken, als Verbraucher Konkurs zu beantragen, ist zunächst zu klären, ob Sie auch die Voraussetzung dafür erfüllen. Das bedeutet zunächst, daß Sie zahlungsunfähig sein müssen. Nicht jeder, der Schulden hat, ist gleichzeitig auch zahlungsunfähig: **Zahlungsunfähig sind Personen, die nicht in der Lage sind, ihren fälligen Verpflichtungen nachzukommen.**

Das bedeutet nicht, daß Sie erst dann zahlungsunfähig sind, wenn Sie überhaupt keine Raten mehr an Ihre Gläubiger zahlen können. Es geht vielmehr darum, daß Ihr Einkommen nicht ausreicht, um *alle* Ratenzahlungsverpflichtungen zu erfüllen.

Beispiel:

Solange Herr Rother allen Ratenzahlungsverpflichtungen nachkommen kann, ist er noch nicht zahlungsunfähig. Zu dem Zeitpunkt aber, zu dem sein Einkommen nicht mehr ausreicht, um die monatlichen Raten für den Bankkredit oder den O-Versand pünktlich zu überweisen, wird man ihn als zahlungsunfähig einstufen müssen.

6. Außergerichtlicher Einigungsversuch: Wie funktioniert er?

Bevor Sie einen «Antrag auf Durchführung des Verbraucherinsolvenzverfahrens» beim zuständigen Insolvenzgericht stellen können, müssen Sie in den sechs Monaten vor Antragstellung auf der Grundlage eines Plans versuchen, sich mit all Ihren Gläubigern außergerichtlich zu einigen. Dies schreibt das Gesetz ausdrücklich vor (§ 305 InsO).

Formvorschriften gibt es dafür nicht. Sie können sich mit Ihren Gläubigern auf jede Bedingung einigen, mit der alle Parteien einverstanden sind. Ein Vergleich kann jede Zahlung zwischen 100 Prozent und 0 Prozent der Forderung enthalten, er kann sofortige und einmalige Zahlung oder Ratenzahlungen vorsehen, er kann große Forderungen hintanstellen, so daß zunächst Gläubiger mit kleineren Forderungen befriedigt werden und so weiter. Ihrer Phantasie sind keine Grenzen gesetzt. Auf einige wichtige Punkte sollten Sie dabei allerdings achten:

Tips zur Vereinbarung einer außergerichtlichen Einigung:

- Versuchen Sie, Geld von Verwandten oder Freunden für eine größere einmalige Zahlung zu mobilisieren. Eine solche Einmalzahlung können Sie Ihren Gläubigern im Vergleichswege anbieten, auch wenn es sich im Verhältnis zu Ihren gesamten Schulden um einen relativ geringen Betrag handelt. Oft sind Gläubiger im Gegenzug dafür, daß sie sofort einen Teil ihrer Forderung erhalten, durchaus bereit, ihre Forderungen insgesamt erheblich zu senken.
- Versuchen Sie bei einer Ratenzahlungsvereinbarung möglichst, flexible Pläne abzuschließen, die auch dann noch funktionieren, wenn Sie arbeitslos werden oder sich bei Ihnen Nachwuchs ankündigt. Eine Möglichkeit hierzu bietet die Zahlungsvereinba-

rung über einen prozentualen Anteil am pfändbaren Einkommen. Diese Regelung ist für Sie günstiger als eine feste Rate, da sich der pfändbare Anteil Ihres Einkommens nach Ihrer Lebenssituation bemißt.

Ihr Gläubiger wird sich auf eine solche Regelung sicher nur dann einlassen, wenn Sie ihm gleichzeitig über Ihre Gehaltsnachweise Gelegenheit geben, Ihr Einkommen zu überprüfen. Zögert er, eine solche Klausel zu unterschreiben, überzeugen Sie ihn damit, daß er auf jeden Fall dann einen Vorteil hat, wenn sich Ihr Gehalt erhöht: In diesem Fall erhält er entsprechend mehr!

- Seien Sie sorgfältig bei der Zusammenstellung Ihrer Gläubigerliste: Bemühen Sie sich darum, für einen Vergleichsversuch die Gläubiger möglichst vollständig zu erfassen, damit Ihr Schuldnerberater diese anschreiben und dazu auffordern kann, ihre Forderungen zu beziffern.

  Haben Sie einen Gläubiger nämlich nicht auf Ihrer Liste erfaßt und hatte dieser daher keine Möglichkeit, sich an den Vergleichsverhandlungen zu beteiligen, ist der Vergleich für ihn nicht gültig. Dies hätte für Sie die unangenehme Folge, daß die Forderung des «vergessenen» Gläubigers in vollem Umfang gegen Sie bestehen bleibt, auch wenn Sie sich mit allen anderen Gläubigern erfolgreich einigen konnten. Hier haben Sie dann weitere Zwangsvollstreckungsversuche zu befürchten, die den ganzen Zahlungsplan scheitern lassen können!
- Schließen Sie keine Vergleiche ab, die über einen längeren Zeitraum als fünf Jahre laufen: Machen Sie sich und Ihren Gläubigern klar, wie schwierig es ist, an der Grenze des Existenzminimums zu leben. Sorgen Sie dafür, daß der Ihnen während dieser Zeit monatlich verbleibende Betrag tatsächlich zum Leben ausreicht.
- Statt an die nach Tabelle pfändbaren Beträge anzuknüpfen, können Sie natürlich auch versuchen, Ihren Gläubigern einen herabgesetzten pfändbaren Betrag nach § 850f ZPO anzubieten. Sie erinnern sich? Hier ging es darum, daß bei Ihnen nur ein geringerer Betrag pfändbar ist, weil Ihr Einkommen sonst nicht zum Leben ausreicht. Bei einer außergerichtlichen Einigung kann zwar das Gericht nichts bestimmen, aber Sie können mit einer entsprechenden Erklärung des Sozialamts über das für Sie festgestellte Existenzminimum trotzdem versuchen, Ihre Gläubiger zur Ak-

zeptanz niedrigerer Beträge zu bewegen (siehe Abschnitt «Erhöhung der Pfändungsfreigrenzen», S. 138 ff.).

- Versuchen Sie, kleinere Forderungen mit Einmalzahlungen vorrangig abzulösen, um monatliche «Kleckerbeträge» zu vermeiden.
- Vereinbaren Sie für den Fall, daß der Vergleich später scheitern sollte, weil Sie zum Beispiel nicht in der Lage sind, die vereinbarten Raten pünktlich zu zahlen, eine Klausel, wonach Ihnen für jedes Jahr der ordnungsgemäßen Erfüllung ein entsprechender Teil Ihrer Schulden erlassen wird. Sie fangen sonst bei einer Kündigung des Vergleichs durch den Gläubiger wieder völlig von vorn an! Hierfür ein Formulierungsvorschlag: «Im Falle der Kündigung wird dem Schuldner für jedes Jahr der vollständigen und rechtzeitigen Zahlung der jeweils fälligen Beträge aus dem außergerichtlichen Vergleich ein Bruchteil der Gesamtforderungen erlassen, der diesem Jahr im Verhältnis zur Gesamtlaufzeit des Vergleichs entspricht.»

Nützt Ihnen das neue Verbraucherinsolvenzverfahren auch schon für jetzige Vergleichsverhandlungen?

Beispiel:
Herr Rother wundert sich: «Für einen Vergleich brauche ich doch kein neues Insolvenzverfahren. Den konnte ich doch bisher auch schon abschließen!»

Da hat Herr Rother vollkommen recht. Auch bisher gab es schon die Möglichkeit, außergerichtliche Vergleiche abzuschließen. Das neue Insolvenzverfahren setzt aber neue Rahmenbedingungen für Verhandlungen. Die Gläubiger müssen nämlich damit rechnen, daß ein Schuldner, wenn sie sich nicht auf eine freiwillige Einigung einlassen, auch ohne ihr Einverständnis nach spätestens sieben Jahren von seinen Schulden befreit wird und sie damit alle weiteren Forderungen von vornherein abschreiben können. Dies wird die Gläubiger hoffentlich stärker als bisher dazu bewegen, einen außergerichtlichen Vergleich einzugehen.

Sie können das Verbraucherinsolvenzverfahren also schon im Jahr 1998 vorwegnehmen und Ihren Gläubigern eine Summe anbieten, die den Abtretungsbeträgen der sieben- oder fünfjährigen Wohlverhaltensperiode entspricht. Hierbei sollten Sie berücksichtigen, daß die Gläubiger den vereinbarten Betrag früher bekommen, als wenn sie auf das Verbraucherinsolvenzverfahren warten würden. Insofern ist also sogar noch ein Abschlag von der Schuldforderung für die frühe Regulierung denkbar.

Scheitern Ihre außergerichtlichen Verhandlungen aber und wollen Sie das Verbraucherinsolvenzverfahren durchführen, darf das Scheitern maximal sechs Monate vor Antragstellung liegen, d.h. frühestens am 1. 7. 1998 für einen Antrag am 1. 1. 1999.

Was kann ich meinen Gläubigern realistischerweise anbieten?

Checkliste 15: Planen Sie sorgfältig!

1. Wie hoch sind Ihre Schulden bei welchen Gläubigern? (S. 136 f.)
2. Wieviel können Sie monatlich auf Dauer erübrigen, wenn Sie in einem Haushaltsplan Einkommen und Ausgaben gegenübergestellt haben? Seien Sie hier sich selbst gegenüber absolut ehrlich! Zu hohe oder zu niedrige Schätzungen können einen Vergleich erheblich gefährden. (S. 26 ff.)
3. Was können und wollen Sie Ihren Gläubigern in welcher Form anbieten?
4. Wer kann Ihnen bei den Vergleichsverhandlungen helfen? (S. 214 ff.)

Beispiel: Fester Ratenvergleich

Herr Rother hat zum 30. 6. 1998 folgende Schulden

• A-Bank Kredit(Abtretung)	20000 DM
• A-Bank Kontoüberziehung	4800 DM
• O-Versand	2300 DM
• K-Versand	900 DM
• M-Einkaufsmarkt	2400 DM
Gesamtsumme	**30400 DM**

Wenn man davon ausgeht, daß Herr Rother vor 1997 zahlungsunfähig gewesen ist, beträgt die Wohlverhaltensperiode nur fünf Jahre. Ein außergerichtlicher Einigungsversuch sollte dann eine maximale Laufzeit von ebenfalls fünf Jahren vorsehen. Die A-Bank verfügt über eine Abtretung und kann somit zwei Jahre vorrangig den vollen pfändbaren Betrag verlangen (s. Abschnitt «Lohnabtretungen», S. 210 ff.). Sie ist demnach gegenüber den anderen Gläubigern auf jeden Fall besser zu stellen.

Wenn man weiter davon ausgeht, daß das pfändbare Einkommen von Herrn Rother sich nicht verändert, kann man von einer monatlichen Pfändung von 108,30 DM ausgehen und einer Pfändung von 306,30 DM im Monat November wegen des höheren Weihnachtsgeldes. Dies ergibt einen jährlichen Pfändungsbetrag in Höhe von 1497,60 DM, der zur Verteilung an die Gläubiger zur Verfügung stehen könnte.

Die ersten beiden Jahre bekommt die A-Bank den gesamten pfändbaren Betrag, was bedeutet, daß der A-Bank mindestens 2995,20 DM zur Verfügung gestellt werden müssen. Die restlichen drei Jahre werden dann – je nach Anteil an der Gesamtforderung – auf alle Gläubiger verteilt. Die Quoten sehen folgendermaßen aus:

A-Bank (20000 DM + 4800 DM)	81,5 %
O-Versand (2300 DM)	7,6 %
K-Versand (900 DM)	3,0 %
M-Einkaufsmarkt (2400 DM)	7,9 %

Dann würden sich – gerundet – folgende jährliche Verteilungsbeträge für drei Jahre ergeben:

A-Bank (1221 DM × 3)	3663 DM
O-Versand (114 DM × 3)	342 DM
K-Versand (45 DM × 3)	135 DM
M-Einkaufsmarkt (118 DM × 3)	354 DM

Die A-Bank würde in einem Verbraucherkonkursverfahren inklusive der Abtretungsbeträge ungefähr 6658 DM (3663 + 2995 DM) ab Beginn der Wohlverhaltensperiode erhalten.

Herr Rother kann nun jedem Gläubiger – entsprechend seiner Quote – eine Ratenzahlung für maximal fünf Jahre anbieten. Aufgrund des geringen monatlichen Pfändungsbetrags kann er eine jährliche Zahlung am Ende des Jahres anbieten. Herr Rother muß aber dann den jeweiligen monatlichen Pfändungsbetrag ansparen, will er am Ende des Jahres an alle Gläubiger die jeweiligen Summen überweisen. Das Ansparen kann er auf einem extra Konto machen oder seinen Arbeitgeber um Einbehaltung des pfändbaren Betrages bitten, so daß mit dem einbehaltenen Gehaltsteil die Überweisungen getätigt werden können.

Sie sehen an diesem Beispiel, daß der außergerichtliche Einigungsversuch mit allen Gläubigern einen genauen Plan, wie die Schulden zu begleichen sind, vorsieht. Weiter ist dann nicht nur die Höhe, sondern auch die Art der Ratenzahlung zu bestimmen.

Haben Sie Zweifel, ob Sie die Ratenzahlungen tatsächlich über einen so langen Zeitraum in voller Höhe leisten können, ist es günstiger, einen flexiblen Plan zu vereinbaren. Dies gilt unbedingt auch für den Fall, daß Sie Ihren Gläubigern aktuell überhaupt keine Zahlungen anbieten können. Denn welcher Gläubiger wird sich schon damit einverstanden erklären, daß Sie ihm über fünf oder sieben Jahre monatlich 0 DM als feste Rate zahlen?

Beispiel: Flexibler Ratenvergleich

Herr Rother überlegt sich, daß es angesichts seines noch nicht lange bestehenden Arbeitsverhältnisses nicht sicher ist, ob er eine feste Rate auch wirklich über den gesamten vereinbarten Zeitraum durchhalten kann. Es gelingt ihm, seine Gläubiger davon zu überzeugen, daß ein flexibler Plan für sie den Vorteil hat, daß sie auch an späteren Einkommenserhöhungen teilhaben. Im Vertrag wird folgende Regelung getroffen:
«Der Gläubiger erhält während der Laufzeit des Vergleichs × Prozent (gemäß der Quote an den Gesamtforderungen) des jeweils pfändbaren Einkommens.»

Im Gegenzug für das Entgegenkommen seiner Gläubiger verpflichtet sich Herr Rother, regelmäßig seine Einkommensbescheide vorzulegen. Damit konnte Herr Rother einen stabilen Vergleich vereinbaren, den er über die gesamte Laufzeit sicher aufrechterhalten kann, da ihm stets ausreichend Geld zum Leben bleibt, auch wenn sich seine Lebensumstände weiter verschlechtern sollten. Die Wahrscheinlichkeit, daß er die «Wohlverhaltensperiode» übersteht, ist damit sehr hoch.

Haben Sie die Möglichkeit, bei Verwandten oder Freunden doch noch eine größere Summe zu bekommen, überlegen Sie, ob Sie Ihren Gläubigern nicht eine Einmalzahlung anbieten können. Selbst wenn Ihnen diese gering erscheint, schlagen Ihre Gläubiger vielleicht trotzdem ein, weil ihnen der Spatz in der Hand lieber ist als die Taube auf dem Dach. Ein Versuch lohnt sich!

Beispiel:
Vielleicht kann Frau Rother auch ihre vermögende Tante, die ihr schon den Teppich geliehen hat, dazu bewegen, ihr Geld zu leihen, damit die Familie auf einen Schlag von ihren Schulden loskommt. Da die Gläubiger dann den Vergleichsbetrag als Einmalzahlung bekommen würden, könnte die Summe etwas niedriger ausfallen als bei einer monatlichen Ratenzahlung. Versuchen könnte Familie Rother es zum Beispiel mit etwa 7000 DM insgesamt (statt bei Ratenzahlung mit rund 7448 DM).

Wenn es Ihnen oder Ihrem Schuldnerberater gelingt, alle Gläubiger von dem vorgelegten Vergleichsvorschlag zu überzeugen, haben Sie hervorragende Arbeit geleistet und können erst einmal tief durchatmen: Es gibt Licht am Ende des Tunnels!

Wenn Sie diesen Vergleich über die vorgesehene Laufzeit und mit den vorgesehenen Raten durchhalten, haben Sie es geschafft: Sie sind Ihre Schulden los! Da ein Vergleich juristisch ein sogenannter Erlaßvertrag ist, bedeutet dies, daß Sie bei erfolgreichem Durchhalten von Ihren Restschulden befreit werden.

Bescheinigung durch geeignete Stelle

Aber auch wenn die außergerichtliche Einigung nicht klappt, ist – dank des neuen Verfahrens – noch lange nichts verloren. Endlich sind Sie nicht mehr allein auf das Entgegenkommen Ihrer Gläubiger angewiesen, sondern können selbstbewußt auftreten und mit den Möglichkeiten des neuen Verfahrens pokern!

Um den nächsten Verfahrensschritt einzuleiten, müssen Sie das Scheitern des Einigungsversuchs durch Bescheinigung einer «geeigneten Stelle» oder «geeigneten Person» nachweisen. Wichtig dabei ist, daß Sie nach Erhalt dieser Bescheinigung nicht länger als ein halbes Jahr bis zum Antrag auf Restschuldbefreiung bei Gericht warten (§ 305 InsO), denn sonst müssen Sie noch einmal neu verhandeln. Das Gesetz fordert hier einen «engen zeitlichen Zusammenhang» zwischen gescheitertem außergerichtlichem Vergleich und Einleiten des Insolvenzverfahrens.

Tip: Erkundigen Sie sich daher bereits im Zuge des außergerichtlichen Einigungsversuchs bei Ihren örtlichen Schuldnerberatungsstellen oder bei den Amtsgerichten, welche Stellen als «geeignet» zur Erstellung einer Bescheinigung über das Scheitern anerkannt sind, und lassen Sie sich dort beim Einigungsversuch helfen. Warten Sie damit nicht, bis Ihre eigenen Bemühungen um eine Einigung mit den Gläubigern fruchtlos verlaufen sind.

Im wesentlichen werden die Schuldnerberatungsstellen der Wohlfahrtsbehörde, Kommunen und Verbraucherzentralen als «geeignete Stellen» zur Bescheinigung eines gescheiterten Vergleichsversuchs anerkannt sein.

Daneben wird es auch sogenannte geeignete Personen geben, zum Beispiel Rechtsanwälte, Notare oder Steuerberater.

Fazit: Erster Schritt im Verbraucherinsolvenzverfahren

- Wenn Sie feststellen, daß Sie Ihre Schulden nicht mehr bewältigen können, suchen Sie nach einer Schuldnerberatungsstelle, die als «geeignet» anerkannt ist. Versuchen Sie nicht, allein mit Ihren Gläubigern zu verhandeln, wenn Sie sich nicht sicher sind, wie Sie genau vorgehen müssen.
- Lassen Sie sich nicht mit kommerziellen Schuldenregulierern ein; dort wird Ihnen – gegen Zahlung eines entsprechenden Honorars – viel versprochen und in aller Regel nichts gehalten! Beachten Sie dazu auch unsere Hinweise im Abschnitt «Gewerbliche Schuldenregulierer», S. 218 ff.
- Lassen Sie sich von Wartezeiten nicht abschrecken: Viele Leidensgenossen von Ihnen hoffen ebenfalls auf den Verbraucherkonkurs!
- Arbeiten Sie aktiv mit Ihrem Berater zusammen: Seien Sie offen und realistisch, was Ihre Schuldensituation und die Möglichkeit von Zahlungen angeht.

- Lassen Sie sich bei einem eventuellen Scheitern der außergerichtlichen Verhandlungen eine Bescheinigung über den gescheiterten Versuch ausstellen. Dann können Sie – zusammen mit Ihrem Schuldnerberater – den nächsten Schritt des Verbraucherinsolvenzverfahrens bei Gericht angehen.

7. Zweiter Versuch: Der gerichtliche Schuldenbereinigungsplan

Haben Sie die Bescheinigung über das Scheitern in der Tasche, folgt nach der Antragstellung auf Restschuldbefreiung bei Gericht der zweite Versuch einer einvernehmlichen Lösung, diesmal mit Hilfe des Gerichts.

Hierzu müssen Sie die nach § 305 InsO notwendigen Unterlagen zusammenstellen:

- Bescheinigung über den gescheiterten Einigungsversuch,
- Schuldenbereinigungsplan (= Vergleichsplan),
- Vermögens- und Einkommensverzeichnis,
- Gläubigerverzeichnis,
- Schuldenverzeichnis.

Schuldenbereinigungsplan: Mit dem Antrag auf Eröffnung des Insolvenzverfahrens hat der Schuldner einen sogenannten Schuldenbereinigungsplan vorzulegen. Dieser kann ähnlich oder gleich aussehen wie beim außergerichtlichen Vergleichsversuch.

Vermögens-, Gläubiger- und Schuldenverzeichnis: Für die Verzeichnisse wird es bei den Gerichten geeignete Formblätter geben. Ein Wort zum Schuldenverzeichnis: Beim Schuldenverzeichnis sollten Sie sehr sorgfältig vorgehen, denn meldet ein Gläubiger hier Forderungen an und widerspricht keine Seite dieser Forderung, wirkt die Eintragung wie ein rechtskräftiges Urteil.

Beispiel:

«Ist mir doch egal», sagt Herr Rother, «ob die Forderungen im Schuldenverzeichnis zu hoch oder zu niedrig eingetragen sind: Die Gläubiger bekommen sowieso nur die pfändbaren Beträge; der Rest wird mir doch erlassen!»

Dies stimmt so lange, wie Sie tatsächlich auch eine Restschuldbefreiung erreichen. Kommt es aber nicht dazu, weil Sie sich zum Beispiel nicht ordnungsgemäß um Arbeit bemüht haben, so gelten endgültig die angemeldeten Forderungen, denen nicht widersprochen wurde, auch wenn sie nicht gerechtfertigt sein sollten. Ihre Gläubiger können dann die Zwangsvollstreckung betreiben, ohne daß noch einmal ein Gericht überprüfen würde, ob die Forderung tatsächlich in dieser Höhe besteht (§ 201 Abs. 2 InsO).

Achtung: Bei Zweifeln an der Richtigkeit einer Forderung, die von einem Gläubiger im Restschuldbefreiungsverfahren angemeldet wird, sollten Sie versuchen, diese mit der richtigen Summe einzusetzen, oder – falls dies nicht gelingt – Widerspruch erheben. Wenn das Verfahren scheitert, kann der Gläubiger dann nicht einfach zwangsvollstrecken, sondern muß zuvor Ihren Widerspruch durch ein Gerichtsverfahren beseitigen lassen.

Das Gericht wird nun den von Ihnen eingereichten Schuldenbereinigungsplan an die Gläubiger schicken und sie zu einer Stellungnahme innerhalb eines Monats auffordern (§ 307 Abs. 1 InsO). In dieser Zeit ruht das Verfahren über Ihren Antrag auf Restschuldbefreiung.

Beispiel:

Herr Rother denkt auch diesmal wieder mit. «Moment mal», überlegt er, «die haben den Plan doch schon einmal abgelehnt. Warum sollten sie dieses Mal zustimmen?»

Der Clou liegt darin, daß gar nicht alle Gläubiger dem Plan zustimmen müssen, damit er wirksam wird. Bei diesem Schritt des Verfahrens reicht es aus, wenn das ein Großteil der Gläubiger tut.

Checkliste 16:
Mehrheitsverhältnisse und Zustimmungsersetzung

Noch einmal schrittweise:

1. Wenn alle Gläubiger zustimmen, ist der Vorschlag angenommen. Gleiches gilt, wenn sie nicht antworten, denn ausnahmsweise wird Schweigen hier als Einverständnis gewertet (§ 307 Abs. 2 InsO).
2. Stimmt nur ein Teil der Gläubiger zu, so kommt es darauf an, ob dieser Teil der Gläubiger

- sowohl über die einfache Mehrheit nach Anzahl
- als auch nach der Summe der Ansprüche verfügt.

Sind die notwendigen Mehrheitsverhältnisse gegeben, kann das Gericht unter den nachfolgenden Voraussetzungen die Zustimmung der übrigen Gläubiger ersetzen:
So darf der Gläubiger, der Einwendungen erhoben hat, im Vergleich zu den übrigen Gläubigern nicht unangemessen benachteiligt werden (§ 309 Abs. 1 Nr. 1 InsO).
Er darf auch nicht schlechter gestellt werden, als er bei Durchführung des Restschuldbefreiungsverfahrens stünde (§ 309 Abs. 1 Nr. 2 InsO).

Im wesentlichen bedeutet dies, daß im Schuldenbereinigungsplan die Gläubiger nicht weniger erhalten dürfen, als sie später im Restschuldbefreiungsverfahren erhielten.

Ist eine der obigen Voraussetzungen – also Mehrheitsverhältnisse oder Ersetzungsgrund – nicht erfüllt, gilt auch dieser zweite Einigungsversuch als gescheitert.

Wird der Plan im Ergebnis angenommen, entweder direkt durch Zustimmung aller Gläubiger oder auf dem Umweg über die Zustimmungsersetzung durch das Gericht, bedeutet dies, daß Sie den im Vergleich festgelegten Betrag an die Gläubiger zahlen müssen. In der Regel wird das in Raten geschehen.

Wenn Sie diesen Betrag vollständig bezahlt haben, sind Ihnen, wie bei einem erfolgreichen außergerichtlichen Vergleich, Ihre restlichen Schulden erlassen. Das eingeleitete gerichtliche Verfahren wird dann nicht weiter fortgeführt, da Sie sich ja bereits mit Ihren Gläubigern geeinigt haben.

Beispiel:
Familie Rother hat mit Stand vom 4. 1. 1999, als Herr Rother seinen Antrag auf Restschuldbefreiung bei Gericht einreicht, folgende Schulden:

Gläubiger	Betrag	Quote
A-Bank (Ratenkredit)	20000 DM	66 %
A-Bank (Girokonto)	4800 DM	16 %
O-Versand	2300 DM	7 %
K-Versand	900 DM	3 %
M-Einkaufsmarkt	2400 DM	8 %
gesamt	**30400 DM**	**100 %**

Schon wenn die A-Bank für ihre beiden Forderungen den Einigungsvorschlag ablehnt, ist er gescheitert, weil die übrigen drei Gläubiger trotz einfacher Mehrheit nach Köpfen nicht über die nötige Mehrheit hinsichtlich der Summe der Forderungen verfügen.

Auch im umgekehrten Fall ist es ausgeschlossen, daß das Gericht die Zustimmung ersetzt: Befürwortet die A-Bank den Plan, während er von den übrigen Gläubigern abgelehnt wird, fehlt es an der nötigen Mehrheit nach Köpfen.

Fazit: Zweiter Schritt im Verbraucherinsolvenzverfahren

- Ist der außergerichtliche Einigungsversuch gescheitert, müssen Sie im zweiten Schritt des Verfahrens für einen Antrag bei Gericht die Bescheinigung über das Scheitern, einen Schuldenbereinigungsplan, ein Vermögens- und Einkommensverzeichnis sowie ein Verzeichnis Ihrer Gläubiger und Schulden einreichen.
- Das Gericht schickt den Schuldenbereinigungsplan an die Gläubiger. Stimmen alle Gläubiger zu, äußern sich nicht oder liegen die Voraussetzungen für eine gesetzlich vorgesehene Zustimmungsersetzung vor, ist der Plan angenommen.
- Sowie Sie dann Ihren Verpflichtungen aus dem Vergleich nachgekommen sind, das heißt alle vereinbarten Raten pünktlich gezahlt haben, sind Sie Ihre restlichen Schulden los!

8. Vereinfachtes Insolvenzverfahren – Verwertung Ihres Vermögens

Waren Sie bis jetzt weder mit Ihrem außergerichtlichen Einigungsplan noch mit dem bei Gericht eingereichten Schuldenbereinigungsplan erfolgreich, brauchen Sie keinesfalls aufzugeben, denn für das weitere Verfahren benötigen Sie die Zustimmung Ihrer Gläubiger nicht.

Das Verbraucherinsolvenzverfahren wird nun eröffnet. Die Eröffnung des Insolvenzverfahrens gegen Sie wird öffentlich bekanntgemacht. Dies geschieht durch eine entsprechende Notiz in der Tageszeitung unter der Rubrik «Bekanntmachungen» und durch eine Veröffentlichung im Bundesanzeiger.

Lassen Sie sich hierdurch nicht davon abhalten, das Insolvenzverfahren zu beantragen: Ihre Freunde und Bekannten wissen meist ohnehin von Ihren Schulden. Die Bekanntmachungen sind notwendig, damit alle Gläubiger die Möglichkeit erhalten, ihre Forderungen im Verfahren gegen Sie geltend zu machen. Das Verbraucherinsolvenzverfahren wird nun eröffnet.

Zunächst wird im vereinfachten Insolvenzverfahren Ihr eventuell bestehendes Vermögen verwertet, das heißt in der Regel: versteigert. Hierzu wird vom Gericht ein Insolvenzverwalter eingesetzt, der später auch als Treuhänder in der Wohlverhaltensperiode fungieren soll. Wer diese Aufgabe übernimmt, ist noch nicht abschließend geklärt. Denkbar sind Rechtsanwälte oder Gerichtsvollzieher; Sie können dem Gericht aber auch eine Person Ihres Vertrauens vorschlagen, beispielsweise einen Verwandten.

Der Treuhänder erstellt eine Liste aller pfändbaren Vermögenswerte und legt sie dem Gericht vor. Sie brauchen allerdings keine Angst zu haben, daß alles, was sich in Ihrem Haus oder in Ihrer Wohnung finden läßt, nun «unter den Hammer» kommt. Für die

Gegenstände, die zur «Masse» zählen, also versteigert werden können, gelten die gleichen Grenzen wie für das, was der Gerichtsvollzieher im Rahmen einer normalen Zwangsvollstreckung bei Ihnen pfänden kann. Das bedeutet, daß bei Ihnen häufig überhaupt nichts pfändbar ist. Näheres dazu haben Sie bereits im Abschnitt «O Schreck, der Gerichtsvollzieher kommt», S. 118 ff., gelesen.

Die Gläubiger müssen ihre Forderungen beim Treuhänder anmelden. Ist dies geschehen, wird der Treuhänder die pfändbaren Gegenstände, die er bei Ihnen gefunden hat, versteigern lassen. Eine Ausnahme wäre hier ein in Ihrem Besitz befindliches Grundstück, das nur das Insolvenzgericht versteigern lassen darf. Der Versteigerungserlös wird entsprechend der Quote der einzelnen Gläubiger an der Gesamtforderung verteilt.

Ein großer Pluspunkt der Eröffnung des Verfahrens: ein Vollstreckungsverbot für die Insolvenzgläubiger! Zwangsvollstreckungen in Ihr Vermögen während der Laufzeit des Verfahrens sind unzulässig (§§ 89, 294 Abs. 1 InsO). Das bedeutet, daß Sie zukünftig nicht mehr vom Gerichtsvollzieher bedrängt werden. Das Gericht will damit verhindern, daß durch Zwangsvollstreckungen einzelner Gläubiger das noch vorhandene Vermögen, die sogenannte Masse des Schuldners, verringert wird.

Für Sie bedeutet dies eine spürbare Erleichterung, denn vor allem der psychische Druck, der von Zwangsvollstreckungsmaßnahmen ausgeht, ist sehr hoch.

9. Wohlverhaltensperiode: Das Bild vom «redlichen» Schuldner

Da dem Gesetzgeber allein die Verwertung Ihres Vermögens zuwenig erschien, um Ihnen Ihre (Rest-)Schulden zu erlassen, müssen Sie nun noch sieben Jahre Ihr pfändbares Einkommen an einen Treuhänder abtreten, der dieses dann unter Abzug seiner Kosten einmal im Jahr an die Gläubiger verteilt (§ 292 Abs. 1 InsO).

Erst wenn Sie diesen Zeitraum ordnungsgemäß hinter sich gebracht haben, erteilt das Gericht Ihnen die sogenannte Restschuldbefreiung (§ 300 InsO). Für diejenigen Schuldner, die bereits vor dem 1. 1. 1997 zahlungsunfähig waren, verkürzt sich der Zahlungszeitraum auf fünf Jahre (siehe Abschnitt «Altfall», S. 207 f.).

Versagungsgründe: Der redliche Schuldner

Bevor Sie aber in diesen Verfahrensteil hineinkommen, prüft das Gericht zunächst, ob keine Versagungsgründe gemäß § 290 InsO vorliegen. Restschuldbefreiung soll nämlich nur dem «redlichen» Schuldner zugute kommen. Nicht redlich ist etwa, wer

- wegen einer Straftat nach den §§ 283 bis 283 c StGB, das heißt wegen einer Konkursstraftat wie Bankrott, rechtskräftig verurteilt wurde,
- in den letzten drei Jahren vor dem Antrag auf Eröffnung des Verfahrens oder danach vorsätzlich oder grob fahrlässig schriftlich falsche Angaben gemacht hat, um einen Kredit zu bekommen, Sozialleistungen zu erschleichen oder Steuern zu hinterziehen,
- in den letzten zehn Jahren schon einmal eine Restschuldbefreiung bekommen hat oder diese versagt wurde,
- im letzten Jahr vor dem Antrag auf Eröffnung oder danach vorsätzlich oder grob fahrlässig unangemessene Verbindlichkeiten begründet oder Vermögen verschwendet hat,

- während des Verfahrens falsche Angaben gemacht oder Auskunfts- und Mitwirkungspflichten verletzt hat.

Haben Sie sich hier etwas zuschulden kommen lassen, können Sie keine Restschuldbefreiung erlangen!

Tip: Prüfen Sie zusammen mit Ihrem Schuldnerberater sorgfältig, ob Versagungsgründe vorliegen, *bevor* Sie einen Antrag auf Restschuldbefreiung stellen! Können Sie absehen, daß ein Versagungsgrund vorliegt, sollten Sie das Verfahren gar nicht erst einleiten.

Geringeres Einkommen – was nun?

Haben Sie die Hürde der Versagungsgründe genommen und die Verfahrenskosten (s. S. 201 f.) bezahlt, beginnt für Sie die sogenannte Wohlverhaltensperiode, während der Sie für sieben bzw. als «Altfall» fünf Jahre monatlich den pfändbaren Teil Ihres Einkommens an den Treuhänder abführen müssen (zur Berechnung s. Abschnitt «Lohnpfändung», S. 121 ff.).

Beispiel:

Für Herrn Rother bedeutet dies, daß er – als Altfall – fünf Jahre lang monatlich seine pfändbaren Beträge in Höhe von 108,30 DM bzw. im November 306,30 DM an den Treuhänder abführt. Bevor die Wohlverhaltensperiode zum angenommenen Datum des 1. 1. 2000 beginnt, muß Herr Rother die Verfahrenskosten – geschätzt auf 2800 DM – aus seinem unpfändbaren Einkommen begleichen, sofern es keine Prozeßkostenhilfe gibt (s. Abschnitt «Kosten», S. 201). Da die A-Bank aus ihrer Kreditforderung über eine Lohnvorausabtretung verfügt, die nach Eröffnung des Insolvenzverfahrens – hier angenommen mit dem 30. 6. 1999 – gemäß § 114 InsO noch zwei Jahre bestehen bleibt (s. Abschnitt «Lohnabtretungen», S. 210), erhält sie bis zum 30. 6. 2001 die gesamten pfändbaren Beträge. Erst danach wird eine quotenmäßige Verteilung des pfändbaren Betrags an die Gläubiger vorgenommen, nachdem der Treuhänder von den jährlich eingesammelten Summen seine Vergütung von mindestens 200 DM abgezogen hat. Ab dem fünften Jahr erhält Herr Rother einen Bonus in Höhe von 10 % des Abtretungsbetrags (s. S. 196).

Tabelle 6: Wohlverhaltensperiode (Abtretungsphase) – Verteilung

Herr Rother						**unterhaltsberechtigte Personen: 3**			
						Abtretung			
Jahr/Gläubiger	§ 850c	Anzahl Mon.	Sonderzahlung *	Abtretungsbetrag (p.a.)	Anzahl Mon.	A-Bank I	Kosten *	Treuhänder *	Bonus *
Forderungshöhe						20000,00			
Quote (in Prozent)									
Eröffnungsjahr (1999)	108,30	12	198,00	**1497,60**	12	1497,60	2800,00		
1. Jahr (2000)	108,30	12	198,00	**1497,60**	12	1497,60		200,00	
2. Jahr (2001)	108,30	6		**640,80**	6	649,80			
	108,30	6	198,00	**847,80**				200,00	
3. Jahr (2002)	108,30	12	198,00	**1497,60**				200,00	
4. Jahr (2003)	108,30	12	198,00	**1497,60**				200,00	
5. Jahr (2004)	108,30	12	198,00	**1497,60**				200,00	149,76
6. Jahr (2005)				**0,00**					0,00
7. Jahr (2006)				**0,00**					0,00
Gesamtsumme				**8985,60**		**3645,00**		**1000,00**	**149,76**
A-Bank – Summe									
Realisierungsquote (%)							2800,00		

4. 1. 1999 Antrag auf Eröffnung des Verfahrens
1. 7. 1999 Eröffnung des InsO-Verfahrens → vorrangige Lohnabtretung bis 30. 6. 2001
1. 1. 2000 Beginn Abtretungsphase/Wohlverhaltensperiode
* Kosten: Gerichts-/Veröffentlichungs-/«Insolvenzverwalter»kosten.
* Treuhänder: Mindestvergütung 200,– DM bzw. 10% der Abtretungssumme; bei vorrangigen Abtretungen ist Mindestvergütung aus pfändungsfreiem Einkommen zu nehmen.

Altfall: ja								Datum: 4. 1. 1999
	Gläubiger							
Verteilungs-betrag (p. a.) *	A-Bank I	A-Bank II	O-Versand	K-Versand	M-Einkauf			Summe
	20000,00	4800,00	2300,00	900,00	2400,00			30400,00
	66	16	7	3	8	0	0	100
0,00	0,00	0,00	0,00	0,00	0,00	0,00	0,00	0,00
0,00	0,00	0,00	0,00	0,00	0,00	0,00	0,00	0,00
0,00	0,00	0,00	0,00	0,00	0,00	0,00	0,00	0,00
647,80	426,18	102,28	49,01	19,18	51,14	0,0	0,0	647,80
1297,60	853,68	204,88	98,17	38,42	102,44	0,0	0,0	1297,60
1297,60	853,68	204,88	98,17	38,42	102,44	0,0	0,0	1297,60
1147,84	755,16	181,24	86,84	33,98	90,62	0,00	0,00	1147,84
0,00	0,00	0,00	0,00	0,00	0,00	0,00	0,00	0,00
0,00	0,00	0,00	0,00	0,00	0,00	0,00	0,00	0,00
4390,84	2888,71	693,29	332,20	129,99	346,65	0,00	0,00	4390,84
	7227,00							
	29%		14%	14%	14%			26%

* Verteilungsbetrag: Abtretungsbetrag p.a. abzüglich Treuhändervergütung (Ausnahme bei Abtretungen).

* Bonus: ab 5. Jahr 10% / ab 6. Jahr 15% / ab 7. Jahr 20%. Der Bonus muß in diesen Jahren vom Abtretungsbetrag p.a. berechnet und vom Verteilungsbetrag abgezogen werden.

* Sonderzahlung: zusätzlicher Pfändungsbetrag bei Weihnachts- oder Urlaubsgeld.

Checkliste 17:
Wohlverhaltensperiode (Abtretungsphase) – Verteilung

Name:					unterhalltsberechtigte Person(en):		
				Abtretung			
Jahr/Gläubiger	§ 850c	Sonder-zahlung *	Abtretungs-betrag (p.a.)		Kosten *	Treu-händer *	Bonus *
Forderungshöhe							
Quote (in Prozent)							
Eröffnungsjahr							
1. Jahr							
2. Jahr							
3. Jahr							
4. Jahr							
5. Jahr							
6. Jahr							
7. Jahr							
Gesamtsumme							

* Kosten: Gerichts-/Veröffentlichungs-/«Insolvenzverwalter»kosten.
* Treuhänder: Mindestvergütung 200 DM bzw. 10 % der Abtretungssumme; bei vorrangigen Abtretungen ist Mindestvergütung aus pfändungsfreiem Einkommen zu nehmen.
* Verteilungsbetrag: Abtretungsbetrag p.a. abzüglich Treuhändervergütung (Ausnahme bei Abtretungen).

Fazit: Die im Restschuldbefreiungsverfahren vorgesehene Flexibilität der abzuführenden Beträge wirkt in beide Richtungen:

- Sinkt Ihr pfändbares Einkommen während der Wohlverhaltensperiode, müssen Sie entsprechend weniger an Ihre Gläubiger zahlen – bis hin zu einem völligen Wegfall der Verpflichtung.
- Erhöht sich Ihr pfändbares Einkommen, sind Sie verpflichtet, auch mehr an Ihre Gläubiger abzuführen.

Altfall: ja/nein						Datum:		
	Gläubiger							
Verteilungs-betrag (p.a.) *								Summe

* Bonus: ab 5. Jahr 10 % / ab 6. Jahr 15 % / ab 7. Jahr 20 %. Der Bonus muß in diesen Jahren vom Abtretungsbetrag p.a. berechnet und vom Verteilungsbetrag abgezogen werden.
* Sonderzahlung: zusätzlicher Pfändungsbetrag bei Sonderzahlungen, z.B. Weihnachtsgeld, Urlaubsgeld usw.

Tip: Wenn Ihnen durch die abgetretenen Beträge weniger zum Leben verbleibt als der Sozialhilfesatz, versuchen Sie durch einen Antrag beim Treuhänder analog § 850f ZPO die Pfändungsfreigrenze heraufsetzen zu lassen (siehe Abschnitt «Erhöhung der Pfändungsgrenzen», S. 139f., und Musterschreiben 5 im Anhang).

Die Last des «Wohlverhaltens»

Die nach der Tabelle pfändbaren Beträge werden vom Treuhänder direkt bei Ihrem Arbeitgeber bzw. der Auszahlungsstelle für die Sozialleistungen eingezogen. Am Ende jeden Jahres zahlt der Treuhänder die eingesammelten Beträge nach Abzug seiner Kosten an die Gläubiger entsprechend ihrer Quote (§ 292 Abs. 1 InsO).

Bonus

Um Sie für Ihr Durchhalten zu belohnen, hat der Gesetzgeber nach einem gewissen Zeitraum einen Bonus für Sie vorgesehen: Nach vier Jahren dürfen Sie im fünften Jahr 10 Prozent des pfändbaren Einkommens behalten, im sechsten Jahr 15 Prozent und im siebten Jahr 20 Prozent (§ 292 Abs. 1 InsO).

Beispiel:
Für Herrn Rother bedeutet dies, daß er im fünften – und für ihn letzten – Jahr vom Treuhänder am Ende des Jahres 149,76 DM zurückerstattet bekommt.

Eine Übersicht über die von Herrn Rother zu zahlenden Beträge während der gesamten Zeit zeigt Tabelle 6. In Checkliste 17 können Sie Ihre eigenen Werte eintragen.

Obliegenheiten

Der Name «Wohlverhaltensperiode» rührt daher, daß Sie sich in dieser Zeit tatsächlich «wohl verhalten» müssen, um am Ende die Restschuldbefreiung zu erlangen. Sie können sich also bis zum Schluß der Wohlverhaltensperiode und bis zu einem Jahr danach nie ganz sicher sein, ob Sie auch tatsächlich Ihre Schulden loswerden. Das Gesetz erlegt Ihnen nämlich einige Obliegenheiten auf:

- **Die Ausübung einer angemessenen Erwerbstätigkeit (§ 295 Abs. 1 Nr. 1 InsO):** Sie sind verpflichtet, eine angemessene Erwerbstätigkeit auszuüben und – wenn Sie arbeitslos sind oder werden – sich um eine solche zu bemühen. Eine zumutbare Tätigkeit dürfen Sie nicht ablehnen.

Ziel dieser Regelung ist es, möglichst zu verhindern, daß Sie die Restschuldbefreiung erlangen, ohne einen Pfennig an die Gläubiger zu zahlen. Sie sollen ein Einkommen haben, von dem der pfändbare Teil an die Gläubiger abgeführt werden kann. Auf der anderen Seite soll es Ihnen aber auch nicht zum Nachteil gereichen, wenn Sie keine Arbeit oder nur einen schlechter bezahlten Job finden, obwohl Sie sich ernsthaft darum bemüht haben. Bei einer Verringerung der Einkünfte, die Sie nicht zun verantworten haben, verringert sich das pfändbare Einkommen und damit auch der Abtretungsbetrag. Selbst wenn Sie kein pfändbares Einkommen haben, sieht das Gesetz die Restschuldbefreiung vor (s. unten S. 205). Sie müssen allerdings bei Eröffnung des Verfahrens die Kosten aufgebracht haben. Ob es hierfür Prozeßkostenhilfe geben wird, ist noch nicht endgültig entschieden (zur Höhe der Kosten siehe S. 201 ff.).

Wann eine Arbeit zumutbar ist, wird sicher auch noch die Gerichte beschäftigen. Anhaltspunkt könnten die Anforderungen sein, die für den Anspruch auf Arbeitslosengeld oder -hilfe gestellt werden. Sie müssen also zumindest regelmäßige Bewerbungen nachweisen. Unzumutbar wird eine Erwerbstätigkeit insbesondere für alleinerziehende Frauen mit einem Kind bis zu acht Jahren sein. Bei älteren Kindern wird eine Halbtagstätigkeit wohl zumutbar sein, nicht jedoch bei mehreren Kindern.

- **Erbschaften und Schenkungen:** Sollten Sie wider Erwarten während der Wohlverhaltensperiode doch einmal zu Geld kommen, so zeigt ein Blick ins Gesetz (§ 295 Abs. 1 Nr. 2 InsO), daß sich der Gesetzgeber auch hierzu etwas gedacht hat.

  Da er Schenkungen wohl für unwahrscheinlich hält, hat er von einer Regelung abgesehen, was bedeutet, daß Sie diese in vollem Umfang behalten dürfen. Schenkt Ihnen also Tante Clara 1000 DM, so brauchen Sie diese nicht mit Ihren Gläubigern zu teilen.

  Anders sieht die Sachlage bei Erbschaften aus. Da die heutigen Schuldner zur sogenannten Generation der Erben gehören, hält es der Gesetzgeber schon für wahrscheinlicher, daß Ihnen während der Wohlverhaltensperiode ein solches Vermögen zufließt. Hieran sollen die Gläubiger zur Hälfte partizipieren. Die andere Hälfte verbleibt also bei Ihnen! Mit dieser Hälfte-Hälfte-Regelung soll verhindert werden, daß Sie die Erbschaft ausschlagen.
- **Anzeige von Wohnsitz- oder Arbeitsplatzwechsel:** Ohne weiteres

einzusehen ist diese Obliegenheit, denn da es in der Wohlverhaltensperiode entscheidend auf das Einkommen ankommt, ist es selbstverständlich, den Treuhänder über einen Wohnsitz- oder Arbeitsplatzwechsel zu informieren (§ 295 Abs. 1 Nr. 3 InsO).

- **Kosten des Treuhänders:** Schließlich müssen auch die Kosten des Treuhänders (§ 298 InsO) gedeckt sein. Wie hoch diese sind, ergibt sich aus einer gesonderten Vergütungsverordnung. Nach dem bisher existierenden Entwurf kann der Treuhänder 10 Prozent der eingezogenen Beträge beanspruchen, mindestens aber 200 DM jährlich – zuzüglich Auslagen (s. zu Kosten allgemein S. 201 ff.).

Soweit pfändbares Einkommen an ihn abgeführt wird, erhält er seine Vergütung aus diesen abgeführten Beträgen. Haben Sie jedoch kein pfändbares Einkommen, arbeitet der Treuhänder nicht etwa umsonst: In diesem Fall müssen Sie die 200 DM spätestens bis zum jeweiligen Jahresende aus Ihrem unpfändbaren Einkommen bestreiten. Gleiches gilt bei Lohnabtretungen: Während ihrer Laufzeit von zwei bzw. drei Jahren (s. S. 210 f.) fließen die gesamten Abtretungsbeträge an den Abtretungsgläubiger. Für die Treuhändervergütung müssen Sie während dieser Zeit selbst aufkommen. Dies sollten Sie unbedingt beachten, denn auch hier droht die Versagung der Restschuldbefreiung.

Achtung: So klein diese Verpflichtungen erscheinen, um so größer sind jedoch die Folgen, wenn Sie ihnen nicht nachkommen: Das Gericht kann Ihnen dann die Restschuldbefreiung versagen, und alle Mühen waren umsonst.

10. Restschuldbefreiung: Endlich befreit?

Haben Sie alles gut überstanden, wird das Gericht Ihnen durch Beschluß die Restschuldbefreiung erteilen, nachdem es alle Beteiligten einschließlich des Treuhänders angehört hat (§ 300 InsO). Auch dieser Beschluß wird öffentlich im Bundesanzeiger bekanntgemacht.

Für welche Schulden gilt sie?

Grundsätzlich sind Sie damit Ihre Schulden los, aber wenn der Jurist «grundsätzlich» sagt, gibt es immer ein paar Haken:

Zunächst gilt die Restschuldbefreiung zwar für die meisten, aber nicht für alle Forderungen (§ 302 InsO). Ausgenommen sind

- **Forderungen aus vorsätzlich begangenen unerlaubten Handlungen.** Wer etwa wegen einer Körperverletzung, Brandstiftung oder Vergewaltigung seinem Opfer Schadensersatz oder Schmerzensgeld zahlen muß, kann sich hiervon nicht durch das Verbraucherinsolvenzverfahren befreien.
- **Geldstrafen.** Zu Geldstrafen, die ebenfalls nicht von der Restschuldbefreiung erfaßt werden, gehören die nach Straftaten verhängten Tagessätze sowie Buß-, Ordnungs- und Zwangsgelder.

Keine Restschuldbefreiung für neue Schulden

Selbstverständlich werden Sie durch das Verfahren nur von den Schulden befreit, die bei Antragstellung bereits bestanden. Haben Sie während der Wohlverhaltensperiode munter weiter Kredite aufgenommen, die Sie nicht aus Ihrem unpfändbaren Einkommen begleichen konnten, können diese Neugläubiger Sie auch nach der Restschuldbefreiung verfolgen.

Was ist, wenn ein Gläubiger vom Insolvenzverfahren seines Schuldners nicht wußte?

Jeder Gläubiger hat über die öffentlichen Bekanntmachungen bei Verfahrenseröffnung die Chance, seine Forderungen rechtzeitig anzumelden. Tut er dies nicht, ist dies sein Problem. Durch die Restschuldbefreiung werden Sie von allen Schulden befreit: Auch nicht angemeldete Forderungen fallen darunter (§ 301 Abs. 1 InsO).

Unsicherheit bis zu einem Jahr nach Restschuldbefreiung

Endgültig sicher sein, daß Sie Ihre Schulden los sind, können Sie allerdings erst ein Jahr nach Rechtskraft der Entscheidung über die Restschuldbefreiung: Bis zu diesem Zeitpunkt nämlich kann das Gericht auf Antrag eines Gläubigers die Restschuldbefreiung widerrufen, wenn sich nachträglich herausstellt, daß der Schuldner eine seiner Obliegenheiten nach § 295 InsO (s. oben S. 196ff.) vorsätzlich verletzt und dadurch die Befriedigung der Gläubiger erheblich beeinträchtigt hat (§ 303 InsO).

11. Kosten des Verfahrens

Voraussichtliche Höhe der Kosten

Wenn Sie am Verbraucherinsolvenzverfahren teilnehmen möchten, so ist dies nicht umsonst. Bezahlt werden müssen

- Gerichtskosten,
- Auslagen für öffentliche Bekanntmachungen, Zustellungen und Vervielfältigungen,
- der Treuhänder für die Insolvenzverwaltung und für die Wohlverhaltensperiode,
- eventuell ein Anwalt.*

Die **Gerichtskosten** richten sich nach dem Streitwert, das heißt nach dem Wert dessen, was bei Ihnen an pfändbarem Einkommen oder verwertbarem Vermögen festgestellt werden kann. Selbst wenn nichts oder wenig an Masse existiert, werden Mindestgebühren erhoben werden. An Gerichtsgebühren entstehen für das Eröffnungsverfahren und die Durchführung des Insolvenzverfahrens drei Gebühren. Ob Ihnen Prozeßkostenhilfe gewährt wird, falls Sie die Gerichtskosten nicht aufbringen können, steht Ende 1997 noch nicht fest. Im ungünstigsten Fall müssen Sie alle Verfahrenskosten selbst tragen.

Beispiel:
Beträgt der monatlich pfändbare Teil des Einkommens wie bei Herrn Rother 108,30 DM und existiert sonst keine verwertbare Masse, könnte dies bei einer angenommenen Verfahrensdauer von 12 Monaten einen Gegenstandswert der Insolvenzmasse von 1497,60 DM bedeuten (inkl.

* Bitte beachten Sie bei allen nachfolgenden Berechnungen, daß es sich nur um Schätzungen handelt, da die genauen Kosten noch nicht feststehen.

Weihnachtsgeldpfändung). Nach der Tabelle des Gerichtskostengesetzes folgt hieraus eine Gebühr von 90 DM, bei drei Gebühren also 270 DM.

Bei den **Auslagen** wird nach ersten Überlegungen mit Kosten von ca. 1800 DM gerechnet.

Diese Kosten werden in Etappen fällig: Eine halbe Gerichtsgebühr ist bereits mit der Einreichung des Antrags fällig; die restlichen Gerichtsgebühren inkl. Auslagen müssen zum Zeitpunkt der Eröffnung des (vereinfachten) Insolvenzverfahrens beglichen werden. Bis zu diesem Zeitpunkt muß der Schuldner also im Beispielfall etwa 2070 DM an Verfahrenskosten bezahlen, sofern er keine Prozeßkostenhilfe erhält.

Der Anspruch des **Treuhänders** auf **Vergütung** für seine Tätigkeit und auf Erstattung angemessener Auslagen ist bisher nur in einem Entwurf zur Insolvenzrechtlichen Vergütungsordnung (InsVV) geregelt. Er wird für seine Tätigkeit im **Insolvenzverfahren** (nicht zu verwechseln mit der Tätigkeit in der anschließenden Wohlverhaltensperiode) mit schätzungsweise 1000 DM bezahlt.

Hinzu kommt die Vergütung für den Treuhänder während der siebenjährigen Wohlverhaltensperiode von 10 Prozent der verwalteten Beträge (mindestens 200 DM pro Jahr), die er in der Regel von der eingesammelten Summe einbehalten wird (siehe auch Abschnitt «Wohlverhaltensperiode», S. 198), sowie eventuell Gebühren für einen Rechtsanwalt von durchschnittlich 900 bis 1200 DM bei voller Durchführung des Verbraucherinsolvenzverfahrens einschließlich Restschuldbefreiungsverfahren.

Beispiel:

Herr Rother hätte bei Durchführung des vollständigen Verfahrens bis zur Restschuldbefreiung zu zahlen*:

- Gerichtsgebühr — 270 DM
- Auslagen — ca. 1800 DM
- Treuhänder im Insolvenzverfahren (sofern nicht von der Masse gedeckt) — ca. 1000 DM

* Alle Angaben basieren auf Schätzungen, da die genaue Höhe noch nicht bekannt ist.

- Treuhänder in der siebenjährigen Wohlverhaltensperiode (nichts, da von den abzuführenden Beträgen einbehalten, sonst mind. 200 DM jährlich)
- eventuell Rechtsanwalt ca. 900 bis 1200 DM

Prozeßkostenhilfe

Dies sind enorme Summen für einen Schuldner, der zahlungsunfähig ist und per definitionem nicht in der Lage ist, so hohe Beträge ohne weiteres aufzubringen. Wer also soll das bezahlen?

Nach dem Gesetz sollen die Kosten aus der Masse beglichen werden. Da Sie aber in der Regel weder über Vermögen verfügen noch höheres pfändbares Einkommen haben werden, ist hier meist nicht allzuviel zu erwarten. Und selbst wenn bei Ihnen grundsätzlich pfändbares Einkommen vorhanden sein sollte, fließt dieses oft nicht in die Masse, da in vielen Fällen Lohnvorausabtretungen existieren, die die ersten drei bzw. zwei Jahre alles an den Abtretungsgläubiger gehen lassen (Näheres zu Lohnabtretungen s. S. 210 f.).

Sie müssen also auf irgendeine Art und Weise versuchen, die Summe zu beschaffen, auch über Prozeßkostenhilfe. Bei dieser Möglichkeit, bei der der Staat die Verfahrenskosten trägt, sind Ende 1997 noch zwei Dinge in der Schwebe:

1. Zunächst ist noch nicht sicher, wenn auch wahrscheinlich, daß es überhaupt Prozeßkostenhilfe geben wird.
2. Gibt es Prozeßkostenhilfe, ist noch nicht geklärt, ob diese wirklich alle Kosten trägt.

Können Sie keine Prozeßkostenhilfe in Anspruch nehmen, müssen Sie privat versuchen, die Kosten aufzubringen. Helfen könnten Ihnen zum einen Freunde / Verwandte, die bei einer ernsthaften Schuldenbereinigung vielleicht noch einmal bereit sind, etwas vorzuschießen. Scheitern alle Versuche, Geld aufzutreiben, bleibt Ihnen nur die Möglichkeit, aus Ihrem unpfändbaren Einkommen kleine Beträge anzusparen. Dabei sollten Sie beachten:

Achtung: Legen Sie eventuelle Sparbeträge nicht auf ein Konto. Hier haben Ihre Gläubiger Zugriff über die Kontopfändung (siehe Abschnitt «Problem: Kontopfändung», S. 128 f.).

Checkliste 18: Kosten des Verbraucherinsolvenzverfahrens

Müssen Sie selbst die Kosten für das Verbraucherinsolvenzverfahren aufbringen, weil keine Masse vorhanden ist, so gehen Sie in folgenden Schritten vor: 1. Erkundigen Sie sich bei Ihrer Schuldnerberatungsstelle oder dem Amtsgericht, ob Sie Prozeßkostenhilfe beantragen können! 2. Ist dies nicht der Fall, bitten Sie Freunde/Verwandte, ob sie Ihnen die Verfahrenskosten vorstrecken können. 3. Erst wenn alle diese Möglichkeiten nicht erfolgreich waren, fangen Sie an, selbst kleine Beträge von Ihrem unpfändbaren Einkommen zu sparen.

Das Problem der Kostenübernahme macht noch einmal deutlich, daß es angesichts der Höhe der Beträge – auch für die Gläubiger, denen die Kosten von den abzuführenden Summen abgezogen werden – immer günstiger ist, sich außergerichtlich zu einigen: Dann nämlich fallen die genannten Kosten erst gar nicht an.

12. Restschuldbefreiung auch bei Nullplänen?

Welche Beträge in der Wohlverhaltensperiode pfändbar sind, ergibt sich aus der Tabelle zum pfändbaren Einkommen, die in Abhängigkeit von Einkommen und Unterhaltspflicht den jeweils pfändbaren Betrag enthält (Genaueres s. Abschnitt «Lohnpfändungen» S. 121 ff.).

Nun kann es natürlich vorkommen, daß bei Ihnen nach dieser Tabelle überhaupt nichts pfändbar ist, weil Ihr Einkommen zu niedrig und/oder Ihre Unterhaltspflichten gegenüber Partner und Kindern zu hoch sind.

Dies kann entweder während der gesamten Wohlverhaltensperiode der Fall sein oder sich auch erst im Laufe der Zeit ergeben, wenn Sie beispielsweise arbeitslos werden oder ein (weiteres) Kind geboren wird.

In diesem Fall stellt sich die Frage, ob Sie trotzdem die Restschuldbefreiung beantragen und nach sieben oder fünf Jahren auch erhalten können.

Die Antwort ist ein eindeutiges Ja: Die Insolvenzordnung sieht hier keine Mindestzahlungen an die Gläubiger vor, so daß Sie auch dann nach Ablauf der sieben bzw. fünf Jahre die Restschuldbefreiung erlangen können, wenn Sie keinen Pfennig an Ihre Gläubiger zahlen.

Voraussetzung dafür ist allerdings, daß Sie Ihren Verpflichtungen während der Wohlverhaltensperiode nachkommen, das heißt insbesondere, daß Sie sich um eine zumutbare Arbeit bemühen (s. S. 196 ff.).

Für die Gläubiger birgt das Restschuldbefreiungsverfahren damit die Gefahr, daß sie überhaupt keine Zahlungen erhalten, wenn nämlich Sie als ihr Schuldner nicht pfändbar sind. Auf der anderen Seite ist das Verfahren aber so flexibel angelegt, daß sie bei einer

Erhöhung des pfändbaren Einkommens – beispielsweise durch eine besser bezahlte Arbeit oder den Wegfall eines Unterhaltsverpflichteten – auch einen höheren Betrag erhalten.

Tip: Nutzen Sie die Möglichkeit, eine Restschuldbefreiung auch ohne Zahlungen zu erlangen, bei Ihren Verhandlungen im außergerichtlichen Einigungsversuch:

- Bieten Sie Ihren Gläubigern einen flexiblen «Nullplan» an, das heißt, vereinbaren Sie, daß Sie über einen bestimmten Zeitraum nur dann zahlen, wenn Sie ein pfändbares Einkommen haben.
- Das Argument für die Gläubiger, diesen für sie nicht sehr vielversprechend erscheinenden Vergleich zu akzeptieren, ist, daß dem Risiko der Einkommensverminderung die Chance einer Einkommenserhöhung gegenübersteht.
- Bieten Sie Ihren Gläubigern als Anreiz die Möglichkeit, Ihr Einkommen bzw. Ihre Bemühungen um eine Arbeit zu kontrollieren, und vielleicht eine (geringe) Einmalzahlung.

13. Altfall

Das Gesetz hat festgelegt, daß diejenigen, die bereits vor dem 1. Januar 1997 zahlungsunfähig waren, statt einer sieben- nur eine fünfjährige Wohlverhaltensperiode durchlaufen müssen (Art. 107 EGInsO). Sollten Sie ein sogenannter Altfall sein, sind Sie zwei Jahre eher schuldenfrei als ein Schuldner, der erst später zahlungsunfähig wurde.

Wer aber entscheidet darüber, ob Sie ein «Altfall» sind? Dies wird das Gericht tun. Für diese Feststellung wird es Indizien heranziehen:

- eidesstattliche Versicherung,
- Kreditkündigungen,
- Mahnungen und Mahnbescheide,
- Pfändungen,
- Zwangsvollstreckungen.

Tip: Um dem Gericht die Feststellung zu erleichtern, ob Sie ein «Altfall» sind, sollten Sie möglichst alle Unterlagen aufbewahren, die Indiz für eine Zahlungsunfähigkeit schon vor dem 1. Januar 1997 sein können.

Achtung: Wenn Sie aber beabsichtigen, als «Altfall» anerkannt zu werden, sollten Sie sich nach dem 1. Januar 1997 auch dementsprechend verhalten, das heißt insbesondere keine weiteren Kredite aufgenommen haben, die Sie nicht zurückzahlen können: Wer nämlich einen Kredit in Anspruch nimmt, ohne zu seiner Rückzahlung in der Lage zu sein, begeht einen Kreditbetrug. Und dieser Kreditbetrug wiederum wäre zum einen strafbar, zum anderen aber – im Hinblick auf das Verbraucherkonkursverfahren – auch ein Grund, Ihnen die Restschuldbefreiung zu versagen (s. Abschnitt «Wohlverhaltensperiode», S. 190 f.)!

14. Bürgen und Mitschuldner

Eine der am meisten kritisierten Regelungen des Verbraucherinsolvenzverfahrens ist die, daß Bürgen und Mitschuldner nicht automatisch in die Restschuldbefreiung einbezogen werden, wenn der Hauptschuldner die Wohlverhaltensperiode erfolgreich absolviert hat (§ 301 Abs. 2 InsO). Vielmehr muß jeder Schuldner für sich, also auch der Bürge oder Mitschuldner, ein eigenes Verfahren durchlaufen.

Achtung: Kümmert sich der Bürge oder Mitschuldner nicht darum, kann der Gläubiger von ihm trotz Restschuldbefreiung des Hauptschuldners immer noch den vollen Schuldenbetrag eintreiben!

Beispiel:
Frau Rother hat den Kreditvertrag bei der A-Bank mit unterschrieben. Als ihr Mann nach dem erfolglosen Versuch einer außergerichtlichen Einigung einen Antrag auf Restschuldbefreiung stellt, die er als Altfall nach fünf Jahren auch erhält, glaubt sie, daß die Familie nun endlich schuldenfrei sei. Da findet sie eines Morgens ein Schreiben der A-Bank im Briefkasten, das an sie adressiert ist und sie zur Zahlung auffordert. Frau Rother glaubt an einen Alptraum ...

Familienmitglieder als Bürgen und Mitschuldner

Leider ist der Alptraum Wirklichkeit: Gerade bei Familien wirkt sich die Nichteinbeziehung von Bürgen oder Mitschuldnern besonders negativ aus. Die Überschuldung ist regelmäßig nicht auf ein einzelnes Haushaltsmitglied beschränkt. Was aber nützt es, wenn der Ehemann von seinen Schulden befreit ist, die Ehefrau aber nach wie vor für die Schulden haftet? Sinnvoll wäre es gewesen, wenn im Rahmen des Restschuldbefreiungsverfahrens mithaftende Familienangehörige des Schuldners oder andere Dritte die Möglichkeit bekommen hätten, sich mit entschuldender Wirkung am Verfahren des Schuldners zu beteiligen. Solange dies aber nicht so ist:

Tip:

1. Auch wenn Sie «nur» Bürge oder Mitschuldner sind: Führen Sie – wenn der außergerichtliche Vergleich gescheitert ist – immer ein eigenes Insolvenzverfahren durch!
2. Im außergerichtlichen Einigungsverfahren ist es möglich, nicht nur einzelne Personen, sondern gleichzeitig auch die Bürgen oder Mitschuldner zu entschulden. Schreiben Sie dies vorsichtshalber ausdrücklich in den Vertrag hinein, zum Beispiel in der Formulierung: «Vom Vergleich sind auch die Forderungen der Gläubiger gegen Bürgen und Mitschuldner erfaßt.»

Der Bürge zahlt also unter Umständen an den Gläubiger. Kann er das Geld vom Schuldner nach dessen Restschuldbefreiung zurückfordern? Nein, er kann es sich *nicht* beim Hauptschuldner wiederholen, sofern dieser «restschuldbefreit» ist (§ 301 Abs. 2 InsO).

15. Lohnabtretungen

Grundsätzlich sollen zwar nach der neuen Insolvenzordnung alle Gläubiger gleich behandelt werden, doch Lohnabtretungen (s. grundsätzlich dazu S. 130 ff.) bleiben – wenn auch in beschränktem Umfang – wirksam (§ 114 Abs. 1 InsO).

Wenn Sie also einem Ihrer Gläubiger als Sicherheit vertraglich die Abtretung Ihres Gehalts angeboten haben, so genießt dieser Gläubiger im Verbraucherinsolvenzverfahren einen entscheidenden Vorteil gegenüber den anderen: Lohnabtretungen behalten in den ersten drei Jahren nach Eröffnung des Insolvenzverfahrens (bei Altfällen zwei Jahre, § 107 EGInsO) ihre Gültigkeit, so daß in diesem Zeitraum der Abtretungsgläubiger meist alles Pfändbare erhält, während die übrigen Gläubiger leer ausgehen. Erst im Anschluß kommt der Gleichbehandlungsgrundsatz zum Zuge, so daß dann alle Gläubiger – auch die Abtretungsgläubiger – entsprechend ihrer Quote befriedigt werden.

Achtung: Negative Auswirkungen hat die Lohnabtretung besonders im Rahmen der Verhandlungen um einen außergerichtlichen Vergleich. Bei offengelegter Lohnvorausabtretung können Sie den übrigen Gläubigern kaum ein akzeptables Angebot machen. Wer im Restschuldbefreiungsverfahren zwei bzw. drei Jahre lang allein alle pfändbaren Beträge erhält, wird kaum an Konzessionen interessiert sein.

Außerdem haben Sie das Problem, daß bei Lohnabtretungen keine Gelder zur Deckung der Verfahrenskosten zur Verfügung stehen, da alles ohne Umweg über den Treuhänder direkt an den Abtretungsgläubiger fließt (siehe Abschnitt «Kosten des Verfahrens», S. 201 ff.). Lohnabtretungen führen also dazu, daß Sie gezwungen sind, die Kosten des Verfahrens zu einem großen Teil selbst aufzubringen.

16. Unterhalt

Wenn Sie als Schuldner gegenüber Ihrem Ex-Ehepartner oder Ihren Kindern Unterhalt zahlen, so stellen auch diese Verpflichtungen Schulden dar, die grundsätzlich am Verbraucherkonkurs teilnehmen.

Rückständiger und laufender Unterhalt: Dies gilt jedoch nur für rückständigen Unterhalt, der *vor* Antragstellung zum Verbraucherinsolvenzverfahren aufgelaufen ist. Rückständigen Unterhalt muß der entsprechende Gläubiger, also Ihr Expartner oder das Kind, ganz normal bei Gericht anmelden, und der Schuldner wird dann von dem Betrag, der während der Wohlverhaltensperiode nicht beglichen wird, mit Erteilung der Restschuldbefreiung frei.

Anders jedoch für den Unterhalt, der *nach* Eröffnung des Insolvenzverfahrens Monat für Monat aufläuft. Laufender Unterhalt nimmt – genausowenig wie andere neue Verbindlichkeiten – nicht am Verfahren teil. Dies hat zur Folge, daß Sie zwar nach sieben oder fünf Jahren von Ihren alten Unterhaltsschulden frei werden, die neuen jedoch wieder als Berg vor Ihnen stehen!

Höheres pfändbares Einkommen bei Unterhaltsschulden: Es bleibt die Frage, ob die (laufenden) Unterhaltsgläubiger während der Wohlverhaltensperiode trotzdem in irgendeiner Weise bevorzugt werden.

Grundsätzlich gehen die pfändbaren Beträge an den Treuhänder und werden einmal im Jahr an die Gläubiger verteilt. Unterhaltsgläubiger haben jedoch die Möglichkeit, noch über den normalen Rahmen hinaus nach § 850d ZPO zu pfänden, wenn dies das Vollstreckungsgericht so vorsieht (s. Abschnitt «Ich kann meinen Unterhalt nicht bezahlen», S. 93 ff.).

Schuldnerberatung: Wie kann sie helfen?

1. Wo finden Sie seriöse Schuldnerberatung?

Es ist nicht immer leicht, einen Weg aus dem Schulden«dschungel» zu finden. Deshalb ist es wichtig, daß Sie sich mit einer Person Ihres Vertrauens besprechen können, Informationen und Tips erhalten, wie Sie sich richtig verhalten. Hier hat sich seit Anfang der achtziger Jahre eine neue Beratungsform entwickelt, die Schuldnerberatung.

Beratungsanspruch auf Schuldnerberatung: Auf Schuldnerberatung haben Sie nach § 17 Bundessozialhilfegesetz (BSHG) einen Anspruch. Diesen Anspruch muß Ihre zuständige Kommune einlösen. Die Beratung ist von den Kommunen selbst oder durch einen freien Träger, wie zum Beispiel Arbeiterwohlfahrt, Caritas, Diakonisches Werk der Evangelischen Kirche, Deutsches Rotes Kreuz, Paritätischer Wohlfahrtsverband oder auch die Verbraucherzentralen, anzubieten.

Schuldnerberatung ist regional zuständig. Sie müssen also bei Ihrer Kommune, dem Landkreis, Wohlfahrtsverbänden oder Verbraucherzentralen nachfragen, wo Schuldnerberatung angeboten wird. In der Broschüre des Bundesministeriums für Familie, Senioren, Frauen und Jugend (vgl. Adressen) «Was mache ich mit meinen Schulden»? können Sie auch die für Ihren Wohnort zuständige Schuldnerberatung finden. Diese Broschüre ist beim Ministerium kostenlos zu beziehen.

Schuldnerberatung ist kostenlos: Schuldnerberatung ist kostenlos; sie ist grundsätzlich für alle hilfebedürftigen Personen und Haushalte zuständig. Hier spielt es erst einmal keine Rolle, ob Sie als Privatperson über Konsumentenschulden, Immobilienschulden oder gewerbliche Schulden verfügen. Bei gewerblichen Schulden ist allerdings zu prüfen, inwieweit hier nicht anderweitige Institutionen zuständig sind, sofern Sie noch Ihr Geschäft besitzen. Einzelne Schuldnerberatungsstellen beraten grundsätzlich keine Ratsuchenden, die Immobilien bzw. gewerbliche Schulden haben. Bei diesen Problembereichen müssen Sie bei Ihrer Schuldnerberatungsstelle nachfragen, welche Alternativen Sie haben.

2. Aufgaben und Tätigkeiten von Schuldnerberatungsstellen

Schuldnerberatung ist kein Allheilmittel und kann nicht zaubern. Sie bietet Ihnen zunächst einmal eine kostenlose Beratung, bei der Sie Ihr finanzielles Problem darstellen können, juristische Hinweise bekommen und gemeinsam mit dem Berater nach Lösungen suchen können. Darüber hinaus bietet Schuldnerberatung die Hilfe bei der Erstellung von Sanierungskonzepten an, bei Bedarf vermittelt sie auch zwischen Ihnen und Ihren Gläubigern, so daß mit den Gläubigern einvernehmliche Lösungen gefunden werden. Die Übernahme der Verhandlungen mit den Gläubigern kann aber erst dann erfolgen, wenn bei Ihnen für eine Regulierung «frei verfügbare» Einkommensanteile vorhanden sind. Am Beispiel Rother soll Ihnen kurz die Arbeit der Schuldnerberatung skizziert werden.

Beispiel:
Herr Rother hat zum ersten Beratungsgespräch all seine Forderungsunterlagen und die letzten Kontoauszüge mitgebracht. Sein Problem ist, daß die Bank ihm Konto und Kredit gekündigt hat und er nun Angst hat, daß sie auch noch bei seinem neuen Arbeitgeber das Gehalt pfänden wird.

Der Schuldnerberater versucht zunächst, einen Überblick über die aktuelle Finanzsituation der Familie zu bekommen. Er erstellt deshalb mit Hilfe der Kontoauszüge und der Angaben der Familie ein Monatsbudget. Dabei bemerkt er, daß für die nächsten fünf Monate noch circa 400 bis 500 DM zur Schuldenregulierung vorhanden sind, solange der Erziehungsgeldanspruch besteht. In diesem Zusammenhang weist der Schuldnerberater Familie Rother darauf hin, daß sie rechtzeitig das Landeserziehungsgeld in Höhe von 500 DM für weitere sechs Monate beantragen muß (sofern dieser Anspruch in dem betreffenden Bundesland existiert).

Nun erstellt der Schuldnerberater aus den vorhandenen Unterlagen eine erste Forderungsübersicht. Dabei prüft er alle Forderungsunterlagen und informiert Familie Rother, daß die bei der Forderung des O-Versandhauses vom Inkassobüro verlangten Inkassokosten eventuell unzulässig sind. Weiter verweist er auf die Möglichkeit eines Teilwiderspruchs, wenn ein Mahnbescheid zugestellt wird.

Nach Beendigung der Finanz- und Schuldenanalyse kommen der Schuldnerberater und Familie Rother zum gemeinsamen Ergebnis, daß erstens ein neues Konto auf Guthabenbasis zu eröffnen ist und zweitens mit der Bank über eine Ratenzahlung verhandelt werden muß, damit die Abtretung beim Arbeitgeber in der Probezeit nicht vorgelegt wird. Nach einer ausführlichen Information über den Ablauf des Verbraucherkonkursverfahrens beschließen der Schuldnerberater und Familie Rother, daß langfristig eine Entschuldung nur durch den Verbraucherkonkurs möglich ist.

Herr Rother erteilt dem Berater eine Vollmacht, so daß dieser mit der A-Bank über eine ratenweise Rückzahlung der Forderung verhandeln kann.

So oder ähnlich kann eine Beratungsstunde bei einem Schuldnerberater aussehen. Natürlich wird er gemeinsam mit Ihnen eventuell nach Einsparmöglichkeiten suchen, grundsätzlich die Finanzplanung in Ihrem Haushalt besprechen und Lösungen erarbeiten. Wenn Ihre Gläubiger zum Beispiel Ihr Konto pfänden, wird er beim Kontoschutzantrag behilflich sein usw.

Sie sehen, es ist sinnvoll, möglichst bald eine Schuldnerberatungsstelle aufzusuchen. Warten Sie nicht, bis das Kind in den Brunnen gefallen ist.

Fazit:

- Sie haben einen kostenlosen Anspruch auf Schuldnerberatung.
- Seriöse Schuldnerberatung finden Sie nur bei den Kommunen, Landkreisen, Wohlfahrtsverbänden und einigen Verbraucherzentralen.
- Schuldnerberatung ist vertraulich und achtet auf die Einhaltung des Datenschutzes.
- Schuldnerberatungen können keine Kredite vergeben.
- Schuldnerberatung sollten Sie möglichst frühzeitig aufsuchen.

3. Gewerbliche Schuldenregulierer: Lassen Sie die Finger davon!

Beispiel:
Herr Rother ist verzweifelt. Wie soll er jemals aus seiner Schuldensituation herauskommen? Wenn er doch eine Bank finden könnte, die alle seine Schulden zusammenfaßt, und er dann nur noch an eine Stelle zu zahlen hätte. Aber er hat ja schon die eidesstattliche Versicherung abgegeben, weshalb alle Banken seinen Kreditwunsch abgelehnt haben. Nun liest er in der Zeitung: «Finanzprobleme – Zahlen Sie nur noch an eine Stelle. Wir helfen Ihnen bei der Regulierung Ihrer Schulden.» Herr Rother überlegt, ob er diese Firma, die sich VVG nennt, anschreiben soll. Frau Rother ist der Ansicht, daß das nichts bringt, aber Herr Rother schreibt der Firma und schildert seine Situation. Postwendend erhält er ein Schreiben von der VVG, in dem ihm mitgeteilt wird, daß man ihm auf jeden Fall helfen könne, eine Ablehnung ausgeschlossen sei, er müsse nur die Unterlagen, die per Nachnahme zugesandt werden, wieder ausgefüllt an die VVG zurückschicken. Die Nachnahme kostet 350 DM. Herr Rother ist darüber sehr irritiert, aber da er immer noch die Hoffnung hat, bald einen neuen Kredit zur Umschuldung zu erhalten, zahlt er den Betrag. Die Nachnahme enthält einen sogenannten Kombi-Verwaltungs-Vertrag zur Tilgung von Schulden und ein Übersichtsblatt für seine Schulden. Herr Rother füllt alles aus und unterschreibt den Vertrag. Nach dem Vertrag muß er Raten in Höhe von 500 DM jeden Monat zahlen, und dafür wird die VVG den Großteil der Rate an die Gläubiger weiterleiten. Herr Rother zahlt vier Monate lang die vereinbarte Rate, dann kann er nicht mehr zahlen, da einer seiner Gläubiger zwischenzeitlich sein Gehalt gepfändet hat.

So oder ähnlich sind schon viele Schuldner auf die Machenschaften sogenannter gewerblicher Schuldenregulierer hereingefallen. Die VVG hat von den 2000 DM (vier Raten à 500 DM) tatsächlich nur

850 DM an die Gläubiger im «Gießkannenprinzip» verteilt. Die ersten beiden Raten stehen nach dem Vertrag nämlich der VVG als Abschlußgebühr zu, und von jeder Rate werden noch einmal 15 Prozent Gebühren einbehalten, womit die VVG 1150 DM + 350 DM Bearbeitungsgebühr, die ja zusätzlich als Nachnahme erhoben wurde, einstreicht. Ein gutes Geschäft, aber nur für die VVG. Herr Rother dagegen ist allein um eine Erfahrung reicher geworden.

Damit Ihnen so etwas nicht passiert, stellen wir hier einige Varianten von Kreditvermittlern und gewerblichen Schuldenregulierern vor, die unberechtigte Kosten und Gebühren von Ihnen abzukassieren versuchen.

Angebliche Kreditvermittlung: Hier stellt der Kreditvermittler ganz vage einen Kredit in Aussicht. Damit dieser potentielle Kredit genehmigt und ausgezahlt werden kann, müssen Sie die Unterlagen, die Ihnen in den nächsten Tagen per Nachnahme zugesandt werden, einlösen. Angeblich sei dies schon eine Art «Vermittlungsgebühr». Die Nachnahme beläuft sich auf Beträge von 45 bis 800 DM. Nach Rücksendung der Kreditantragsunterlagen hören Sie in der Regel nichts mehr von diesem Kreditvermittler, oder er hält Sie hin mit der Begründung, daß es noch «technische» Probleme bei der Auszahlung gebe. Zu einer Kreditauszahlung kommt es jedoch in keinem Fall. Die vermeintlichen Kreditvermittler sind nur an der Nachnahmegebühr interessiert und an sonst nichts. Ist Ihnen so etwas passiert, sollten Sie diesen «Kreditvermittler» wegen Betrugs bei der Staatsanwaltschaft anzeigen.

Wirtschaftsberatung für eine Kreditvermittlung: Bei dieser Variante haben Sie sich wiederum auf eine Kreditanzeige gemeldet. Der Kreditvermittler kommt bei Ihnen selbst vorbei oder schickt einen Kollegen und macht erst einmal eine einfache Einnahmen- und Ausgaben-Gegenüberstellung. Danach verspricht er, Ihnen einen Kredit zu besorgen. Aber vorher müßten Sie ihm noch die Auslagen, die er bisher gehabt hat, erstatten. Die Auslagen seien nach § 17 Satz 2 VKG vom Kreditnehmer zu zahlen, auch wenn der Kredit nicht zustande kommen sollte. Wenn Sie kein Geld zu Hause hätten, dann sollten Sie eine Einzugsermächtigung unterschreiben.

Auch in diesem Fall hat der angebliche Kreditvermittler nicht die Absicht, Ihnen einen Kredit zu vermitteln. Er ist nur daran interessiert, von Ihnen die überhöhten und nicht gerechtfertigten Auslagen erstattet zu bekommen. Die Auslagen werden für die Fahrtkosten und für eine sogenannte Wirtschaftsberatung verlangt. Sie betragen zwischen 150 und 400 DM.

In der Tat kann ein Kreditvermittler sich nach § 17 Satz 2 VKG Auslagen von Ihnen erstatten lassen. Er darf sie allerdings nicht pauschaliert verlangen, und sie müssen nachvollziehbar sein. Dies ist hier in der Regel nicht der Fall, und daher sollten Sie – bevor Sie eine Vereinbarung über die Zahlung der Auslagen unterschreiben – juristischen Rat einholen. Eine Einzugsermächtigung oder auch Überweisungsträger sind generell nicht zu erteilen bzw. zu unterschreiben.

Gewerbliche Schuldenregulierer: Hier wird kein Kredit vermittelt, sondern nur eine Regulierung Ihrer Schulden in Aussicht gestellt. Genauer gesagt: Es wird nur die Weiterleitung Ihrer Ratenzahlung an die Gläubiger angeboten. Der Schuldenregulierer verlangt in der Regel keine Gebühren vorab. Die Gebühren werden mit den ersten beiden Raten verrechnet, wie bei Herrn Rother. Dann werden für die Geldverteilung an die Gläubiger noch weitere monatliche Gebühren verlangt.

Diese Art von Vertrag ist nichtig, da gewerbliche Schuldenregulierung gegen das Rechtsberatungsgesetz verstößt, und zwar schon dann, wenn der Schuldenregulierer Ihre Gläubiger anschreibt und Raten anbietet. Sollten Sie solch einen Vertrag unterschrieben haben, fordern Sie sofort Ihre Unterlagen und die bereits bezahlten – und nicht weitergeleiteten – Raten heraus. Weiterhin sollten Sie sich umgehend an eine Schuldnerberatungsstelle, Verbraucherzentrale oder einen Rechtsanwalt wenden.

Gewerbliche Schuldenregulierung mit Rechtsanwalt: Die ganz cleveren gewerblichen Schuldenregulierer arbeiten mit einem Rechtsanwalt zusammen und umgehen somit das Rechtsberatungsgesetz. Ihr Schuldenregulierungsvertrag sieht vor, daß der gewerbliche Schuldenregulierer nur die von Ihnen eingezahlten Raten an die Gläubiger weiterleitet. Die Verhandlungen führt dagegen ein Rechtsanwalt. Somit kommen zu den überhöhten Gebühren des Schuldenregulierers auch noch die Rechtsanwaltskosten hinzu. Der Rechtsanwalt geht bei der Berechnung seiner Gebühr von einem

Streitwert aus, und dies ist in der Regel Ihre Gesamtverschuldung. So werden die Kosten noch einmal aufgebläht.

Dieser Vertrag verstößt nicht gegen das Rechtsberatungsgesetz und ist daher grundsätzlich zulässig. Allerdings kann der Vertrag gegen die guten Sitten verstoßen (§ 138 BGB), sofern überhöhte Gebühren kassiert oder undurchsichtige Verträge abgeschlossen werden.

In diesem Fall sollten Sie den Vertrag wieder von einem Rechtsanwalt oder auch einer Schuldnerberatungsstelle prüfen lassen.

Wie Sie unschwer erkennen können, handelt dieses Gewerbe nach dem Motto: «Wie kann ich vom ahnungslosen Schuldner noch möglichst viel Geld herausholen?» Deshalb einige Tips zur Vorbeugung.

Tip:

1. Wenn Sie finanzielle Probleme haben, wenden Sie sich an eine anerkannte Schuldnerberatungsstelle. Dort ist die Beratung kostenlos.
2. Kreditvermittlungsgebühren sind erst dann fällig, wenn der Kredit tatsächlich an Sie ausgezahlt worden ist. Jede Gebührenforderung oder Auslagenerstattung **vor** Kreditvermittlung ist rechtlich nicht zulässig und nicht zu zahlen. Von solchen Kreditangeboten sollten Sie grundsätzlich Abstand nehmen.
3. Jede gewerbliche Schuldenregulierung ist rechtlich nicht zulässig, daher sind auch Gebühren nicht zu erstatten.
4. Sollten Sie auf einen angeblichen Kreditvermittler oder Schuldenregulierer hereingefallen sein, so erstatten Sie bei der Staatsanwaltschaft Anzeige und klagen Sie Ihre eingezahlten Beträge mit Hilfe eines Rechtsanwalts wieder heraus.

Anhang

Glossar

Altfall Im Verbraucherinsolvenzverfahren gilt als Altfall der Schuldner, der schon vor dem 1. 1. 1997 zahlungsunfähig war und daher nur eine fünf- statt siebenjährige →Wohlverhaltensperiode durchlaufen muß, um die →Restschuldbefreiung zu erlangen.

Außergerichtlicher Einigungsversuch Bevor der Schuldner einen Antrag auf →Restschuldbefreiung stellen kann, muß er zunächst versuchen, sich mit Hilfe einer →«geeigneten Stelle» (vor allem Schuldnerberatungsstelle) mit seinen Gläubigern außergerichtlich zu einigen.

Beratungshilfe Als Ergänzung zur Prozeßkostenhilfe bezahlt der Staat zum großen Teil eine Beratung beim Anwalt, wenn der Ratsuchende nur ein geringes Einkommen hat; er selbst muß dann lediglich einen Betrag von 20 DM zahlen. In Hamburg und Bremen gibt es keine Beratungshilfe, sondern eine öffentliche Stelle, an die sich der Schuldner wenden kann, wenn er rechtlichen Rat benötigt.

Bürgschaft Mit Abgabe einer Bürgschaftserklärung verpflichtet sich ein Dritter gegenüber einem Gläubiger, für die Verbindlichkeiten des Schuldners einzustehen. Zahlt der Schuldner nicht, kann der Gläubiger die fällige Summe vom Bürgen fordern.

Diskontsatz Ein sog. Leitzins, der von der Deutschen Bundesbank festgelegt wird.

Dispo(sitions)kredit Der Rahmen, bis zu dem die Kontoüberziehung erlaubt ist. Hier gelten noch ermäßigte Kreditzinsen. Wer seinen Dispo ständig ohne Absprache mit der Bank überzieht, muß mit einer Kündigung rechnen und zahlt zudem einen erhöhten Kreditzinssatz.

Drittschuldner Beispiel Arbeitsverhältnis: Pfändet ein Gläubiger das Arbeitseinkommen des Schuldners per →Pfändungs- und Überweisungsbeschluß, so richtet sich dieser Beschluß gegen den Arbeitgeber als Drittschuldner: Er schuldet nämlich dem Arbeitnehmer (das heißt dem Hauptschuldner) das Entgelt für die Arbeitsleistung.

Drittwiderspruchsklage Wird beim Schuldner gepfändet und vollstreckt der Gerichtsvollzieher dabei die Gegenstände eines Dritten (zum Beispiel Ehepartner oder Freund), so kann dieser sich per Drittwiderspruchsklage dagegen wehren (er ist der Dritte im Verhältnis Schuldner–Gläubiger).

Eidesstattliche Versicherung Sind die Zwangsvollstreckungsversuche fruchtlos verlaufen, kann der Gläubiger den Schuldner per Gericht zur Abgabe einer eidesstattlichen Versicherung, das heißt zu einer Offenlegung seiner Einkommens- und Vermögensverhältnisse auffordern (früher: →Offenbarungseid).

Fonds Fonds karitativer Einrichtungen sind eine Möglichkeit, im Wege der Umschuldung seinen Gläubigern eine Einmalzahlung anstelle einer Ratenzahlung anbieten zu können. Der Schuldner muß dann in kleinen Raten den neuen Kredit an den Fonds zurückzahlen.

Geeignete Stelle Sog. geeignete Stellen sollen nach dem Willen des Gesetzgebers den Schuldner im Rahmen des →Verbraucherinsolvenzverfahrens unterstützen. Zur Bestimmung der Stellen können die Länder Ausführungsgesetze erlassen. In der Regel werden dies die →Schuldnerberatungsstellen der Wohlfahrtsverbände, Kommunen und Verbraucherzentralen sein. Keinesfalls sollten →gewerbliche Schuldenregulierer als geeignete Stellen anerkannt werden.

Gewerbliche/kommerzielle Schuldenregulierer Im Gegensatz zu →Schuldnerberatungsstellen der Wohlfahrtsverbände, Verbraucherzentralen oder Kommunen oft unseriöse Geschäftsleute, die vorgeben, gegen eine (meist sehr hohe) Gebühr dem Schuldner bei seinem Schuldenproblem helfen zu wollen.

Inkassobüro Gläubiger schalten oft ein Inkassobüro ein, um zu ihrem Geld zu kommen. Inkassobüros handeln dann entweder im eigenen Auftrag (wenn sie die Forderung gekauft haben) oder im Auftrag der Gläubiger.

Insolvenzordnung Die InsO tritt am 1. 1. 1999 als Ersatz für die bisherige Vergleichs- und Konkursordnung in Kraft und enthält als wesentlichen Bestandteil das Verbraucherkonkursverfahren. Aufgrund dieses Verfahrens können zukünftig auch private Schuldner und Kleingewerbetreibende – ebenso wie jetzt schon die großen Unternehmen – in Konkurs gehen mit der Möglichkeit einer →Restschuldbefreiung.

Insolvenzverwalter Er verwaltet und verwertet während des gerichtlichen Insolvenzverfahrens eventuelles Vermögen des Schuldners. In der Praxis soll diese Aufgabe vom →Treuhänder wahrgenommen werden.

Kontopfändung Per →Pfändungs- und Überweisungsbeschluß kann ein Gläubiger auf Kontoguthaben seines Schuldners zugreifen. Wehrt sich dieser nicht dagegen, wird nach einer Frist von zwei Wochen der gesamte Guthabenbetrag an den Gläubiger ausgezahlt, ohne daß der Schuldner sein Existenzminimum erhält.

Lohnabtretung Durch Lohnabtretung überträgt der Schuldner dem Gläubiger den Anspruch auf Einziehung des →pfändbaren Teils seines Einkommens. Zahlt der Schuldner nicht pünktlich, kann der Gläubiger die Abtretung offenlegen und vom Arbeitgeber Auszahlung des pfändbaren Betrags verlangen.

Lohnpfändung →Pfändungs- und Überweisungsbeschluß

Mahnbescheid Der Mahnbescheid ist die einfachste Möglichkeit eines Gläubigers, an einen →Titel zur Zwangsvollstreckung zu kommen: Er beantragt beim Gericht einen Mahnbescheid, der ohne weitere Prüfung der Forderung erlassen und dem Schuldner zugestellt wird. Reagiert dieser darauf nicht, kann der Gläubiger weiter einen →Vollstreckungsbescheid erwirken, mit Hilfe dessen in das Vermögen des Schuldners vollstreckt werden kann, sofern dieser nicht gerichtlich dagegen vorgeht.

Masse Zur Masse im Verbraucherinsolvenzverfahren gehören eventuelles Vermögen des Schuldners sowie die →pfändbaren Beträge, also insgesamt das, was abzüglich der Verfahrenskosten an die Gläubiger fließt.

Obliegenheiten Sie betreffen die Verpflichtungen des Schuldners, die dieser während der →Wohlverhaltensperiode einzuhalten hat, damit ihm am Ende die →Restschuldbefreiung erteilt wird. Hierzu gehört insbesondere eine angemessene Erwerbstätigkeit bzw. die Bemühung um eine solche.

Offenbarungseid Dies ist die alte Bezeichnung für die →eidesstattliche Versicherung.

Pfändbarer Teil des Einkommens/pfändbarer Betrag Erreicht das Einkommen des Schuldners die →Pfändungsfreigrenze, so kann der darüberliegende Teil von den Gläubigern gepfändet werden. Wieviel gepfändet werden darf, ergibt sich – in Abhängigkeit von der Höhe des Einkommens und den Unterhaltspflichten – aus der →Pfändungstabelle.

Pfändungs- und Überweisungsbeschluß Hat der Gläubiger einen →Titel, kann er beim →Vollstreckungsgericht einen Pfändungs- und Überweisungsbeschluß beantragen, mit dessen Hilfe er eine Forderung des Schuldners gegen einen Dritten (insbesondere gegen seine Bank oder den Arbeitgeber) pfänden kann.

Pfändungsfreigrenze/unpfändbares Einkommen Die Pfändungsfreigrenze ist der Betrag, der einem Schuldner monatlich zum Leben verbleiben muß. Der darüberliegende →pfändbare Betrag kann vom Gläubiger eingezogen werden.

Pfändungstabelle Aus der Pfändungstabelle, einem Anhang zu § 114 Zivilprozeßordnung, ergibt sich der →pfändbare Betrag.

Prozeßkostenhilfe Der Staat übernimmt bei geringem Einkommen des Schuldners die Kosten für ein gerichtliches Verfahren, nachdem er die Erfolgsaussichten geprüft hat. In der Regel kümmert sich der Anwalt um die Gewährung von Prozeßkostenhilfe.

Restschuldbefreiung Sie ist der vierte und letzte Teil des →Verbraucherinsolvenzverfahrens. Sie wird erteilt, wenn der Schuldner in der →Wohlverhaltensperiode seinen →Obliegenheiten nachgekommen ist und sieben bzw. fünf Jahre lang den →pfändbaren Teil seines Einkommens an den Treuhänder abgetreten hat.

Schufa (Schutzgemeinschaft für allgemeine Kreditsicherung) Einrichtung der Kreditwirtschaft zum Schutz der Banken vor Zahlungsunfähigkeit ihrer Kunden. Die Schufa stellt eine Art Register über jeden Bankkunden dar. Gesammelt werden hier vor allem die für die Kreditsicherung relevanten Daten von allen an der Schutzgemeinschaft beteiligten Banken.

Schuldenbereinigungsplan Scheitert der →außergerichtliche Einigungsversuch zwischen Schuldner und Gläubigern, kann der Schuldner bei Gericht im Rahmen des →Verbraucherinsolvenzverfahrens einen Antrag auf Restschuldbefreiung stellen. Zu diesem Zweck muß er u. a. einen Schuldenbereinigungsplan einreichen, der genauso aussehen kann wie der außergerichtliche Vorschlag. Das Gericht schickt diesen zweiten Vorschlag allen Gläubigern zu. Stimmen nicht alle, aber die Mehrheit nach Köpfen und Summen zu, kann das Gericht unter bestimmten Voraussetzungen die fehlenden Zustimmungen ersetzen.

Schuldnerverzeichnis In das Schuldnerverzeichnus werden diejenigen eingetragen, die eine →eidesstattliche Versicherung abgegeben haben. Die Eintragung bleibt drei Jahre gültig und wird dann automatisch gelöscht. Einsicht nehmen kann jeder, der ein berechtigtes Interesse nachweisen kann.
Sittenwidrigkeit Ein Kreditvertrag ist sittenwidrig im rechtlichen Sinne, wenn die Höhe des vereinbarten Zinssatzes gegen das «allgemeine Rechtsempfinden» verstößt. Die Grenzziehung erfolgt durch die Gerichte.

Titel Erst wenn der Gläubiger einen Titel erwirkt hat – zum Beispiel ein rechtskräftiges Urteil oder einen rechtskräftigen Vollsteckungsbescheid –, kann er den Gerichtsvollzieher mit der Zwangsvollstreckung beauftragen.
Treuhänder Der Treuhänder wird in der →Wohlverhaltensperiode vom Gericht eingesetzt, um die pfändbaren Teile des Schuldnereinkommens einzusammeln und nach Abzug seiner Gebühren an die Gläubiger auszukehren. Treuhänder kann jeder sein, der nach seinem Interesse in der Lage ist, diese Aufgabe wahrzunehmen.

Verbraucherinsolvenzverfahren / Verbraucherkonkursverfahren Das Verbraucherinsolvenzverfahren ist der am 1. 1. 1999 in Kraft tretende Teil der neuen →Insolvenzordnung, der eine erleichterte Abwicklung für natürliche Personen und Kleingewerbetreibende vorsieht. Es besteht aus vier Teilen:
1. einem →außergerichtlichen Einigungsversuch,
2. dem →Schuldenbereinigungsplan,
3. dem →vereinfachten Insolvenzverfahren,
4. der →Wohlverhaltensperiode mit →Restschuldbefreiung.
Vereinfachtes Insolvenzverfahren In diesem Teil des →Verbraucherinsolvenzverfahrens wird eventuelles Vermögen des Schuldners durch den →Insolvenzverwalter verwertet und an die Gläubiger verteilt.
Verjährung Die Forderung eines Gläubigers verjährt nach einem bestimmten Zeitraum, das heißt, sie kann dann nicht mehr zwangsweise eingetrieben werden. Der Schuldner hat in diesem Fall das Recht, die Zahlung zu verweigern.
Versagungsgründe Da nach dem →Verbraucherinsolvenzverfahren nur dem redlichen Schuldner die Schulden erlassen werden sollen, versagt das Gericht ihm in bestimmten Fällen die →Restschuldbefreiung. Nicht redlich ist beispielsweise, wer in den letzten drei Jahren falsche Angaben gemacht hat, um einen Kredit zu bekommen, oder wer in den letzten zehn Jahren schon einmal eine Restschuldbefreiung bekommen hat.
Verzug Verzug tritt ein, wenn der Schuldner nach Fälligkeit der Forderung auf eine Mahnung des Gläubigers nicht zahlt. Eine Mahnung ist jedoch nicht notwendig, wenn die Leistung kalendermäßig bestimmt ist, zum Beispiel: 1. 11. 1997. Mit Eintritt des Verzugs darf der Gläubiger Verzugszinsen als Schaden berechnen, die jedoch in ihrer Höhe beschränkt sind.
Vollstreckungsbescheid Legt der Schuldner gegen einen →Mahnbescheid keinen Widerspruch ein, kann der Gläubiger einen Vollstreckungsbescheid beantragen, aufgrund dessen dann der Gerichtsvollzieher zwangsvollstrecken kann.
Vollstreckungsgericht Dies ist die Abteilung des Amtsgerichts am Wohnort des Schuldners, die für Zwangsvollstreckungen zuständig ist.

Wiedereinsetzung in den vorigen Stand Hat der Schuldner ohne Verschulden eine gesetzliche Frist zur Einlegung eines Widerspruchs, Einspruchs oder einer Klage versäumt, kann er vom Gericht verlangen, so gestellt zu werden, als ob er die Frist eingehalten hätte.

Wohlverhaltensperiode Nach Abschluß des →vereinfachten Insolvenzverfahrens beginnt die sieben- bzw. fünfjährige Wohlverhaltensperiode, während der der Schuldner seine →pfändbaren Beträge an den →Treuhänder abtritt. Kommt er während dieser Zeit seinen →Obliegenheiten nach, erteilt das Gericht ihm am Schluß die →Restschuldbefreiung.

Zahlungsunfähigkeit Zahlungsunfähig ist derjenige, dessen Einkommen nicht ausreicht, um alle fälligen (Raten-)Zahlungen zu begleichen.

Zwangsvollstreckung Unter Zwangsvollstreckung versteht man das Recht des Gläubigers, über den Gerichtsvollzieher zwangsweise auf das Vermögen und Einkommen des Schuldners zuzugreifen, der nicht pünktlich seinen Zahlungsverpflichtungen nachkommt. Voraussetzung dafür ist ein →Titel.

Adressen

Schuldnerberatung, Verbraucherinformation, Überprüfung von Verträgen

Die Adresse der örtlichen/nächstgelegenen Verbraucherzentrale erhalten Sie auf Anfrage von der:

Arbeitsgemeinschaft
der Verbraucherverbände e. V. (AgV)
Heilsbachstr. 20
53123 Bonn

Adressen der örtlichen Schuldnerberatungsstellen erfahren Sie von:

Bundesarbeitsgemeinschaft
der freien Wohlfahrtspflege e. V.
Franz-Lohe-Str. 17
53129 Bonn
oder
Bundesarbeitsgemeinschaft
Schuldnerberatung e. V.
(BAG-SB)
Motzstr. 1
34117 Kassel

Stiftung Warentest
Lützowplatz 11–13
10785 Berlin

Hilfe bei der Auswahl von Rechtsanwälten

Bundesrechtsanwaltkammer
Joachimstraße 1
53113 Bonn

sowie die örtlichen
Rechtsanwaltkammern

Anwalt-Such-Service GmbH
Unter den Ulmen 96–98
50968 Köln
Tel.: 01 80-5 25 45 55
(Service kostenlos)

Sonstige Adressen

Schufa
Kronprinzenstr. 28/III
65185 Wiesbaden
(hält ein Register der regionalen Schufas)

Bundesministerium für Familie,
Senioren, Frauen und Jugend
53107 Bonn
(Adressenverzeichnis von Schuldnerberatungsstellen in der Broschüre «Was mache ich mit meinen Schulden?», kostenlos)

Auszug aus der Insolvenzordnung (InsO)

Achter Teil
Restschuldbefreiung

§ 286
Grundsatz

Ist der Schuldner eine natürliche Person, so wird er nach Maßgabe der §§ 287 bis 303 von den im Insolvenzverfahren nicht erfüllten Verbindlichkeiten gegenüber den Insolvenzgläubigern befreit.

§ 287
Antrag des Schuldners

(1) Die Restschuldbefreiung setzt einen Antrag des Schuldners voraus. Der Antrag ist spätestens im Berichtstermin entweder schriftlich beim Insolvenzgericht einzureichen oder zu Protokoll der Geschäftsstelle zu erklären. Er kann mit dem Antrag auf Eröffnung des Insolvenzverfahrens verbunden werden.

(2) Dem Antrag ist die Erklärung beizufügen, daß der Schuldner seine pfändbaren Forderungen auf Bezüge aus einem Dienstverhältnis oder an deren Stelle tretende laufende Bezüge für die Zeit von sieben Jahren nach der Aufhebung des Insolvenzverfahrens an einen vom Gericht zu bestimmenden Treuhänder abtritt. Hatte der Schuldner diese Forderungen bereits vorher an einen Dritten abgetreten oder verpfändet, so ist in der Erklärung darauf hinzuweisen.

§ 289
Entscheidung des Insolvenzgerichts

(1) Die Insolvenzgläubiger und der Insolvenzverwalter sind im Schlußtermin zu dem Antrag des Schuldners zu hören. Das Insolvenzgericht entscheidet über den Antrag des Schuldners durch Beschluß.

(2) Gegen den Beschluß steht dem Schuldner und jedem Insolvenzgläubiger, der im Schlußtermin die Versagung der Restschuldbefreiung beantragt hat, die sofortige Beschwerde zu. Das Insolvenzverfahren wird erst nach Rechtskraft des Beschlusses aufgehoben. Der rechtskräftige Beschluß ist zusammen mit dem Beschluß über die Aufhebung des Insolvenzverfahrens öffentlich bekanntzumachen.

§ 290
Versagung der Restschuldbefreiung

(1) In dem Beschluß ist die Restschuldbefreiung zu versagen, wenn dies im Schlußtermin von einem Insolvenzgläubiger beantragt worden ist und wenn

1. der Schuldner wegen einer Straftat nach den §§ 283 bis 283 c des Strafgesetzbuchs rechtskräftig verurteilt worden ist,
2. der Schuldner in den letzten drei Jahren vor dem Antrag auf Eröffnung des Insolvenzverfahrens oder nach diesem Antrag vorsätzlich oder grob fahrlässig schriftlich unrichtige oder unvollständige Angaben über seine wirtschaftlichen Verhältnisse gemacht hat, um einen Kredit zu erhalten, Leistungen aus öffentlichen Mitteln zu beziehen oder Leistungen an öffentliche Kassen zu vermeiden,
3. in den letzten zehn Jahren vor dem Antrag auf Eröffnung des Insolvenzverfahrens oder nach diesem Antrag dem Schuldner Restschuldbefreiung erteilt oder nach § 296 oder § 297 versagt worden ist,
4. der Schuldner im letzten Jahr vor dem Antrag auf Eröffnung des Insolvenzverfahrens oder nach diesem Antrag vorsätzlich oder grob fahrlässig die Befriedigung der Insolvenzgläubiger dadurch beeinträchtigt hat, daß er unangemessene Verbindlichkeiten be-

gründet oder Vermögen verschwendet oder ohne Aussicht auf eine Besserung seiner wirtschaftlichen Lage die Eröffnung des Insolvenzverfahrens verzögert hat,

5. der Schuldner während des Insolvenzverfahrens Auskunfts- oder Mitwirkungspflichten nach diesem Gesetz vorsätzlich oder grob fahrlässig verletzt hat, oder

6. der Schuldner in den nach § 305 Abs. 1 Nr. 3 vorzulegenden Verzeichnissen seines Vermögens und seines Einkommens, seiner Gläubiger und der gegen ihn gerichteten Forderungen vorsätzlich oder grob fahrlässig unrichtige oder unvollständige Angaben gemacht hat.

(2) Der Antrag des Gläubigers ist nur zulässig, wenn ein Versagungsgrund glaubhaft gemacht wird.

§ 291
Ankündigung der Restschuldbefreiung

(1) Sind die Voraussetzungen des § 290 nicht gegeben, so stellt das Gericht in dem Beschluß fest, daß der Schuldner Restschuldbefreiung erlangt, wenn er den Obliegenheiten nach § 295 nachkommt und die Voraussetzungen für eine Versagung nach § 297 oder § 298 nicht vorliegen.

(2) Im gleichen Beschluß bestimmt das Gericht den Treuhänder, auf den die pfändbaren Bezüge des Schuldners nach Maßgabe der Abtretungserklärung (§ 287 Abs. 2) übergehen.

§ 292
Rechtsstellung des Treuhänders

(1) Der Treuhänder hat den zur Zahlung der Bezüge Verpflichteten über die Abtretung zu unterrichten. Er hat die Beträge, die er durch die Abtretung erlangt, und sonstige Leistungen des Schuldners oder Dritter von seinem Vermögen getrennt zu halten und einmal jährlich aufgrund des Schlußverzeichnisses an die Insolvenzgläubiger zu verteilen. Von den Beträgen, die er durch die Abtretung erlangt, und den sonstigen Leistungen hat er an den Schuldner nach Ablauf von vier Jahren seit der Aufhebung des Insolvenzverfahrens zehn vom Hundert, nach Ablauf von fünf Jahren seit der Aufhebung fünfzehn vom Hundert und nach Ablauf von sechs Jahren seit der Aufhebung zwanzig vom Hundert abzuführen.

(2) Die Gläubigerversammlung kann dem Treuhänder zusätzlich die Aufgabe übertragen, die Erfüllung der Obliegenheiten des Schuldners zu überwachen. In diesem Fall hat der Treuhänder die Gläubiger unverzüglich zu benachrichtigen, wenn er einen Verstoß gegen diese Obliegenheiten feststellt. Der Treuhänder ist nur zur Überwachung verpflichtet, soweit die ihm dafür zustehende zusätzliche Vergütung gedeckt ist oder vorgeschossen wird.

§ 293
Vergütung des Treuhänders

(1) Der Treuhänder hat Anspruch auf Vergütung für seine Tätigkeit und auf Erstattung angemessener Auslagen. Dabei ist dem Zeitaufwand des Treuhänders und dem Umfang seiner Tätigkeit Rechnung zu tragen.

(2) Die §§ 64 und 65 gelten entsprechend.

§ 294
Gleichbehandlung der Gläubiger

(1) Zwangsvollstreckungen für einzelne Insolvenzgläubiger in das Vermögen des Schuldners sind während der Laufzeit der Abtretungserklärung nicht zulässig.

(2) Jedes Abkommen des Schuldners oder anderer Personen mit einzelnen Insolvenzgläubigern, durch das

diesen ein Sondervorteil verschafft wird, ist nichtig.

(3) Gegen die Forderung auf die Bezüge, die von der Abtretungserklärung erfaßt werden, kann der Verpflichtete eine Forderung gegen den Schuldner nur aufrechnen, soweit er bei einer Fortdauer des Insolvenzverfahrens nach § 114 Abs. 2 zur Aufrechnung berechtigt wäre.

§ 295
Obliegenheiten des Schuldners

(1) Dem Schuldner obliegt es, während der Laufzeit der Abtretungserklärung

1. eine angemessene Erwerbstätigkeit auszuüben und, wenn er ohne Beschäftigung ist, sich um eine solche zu bemühen und keine zumutbare Tätigkeit abzulehnen;

2. Vermögen, das er von Todes wegen oder mit Rücksicht auf ein künftiges Erbrecht erwirbt, zur Hälfte des Wertes an den Treuhänder herauszugeben;

3. jeden Wechsel des Wohnsitzes oder der Beschäftigungsstelle unverzüglich dem Insolvenzgericht und dem Treuhänder anzuzeigen, keine von der Abtretungserklärung erfaßten Bezüge und kein von Nummer 2 erfaßtes Vermögen zu verheimlichen und dem Gericht und dem Treuhänder auf Verlangen Auskünfte über seine Erwerbstätigkeit oder seine Bemühungen um eine solche sowie über seine Bezüge und sein Vermögen zu erteilen;

4. Zahlungen zur Befriedigung der Insolvenzgläubiger nur an den Treuhänder zu leisten und keinem Insolvenzgläubiger einen Sondervorteil zu verschaffen.

(2) Soweit der Schuldner eine selbständige Tätigkeit ausübt, obliegt es ihm, die Insolvenzgläubiger durch Zahlungen an den Treuhänder so zu stellen, wie wenn er ein angemessenes Dienstverhältnis eingegangen wäre.

§ 296
Verstoß gegen Obliegenheiten

(1) Das Insolvenzgericht versagt die Restschuldbefreiung auf Antrag eines Insolvenzgläubigers, wenn der Schuldner während der Laufzeit der Abtretungserklärung eine seiner Obliegenheiten verletzt und dadurch die Befriedigung der Insolvenzgläubiger beeinträchtigt; dies gilt nicht, wenn den Schuldner kein Verschulden trifft. Der Antrag kann nur binnen eines Jahres nach dem Zeitpunkt gestellt werden, in dem die Obliegenheitsverletzung dem Gläubiger bekanntgeworden ist. Er ist nur zulässig, wenn die Voraussetzungen der Sätze 1 und 2 glaubhaft gemacht werden.

(2) Vor der Entscheidung über den Antrag sind der Treuhänder, der Schuldner und die Insolvenzgläubiger zu hören. Der Schuldner hat über die Erfüllung seiner Obliegenheiten Auskunft zu erteilen und, wenn es der Gläubiger beantragt, die Richtigkeit dieser Auskunft an Eides Statt zu versichern. Gibt er die Auskunft oder die eidesstattliche Versicherung ohne hinreichende Entschuldigung nicht innerhalb der ihm gesetzten Frist ab oder erscheint er trotz ordnungsgemäßer Ladung ohne hinreichende Entschuldigung nicht zu einem Termin, den das Gericht für die Erteilung der Auskunft oder die eidesstattliche Versicherung anberaumt hat, so ist die Restschuldbefreiung zu versagen.

(3) Gegen die Entscheidung steht dem Antragsteller und dem Schuldner die sofortige Beschwerde zu. Die Versagung der Restschuldbefreiung ist öffentlich bekanntzumachen.

§ 297
Insolvenzstraftaten

(1) Das Insolvenzgericht versagt die Restschuldbefreiung auf Antrag eines Insolvenzgläubigers, wenn der Schuldner in dem Zeitraum zwischen Schlußtermin und Aufhebung des Insolvenzverfahrens oder während der Laufzeit der Abtretungserklärung wegen einer Straftat nach den §§ 283 bis 283 c des Strafgesetzbuchs rechtskräftig verurteilt wird.

(2) § 286 Abs. 1 Satz 2 und 3, Abs. 3 gilt entsprechend.

§ 298
Deckung der Mindestvergütung des Treuhänders

(1) Das Insolvenzgericht versagt die Restschuldbefreiung auf Antrag des Treuhänders, wenn die an diesen abgeführten Beträge für das vorangegangene Jahr seiner Tätigkeit die Mindestvergütung nicht decken und der Schuldner den fehlenden Betrag nicht einzahlt, obwohl ihn der Treuhänder schriftlich zur Zahlung binnen einer Frist von mindestens zwei Wochen aufgefordert und ihn dabei auf die Möglichkeit der Versagung der Restschuldbefreiung hingewiesen hat.

(2) Vor der Entscheidung ist der Schuldner zu hören. Die Versagung unterbleibt, wenn der Schuldner binnen zwei Wochen nach Aufforderung durch das Gericht den fehlenden Betrag einzahlt.

(3) § 296 Abs. 3 gilt entsprechend.

§ 300
Entscheidung über die Restschuldbefreiung

(1) Ist die Laufzeit der Abtretungserklärung ohne eine vorzeitige Beendigung verstrichen, so entscheidet das Insolvenzgericht nach Anhörung der Insolvenzgläubiger, des Treuhänders und des Schuldners durch Beschluß über die Erteilung der Restschuldbefreiung.

(2) Das Insolvenzgericht versagt die Restschuldbefreiung auf Antrag eines Insolvenzgläubigers, wenn die Voraussetzungen des § 296 Abs. 1 oder 2 Satz 3 oder des § 297 vorliegen, oder auf Antrag des Treuhänders, wenn die Voraussetzungen des § 298 vorliegen.

(3) Der Beschluß ist öffentlich bekanntzumachen. Wird die Restschuldbefreiung erteilt, so ist die Bekanntmachung, unbeschadet des § 9, auszugsweise im Bundesanzeiger zu veröffentlichen. Gegen den Beschluß steht dem Schuldner und jedem Insolvenzgläubiger, der bei der Anhörung nach Absatz 1 die Versagung der Restschuldbefreiung beantragt hat, die sofortige Beschwerde zu.

§ 301
Wirkung der Restschuldbefreiung

(1) Wird die Restschuldbefreiung erteilt, so wirkt sie gegen alle Insolvenzgläubiger. Dies gilt auch für Gläubiger, die ihre Forderungen nicht angemeldet haben.

(2) Die Rechte der Insolvenzgläubiger gegen Mitschuldner und Bürgen des Schuldners sowie die Rechte dieser Gläubiger aus einer zu ihrer Sicherung eingetragenen Vormerkung oder aus einem Recht, das im Insolvenzverfahren zur abgesonderten Befriedigung berechtigt, werden durch die Restschuldbefreiung nicht berührt. Der Schuldner wird jedoch gegenüber dem Mitschuldner, dem Bürgen oder anderen Rückgriffsberechtigten in gleicher Weise befreit wie gegenüber den Insolvenzgläubigern.

(3) Wird ein Gläubiger befriedigt, obwohl er aufgrund der Restschuldbefreiung keine Befriedigung zu beanspruchen hat, so begründet dies keine Pflicht zur Rückgabe des Erlangten.

§ 302

Ausgenommene Forderungen

Von der Erteilung der Restschuldbefreiung werden nicht berührt:

1. Verbindlichkeiten des Schuldners aus einer vorsätzlich begangenen unerlaubten Handlung;

2. Geldstrafen und die diesen in § 39 Abs. 1 Nr. 3 gleichgestellten Verbindlichkeiten des Schuldners.

§ 303

Widerruf der Restschuldbefreiung

(1) Auf Antrag eines Insolvenzgläubigers widerruft das Insolvenzgericht die Erteilung der Restschuldbefreiung, wenn sich nachträglich herausstellt, daß der Schuldner eine seiner Obliegenheiten vorsätzlich verletzt und dadurch die Befriedigung der Insolvenzgläubiger erheblich beeinträchtigt hat.

(2) Der Antrag des Gläubigers ist nur zulässig, wenn er innerhalb eines Jahres nach der Rechtskraft der Entscheidung über die Restschuldbefreiung gestellt wird und wenn glaubhaft gemacht wird, daß die Voraussetzungen des Absatzes 1 vorliegen und daß der Gläubiger bis zur Rechtskraft der Entscheidung keine Kenntnis von ihnen hatte.

(3) Vor der Entscheidung sind der Schuldner und der Treuhänder zu hören. Gegen die Entscheidung steht dem Antragsteller und dem Schuldner die sofortige Beschwerde zu. Die Entscheidung, durch welche die Restschuldbefreiung widerrufen wird, ist öffentlich bekanntzumachen.

Neunter Teil
Verbraucherinsolvenzverfahren und sonstige Kleinverfahren

Erster Abschnitt
Anwendungsbereich

§ 304

Grundsatz

(1) Ist der Schuldner eine natürliche Person, die keine oder nur eine geringfügige selbständige wirtschaftliche Tätigkeit ausübt, so gelten für das Verfahren die allgemeinen Vorschriften, soweit in diesem Teil nichts anderes bestimmt ist.

(2) Eine selbständige wirtschaftliche Tätigkeit ist insbesondere dann geringfügig im Sinne des Absatzes 1, wenn sie nach Art oder Umfang einen in kaufmännischer Weise eingerichteten Geschäftsbetrieb nicht erfordert.

Zweiter Abschnitt
Schuldenbereinigungsplan

§ 305

Eröffnungsantrag des Schuldners

(1) Mit dem Antrag auf Eröffnung des Insolvenzverfahrens (§ 311) oder unverzüglich nach diesem Antrag hat der Schuldner vorzulegen:

1. Eine Bescheinigung, die von einer geeigneten Person oder Stelle ausgestellt ist und aus der sich ergibt, daß eine außergerichtliche Einigung mit den Gläubigern über die Schuldenbereinigung auf der Grundlage eines Plans innerhalb der letzten sechs Monate vor dem Eröffnungsantrag erfolglos versucht worden ist; die Länder können bestimmen, welche Personen oder Stellen als geeignet anzusehen sind;

2. den Antrag auf Erteilung von Restschuldbefreiung (§ 287) oder die Erklärung, daß Restschuldbefreiung nicht beantragt werden soll;

3. ein Verzeichnis des vorhandenen Vermögens und des Einkommens (Vermögensverzeichnis), ein Verzeichnis der Gläubiger und ein Verzeichnis der gegen ihn gerichteten Forderungen; den Verzeichnissen ist die Erklärung beizufügen, daß die in diesen enthaltenen Angaben richtig und vollständig sind;

4. einen Schuldenbereinigungsplan; dieser kann alle Regelungen enthalten, die unter Berücksichtigung der Gläubigerinteressen sowie der Vermögens-, Einkommens- und Familienverhältnisse des Schuldners geeignet sind, zu einer angemessenen Schuldenbereinigung zu führen; in den Plan ist aufzunehmen, ob und inwieweit Bürgschaften, Pfandrechte und andere Sicherheiten der Gläubiger vom Plan berührt werden sollen.

(2) In dem Verzeichnis der Forderungen nach Absatz 1 Nr. 3 kann auch auf beigefügte Forderungsaufstellungen der Gläubiger Bezug genommen werden. Auf Aufforderung des Schuldners sind die Gläubiger verpflichtet, auf ihre Kosten dem Schuldner zur Vorbereitung des Forderungsverzeichnisses eine schriftliche Aufstellung ihrer gegen diesen gerichteten Forderungen zu erteilen; insbesondere haben sie ihm die Höhe ihrer Forderungen und deren Aufgliederung in Hauptforderung, Zinsen und Kosten anzugeben. Die Aufforderung des Schuldners muß einen Hinweis auf einen bereits bei Gericht eingereichten oder in naher Zukunft beabsichtigten Antrag auf Eröffnung eines Insolvenzverfahrens enthalten.

(3) Hat der Schuldner die in Absatz 1 genannten Erklärungen und Unterlagen nicht vollständig abgegeben, so fordert ihn das Insolvenzgericht auf, das Fehlende unverzüglich zu ergänzen. Kommt der Schuldner dieser Aufforderung nicht binnen eines Monats nach, so gilt sein Antrag auf Eröffnung des Insolvenzverfahrens als zurückgenommen.

§ 307

Zustellung an die Gläubiger

(1) Das Insolvenzgericht stellt den vom Schuldner genannten Gläubigern das Vermögensverzeichnis, das Gläubigerverzeichnis, das Forderungsverzeichnis sowie den Schuldenbereinigungsplan zu und fordert die Gläubiger zugleich auf, binnen einer Notfrist von einem Monat zu den Verzeichnissen und zu dem Schuldenbereinigungsplan Stellung zu nehmen. Zugleich ist jedem Gläubiger mit ausdrücklichem Hinweis auf die Rechtsfolgen des § 308 Abs. 3 Satz 2 Gelegenheit zu geben, binnen der Frist nach Satz 1 die Angaben über seine Forderungen in dem Forderungsverzeichnis zu überprüfen und erforderlichenfalls zu ergänzen. [...]

(2) Geht binnen der Frist nach Absatz 1 Satz 1 bei Gericht die Stellungnahme eines Gläubigers nicht ein, so gilt dies als Einverständnis mit dem Schuldenbereinigungsplan. Darauf ist in der Aufforderung hinzuweisen.

(3) Nach Ablauf der Frist nach Absatz 1 Satz 1 ist dem Schuldner Gelegenheit zu geben, den Schuldenbereinigungsplan binnen einer vom Gericht zu bestimmenden Frist zu ändern oder zu ergänzen, wenn dies aufgrund der Stellungnahme eines Gläubigers erforderlich oder zur Förderung einer einverständlichen Schuldenbereinigung sinnvoll erscheint. Die Änderungen oder Ergänzungen sind den Gläubigern zuzustellen, soweit dies erforderlich ist. Absatz 1 Satz 1, 3 und Absatz 2 gelten entsprechend.

§ 308
Annahme des Schuldenbereinigungsplans

(1) Hat kein Gläubiger Einwendungen gegen den Schuldenbereinigungsplan erhoben oder wird die Zustimmung nach § 309 ersetzt, so gilt der Schuldenbereinigungsplan als angenommen; das Insolvenzgericht stellt dies durch Beschluß fest. Der Schuldenbereinigungsplan hat die Wirkung eines Vergleichs im Sinne des § 794 Abs. 1 Nr. 1 der Zivilprozeßordnung. Den Gläubigern und dem Schuldner ist eine Ausfertigung des Schuldenbereinigungsplans und des Beschlusses nach Satz 1 zuzustellen.

(2) Die Anträge auf Eröffnung des Insolvenzverfahrens und auf Erteilung von Restschuldbefreiung gelten als zurückgenommen.

(3) Soweit Forderungen in dem Verzeichnis des Schuldners nicht enthalten sind und auch nicht nachträglich bei dem Zustandekommen des Schuldenbereinigungsplans berücksichtigt worden sind, können die Gläubiger von dem Schuldner Erfüllung verlangen. Dies gilt nicht, soweit ein Gläubiger die Angaben über seine Forderung in dem Forderungsverzeichnis, das ihm nach § 307 Abs. 1 vom Gericht übersandt worden ist, nicht innerhalb der gesetzten Frist ergänzt hat, obwohl die Forderung vor dem Ablauf der Frist entstanden war; insoweit erlischt die Forderung.

§ 309
Ersetzung der Zustimmung

(1) Hat dem Schuldenbereinigungsplan mehr als die Hälfte der benannten Gläubiger zugestimmt und beträgt die Summe der Ansprüche der zustimmenden Gläubiger mehr als die Hälfte der Summe der Ansprüche der benannten Gläubiger, so ersetzt das Insolvenzgericht auf Antrag eines Gläubigers oder des Schuldners die Einwendungen eines Gläubigers gegen den Schuldenbereinigungsplan durch eine Zustimmung. Dies gilt nicht, wenn

1. der Gläubiger, der Einwendungen erhoben hat, im Verhältnis zu den übrigen Gläubigern nicht angemessen beteiligt wird, oder

2. dieser Gläubiger durch den Schuldenbereinigungsplan wirtschaftlich schlechter gestellt wird, als er bei Durchführung des Verfahrens über die Anträge auf Eröffnung des Insolvenzverfahrens und Erteilung von Restschuldbefreiung stünde; hierbei ist im Zweifel zugrunde zu legen, daß die Einkommens-, Vermögens- und Familienverhältnisse des Schuldners zum Zeitpunkt des Antrags nach Satz 1 während der gesamten Dauer des Verfahrens maßgeblich bleiben.

(2) Vor der Entscheidung ist der Gläubiger zu hören. Die Gründe, die gemäß Absatz 1 Satz 2 einer Ersetzung seiner Einwendungen durch eine Zustimmung entgegenstehen, hat er glaubhaft zu machen. Gegen den Beschluß steht dem Antragsteller und dem Gläubiger, dessen Zustimmung ersetzt wird, die sofortige Beschwerde zu.

(3) Macht ein Gläubiger Tatsachen glaubhaft, aus denen sich ernsthafte Zweifel ergeben, ob eine vom Schuldner angegebene Forderung besteht oder sich auf einen höheren oder niedrigeren Betrag richtet als angegeben, und hängt vom Ausgang des Streits ab, ob der Gläubiger im Verhältnis zu den übrigen Gläubigern angemessen beteiligt wird (Absatz 1 Satz 2 Nr. 1), so kann die Zustimmung dieses Gläubigers nicht ersetzt werden.

§ 310
Kosten

Die Gläubiger haben gegen den Schuldner keinen Anspruch auf Erstattung der Kosten, die ihnen im Zusammenhang mit dem Schuldenbereinigungsplan entstehen.

Dritter Abschnitt
Vereinfachtes Insolvenzverfahren

§ 311
Aufnahme des Verfahrens über den Eröffnungsantrag

Werden Einwendungen gegen den Schuldenbereinigungsplan erhoben, die nicht gemäß § 309 durch gerichtliche Zustimmung ersetzt werden, so wird das Verfahren über den Eröffnungsantrag von Amts wegen wieder aufgenommen.

§ 313
Treuhänder

(1) Die Aufgaben des Insolvenzverwalters werden von dem Treuhänder (§ 292) wahrgenommen. Dieser wird abweichend von § 291 Abs. 2 bereits bei der Eröffnung des Insolvenzverfahrens bestimmt. [...]

§ 314
Vereinfachte Verteilung

(1) Auf Antrag des Treuhänders ordnet das Insolvenzgericht an, daß von einer Verwertung der Insolvenzmasse ganz oder teilweise abgesehen wird. In diesem Fall hat es dem Schuldner zusätzlich aufzugeben, binnen einer vom Gericht festgesetzten Frist an den Treuhänder einen Betrag zu zahlen, der dem Wert der Masse entspricht, die an die Insolvenzgläubiger zu verteilen wäre. Von der Anordnung soll abgesehen werden, wenn die Verwertung der Insolvenzmasse insbesondere im Interesse der Gläubiger geboten erscheint.

(2) Vor der Entscheidung sind die Insolvenzgläubiger zu hören.

(3) Die Entscheidung über einen Antrag des Schuldners auf Erteilung von Restschuldbefreiung (§§ 289 bis 291) ist erst nach Ablauf der nach Absatz 1 Satz 2 festgesetzten Frist zu treffen. Das Gericht versagt die Restschuldbefreiung auf Antrag eines Insolvenzgläubigers, wenn der nach Absatz 1 Satz 2 zu zahlende Betrag auch nach Ablauf einer weiteren Frist von zwei Wochen, die das Gericht unter Hinweis auf die Möglichkeit der Versagung der Restschuldbefreiung gesetzt hat, nicht gezahlt ist. Vor der Entscheidung ist der Schuldner zu hören.

Quelle: Bundesgesetzblatt Nr. 70, 18. Oktober 1994

Auszug aus der Zivilprozeßordnung (ZPO) zum Pfändungsschutz

§ 850 a

Unpfändbare Bezüge

Unpfändbar sind:

1. zur Hälfte die für die Leistung von Mehrarbeitsstunden gezahlten Teile des Arbeitseinkommens;

2. die für die Dauer eines Urlaubs über das Arbeitseinkommen hinaus gewährten Bezüge, Zuwendungen aus Anlaß eines besonderen Betriebsereignisses und Treuegelder, soweit sie den Rahmen des Üblichen nicht übersteigen;

3. Aufwandsentschädigungen, Auslösungsgelder und sonstige soziale Zulagen für auswärtige Beschäftigungen, das Entgelt für selbstgestelltes Arbeitsmaterial, Gefahrenzulagen sowie Schmutz- und Erschwerniszulagen, soweit diese Bezüge den Rahmen des Üblichen nicht übersteigen;

4. Weihnachtsvergütungen bis zum Betrage der Hälfte des monatlichen Arbeitseinkommens, höchstens aber bis zum Betrage von 540,– Deutsche Mark;

5. Heirats- und Geburtsbeihilfen, sofern die Vollstreckung wegen anderer als der aus Anlaß der Heirat oder der Geburt entstandenen Ansprüche betrieben wird;

6. Erziehungsgelder, Studienbeihilfen und ähnliche Bezüge;

7. Sterbe- und Gnadenbezüge aus Arbeits- oder Dienstverhältnissen;

8. Blindenzulagen.

§ 850 c

Pfändungsgrenzen für Arbeitseinkommen

(1) Arbeitseinkommen ist unpfändbar, wenn es, je nach dem Zeitraum, für den es gezahlt wird, nicht mehr als

1209 Deutsche Mark monatlich,

279 Deutsche Mark wöchentlich

oder

55,80 Deutsche Mark täglich

beträgt.

Gewährt der Schuldner auf Grund einer gesetzlichen Verpflichtung seinem Ehegatten, einem früheren Ehegatten oder einem Verwandten oder nach §§ 1615 l, 1615 n des Bürgerlichen Gesetzbuchs der Mutter eines nichtehelichen Kindes Unterhalt, so erhöht sich der Betrag, bis zu dessen Höhe Arbeitseinkommen unpfändbar ist, auf bis zu

3081 Deutsche Mark monatlich,

711 Deutsche Mark wöchentlich

oder

142,20 Deutsche Mark täglich,

und zwar um

468 Deutsche Mark monatlich,

108 Deutsche Mark wöchentlich

oder

21,60 Deutsche Mark täglich

für die erste Person, der Unterhalt gewährt wird, und um je

351 Deutsche Mark monatlich,

81 Deutsche Mark wöchentlich

oder

16,20 Deutsche Mark täglich

für die zweite Person.

(4) Hat eine Person, welcher der Schuldner aufgrund gesetzlicher Verpflichtung Unterhalt gewährt, eigene Einkünfte, so kann das Vollstreckungsgericht auf Antrag des Gläubigers nach billigem Ermessen bestimmen, daß diese Person bei der Berechnung des unpfändbaren Teils des Arbeitseinkommens ganz oder teilweise unberücksichtigt bleibt …

§ 850 d

Unterhaltsansprüche

(1) Wegen der Unterhaltsansprüche,

die kraft Gesetzes einem Verwandten, dem Ehegatten, einem früheren Ehegatten oder nach §§ 1615 l, 1615 n des Bürgerlichen Gesetzbuchs der Mutter eines nichtehelichen Kindes zustehen, sind das Arbeitseinkommen und die in § 850 a unter Nrn. 1, 2 und 4 genannten Bezüge ohne die in § 850 c bezeichneten Beschränkungen pfändbar. Dem Schuldner ist jedoch so viel zu belassen, als er für seinen notwendigen Unterhalt und zur Erfüllung seiner laufenden gesetzlichen Unterhaltspflichten gegenüber den dem Gläubiger vorgehenden Berechtigten oder zur gleichmäßigen Befriedigung der dem Gläubiger gleichstehenden Berechtigten bedarf; von den in § 850 a, Nrn. 1, 2 und 4 genannten Bezügen hat ihm mindestens die Hälfte des nach § 850 a unpfändbaren Betrages zu verbleiben. Der dem Schuldner hiernach verbleibende Teil seines Arbeitseinkommens darf den Betrag nicht übersteigen, der ihm nach den Vorschriften des § 850 c gegenüber nicht bevorrechtigten Gläubigern zu verbleiben hätte ...

§ 850 f
Härteklausel

(1) Das Vollstreckungsgericht kann dem Schuldner auf Antrag von dem nach den Bestimmungen der §§ 850 c, 850 d und 850 i pfändbaren Teil seines Arbeitseinkommens einen Teil belassen, wenn

a) der Schuldner nachweist, daß bei Anwendung der Pfändungsfreigrenzen entsprechend der Anlage 2 zu diesem Gesetz (zu § 850 c) der notwendige Lebensunterhalt im Sinne des Abschnitts 2 des Bundessozialhilfegesetzes für sich und für die Personen, denen er Unterhalt zu gewähren hat, nicht gedeckt ist,

b) besondere Bedürfnisse des Schuldners aus persönlichen oder beruflichen Gründen oder

c) der besondere Umfang der gesetzlichen Unterhaltspflichten des Schuldners, insbesondere die Zahl der Unterhaltsberechtigten, dies erfordern und überwiegende Belange des Gläubigers nicht entgegenstehen ...

§ 850 i
Sonderfälle

(1) Ist eine nicht wiederkehrend zahlbare Vergütung für persönlich geleistete Arbeiten oder Dienste gepfändet, so hat das Gericht dem Schuldner auf Antrag so viel zu belassen, als er während eines angemessenen Zeitraums für seinen notwendigen Unterhalt und den seines Ehegatten, eines früheren Ehegatten, seiner unterhaltsberechtigten Verwandten oder der Mutter eines nichtehelichen Kindes nach §§ 1615 l, 1615 n des Bürgerlichen Gesetzbuchs bedarf ...

§ 850 k
Pfändungsschutz für Bankguthaben

(1) Werden wiederkehrende Einkünfte der in den §§ 850 bis 850 b bezeichneten Art auf das Konto des Schuldners bei einem Geldinstitut überwiesen, so ist eine Pfändung des Guthabens auf Antrag des Schuldners vom Vollstreckungsgericht insoweit aufzuheben, als das Guthaben dem der Pfändung nicht unterworfenen Teil der Einkünfte für die Zeit von der Pfändung bis zu dem nächsten Zahlungstermin entspricht.

(2) Das Vollstreckungsgericht hebt die Pfändung des Guthabens für den Teil vorab auf, dessen der Schuldner bis zum nächsten Zahlungstermin dringend bedarf, um seinen notwendigen Unterhalt zu bestreiten und seine laufenden gesetzlichen Unterhaltspflichten gegenüber den dem Gläubiger vorgehenden Berechtigten zu erfüllen oder die dem Gläubiger gleichstehenden Unterhaltsberechtigten gleichmäßig zu befriedigen ...

Regelsätze nach § 22 Bundessozialhilfegesetz (BSHG) gültig ab 1. Juli 1997

	Haushaltsvorstände und Alleinstehende	sonstige Haushaltsangehörige				
		bis zur Vollendung des 7. Lebensjahres	bis zur Vollendung des 7. Lebensjahres beim Zusammenleben mit einer Person, die allein für die Pflege und Erziehung des Kindes sorgt	vom Beginn des 8. bis zur Vollendung des 14. Lebensjahres	vom Beginn des 15. bis zur Vollendung des 18. Lebensjahres	vom Beginn des 19. Lebensjahres an
Land	**DM**	**DM**	**DM**	**DM**	**DM**	**DM**
Baden-Württemberg	540	270	297	351	486	432
Bayern (Landesregelsatz)	522	261	287	339	470	418
Berlin	539	270	296	350	485	431
Brandenburg	516	258	284	335	464	413
Bremen	539	270	296	350	485	431
Hamburg	539	270	296	350	485	431
Hessen	540	270	297	351	486	432
Mecklenburg-Vorpommern	514	257	283	334	463	411
Niedersachsen	539	270	296	350	485	431
Nordrhein-Westfalen	539	270	296	350	485	431
Rheinland-Pfalz	539	270	296	350	485	431
Saarland	539	270	296	350	485	431
Sachsen	514	257	283	334	463	411
Sachsen-Anhalt	519	260	285	337	467	415
Schleswig-Holstein	539	270	296	350	485	431
Thüringen	514	257	283	334	463	411

Pfändungstabelle (*Anlage zu § 850 c ZPO*)

Nettolohn monatlich	Pfändbarer Betrag bei Unterhaltspflicht * für					
	0	1	2	3	4	5 und mehr Personen
	in DM					
bis 1219,99	–	–	–	–	–	–
1220,00 bis 1239,99	7,70	–	–	–	–	–
1240,00 bis 1259,99	21,70	–	–	–	–	–
1260,00 bis 1279,99	35,70	–	–	–	–	–
1280,00 bis 1299,99	49,70	–	–	–	–	–
1300,00 bis 1319,99	63,70	–	–	–	–	–
1320,00 bis 1339,99	77,70	–	–	–	–	–
1340,00 bis 1359,99	91,70	–	–	–	–	–
1360,00 bis 1379,99	105,70	–	–	–	–	–
1380,00 bis 1399,99	119,70	–	–	–	–	–
1400,00 bis 1419,99	133,70	–	–	–	–	–
1420,00 bis 1439,99	147,70	–	–	–	–	–
1440,00 bis 1459,99	161,70	–	–	–	–	–
1460,00 bis 1479,99	175,70	–	–	–	–	–
1480,00 bis 1499,99	189,70	–	–	–	–	–
1500,00 bis 1519,99	203,70	–	–	–	–	–
1520,00 bis 1539,99	217,70	–	–	–	–	–
1540,00 bis 1559,99	231,70	–	–	–	–	–
1560,00 bis 1579,99	245,70	–	–	–	–	–
1580,00 bis 1599,99	259,70	–	–	–	–	–
1600,00 bis 1619,99	273,70	–	–	–	–	–
1620,00 bis 1639,99	287,70	–	–	–	–	–
1640,00 bis 1659,99	301,70	–	–	–	–	–
1660,00 bis 1679,99	315,70	–	–	–	–	–
1680,00 bis 1699,99	329,70	1,50	–	–	–	–
1700,00 bis 1719,99	343,70	11,50	–	–	–	–
1720,00 bis 1739,99	357,70	21,50	–	–	–	–
1740,00 bis 1759,99	371,70	31,50	–	–	–	–
1760,00 bis 1779,99	385,70	41,50	–	–	–	–
1780,00 bis 1799,99	399,70	51,50	–	–	–	–
1800,00 bis 1819,99	413,70	61,50	–	–	–	–
1820,00 bis 1839,99	427,70	71,50	–	–	–	–
1840,00 bis 1859,99	441,70	81,50	–	–	–	–
1860,00 bis 1879,99	455,70	91,50	–	–	–	–
1880,00 bis 1899,99	469,70	101,50	–	–	–	–

* Zu berücksichtigen sind Unterhaltsleistungen des Schuldners gegenüber seinem Ehegatten, einem früheren Ehegatten, einem Verwandten oder der Mutter eines nichtehelichen Kindes nach §§ 1615 l, 1615 n des Bürgerlichen Gesetzbuchs.

Nettolohn monatlich	Pfändbarer Betrag bei Unterhaltspflicht * für					
	0	1	2	3	4	5 und mehr Personen
	in DM					
1900,00 bis 1919,99	483,70	111,50	–	–	–	–
1920,00 bis 1939,99	497,70	121,50	–	–	–	–
1940,00 bis 1959,99	511,70	131,50	–	–	–	–
1960,00 bis 1979,99	525,70	141,50	–	–	–	–
1980,00 bis 1999,99	539,70	151,50	–	–	–	–
2000,00 bis 2019,99	553,70	161,50	–	–	–	–
2020,00 bis 2039,99	567,70	171,50	–	–	–	–
2040,00 bis 2059,99	581,70	181,50	4,80	–	–	–
2060,00 bis 2079,99	595,70	191,50	12,80	–	–	–
2080,00 bis 2099,99	609,70	201,50	20,80	–	–	–
2100,00 bis 2119,99	623,70	211,50	28,80	–	–	–
2120,00 bis 2139,99	637,70	221,50	36,80	–	–	–
2140,00 bis 2159,99	651,70	231,50	44,80	–	–	–
2160,00 bis 2179,99	665,70	241,50	52,80	–	–	–
2180,00 bis 2199,99	679,70	251,50	60,80	–	–	–
2200,00 bis 2219,99	693,70	261,50	68,80	–	–	–
2220,00 bis 2239,99	707,70	271,50	76,80	–	–	–
2240,00 bis 2259,99	721,70	281,50	84,80	–	–	–
2260,00 bis 2279,99	735,70	291,50	92,80	–	–	–
2280,00 bis 2299,99	749,70	301,50	100,80	–	–	–
2300,00 bis 2319,99	763,70	311,80	108,80	–	–	–
2320,00 bis 2339,99	777,70	321,50	116,80	–	–	–
2340,00 bis 2359,99	791,70	331,50	124,80	–	–	–
2360,00 bis 2379,99	805,70	341,50	132,80	–	–	–
2380,00 bis 2399,99	819,70	351,50	140,80	0,30	–	–
2400,00 bis 2419,99	833,70	361,50	148,80	6,30	–	–
2420,00 bis 2439,99	847,70	371,50	156,80	12,30	–	–
2440,00 bis 2459,99	861,70	381,50	164,80	18,30	–	–
2460,00 bis 2479,99	875,70	391,50	172,80	24,30	–	–
2480,00 bis 2499,99	889,70	401,50	180,80	30,30	–	–
2500,00 bis 2519,99	903,70	411,50	188,80	36,30	–	–
2520,00 bis 2539,99	917,70	421,50	196,80	42,30	–	–
2540,00 bis 2559,99	931,70	431,50	204,80	48,30	–	–
2560,00 bis 2579,99	945,70	441,50	212,80	54,30	–	–
2580,00 bis 2599,99	959,70	451,50	220,80	60,30	–	–

* Zu berücksichtigen sind Unterhaltsleistungen des Schuldners gegenüber seinem Ehegatten, einem früheren Ehegatten, einem Verwandten oder der Mutter eines nichtehelichen Kindes nach §§ 1615l, 1615n des Bürgerlichen Gesetzbuchs.

Nettolohn monatlich	Pfändbarer Betrag bei Unterhaltspflicht * für					
	0	1	2	3	4	5 und mehr Personen
	in DM					
2600,00 bis 2619,99	973,70	461,50	228,80	66,30	–	–
2620,00 bis 2639,99	987,70	471,50	236,80	72,30	–	–
2640,00 bis 2659,99	1001,70	481,50	244,80	78,30	–	–
2660,00 bis 2679,99	1015,70	491,50	252,80	84,30	–	–
2680,00 bis 2699,99	1029,70	501,50	260,80	90,30	–	–
2700,00 bis 2719,99	1043,70	511,50	268,80	96,30	–	–
2720,00 bis 2739,99	1057,70	521,50	276,80	102,30	–	–
2740,00 bis 2759,99	1071,70	531,50	284,80	108,30	2,00	–
2760,00 bis 2779,99	1085,70	541,50	292,80	114,30	6,00	–
2780,00 bis 2799,99	1099,70	551,50	300,80	120,30	10,00	–
2800,00 bis 2819,99	1113,70	561,50	308,80	126,30	14,00	–
2820,00 bis 2839,99	1127,70	571,50	316,80	132,30	18,00	–
2840,00 bis 2859,99	1141,70	581,50	324,80	138,30	22,00	–
2860,00 bis 2879,99	1155,70	591,50	332,80	144,30	26,00	–
2880,00 bis 2899,99	1169,70	601,50	340,80	150,30	30,00	–
2900,00 bis 2919,99	1183,70	611,50	348,80	156,30	34,00	–
2920,00 bis 2939,99	1197,70	621,50	356,80	162,30	38,00	–
2940,00 bis 2959,99	1211,70	631,50	364,80	168,30	42,00	–
2960,00 bis 2979,99	1225,70	641,50	372,80	174,30	46,00	–
2980,00 bis 2999,99	1239,70	651,50	380,80	180,30	50,00	–
3000,00 bis 3019,99	1253,70	661,50	388,80	186,30	54,00	–
3020,00 bis 3039,99	1267,70	671,50	396,80	192,30	58,00	–
3040,00 bis 3059,99	1281,70	681,50	404,80	198,30	62,00	–
3060,00 bis 3079,99	1295,70	691,50	412,80	204,30	66,00	–
3080,00 bis 3099,99	1309,70	701,50	420,80	210,30	70,00	–
3100,00 bis 3119,99	1323,70	711,50	428,80	216,30	74,00	1,90
3120,00 bis 3139,99	1337,70	721,50	436,80	222,30	78,00	3,90
3140,00 bis 3159,99	1351,70	731,50	444,80	228,30	82,00	5,90
3160,00 bis 3179,99	1365,70	741,50	452,80	234,30	86,00	7,90
3180,00 bis 3199,99	1379,70	751,50	460,80	240,30	90,00	9,90
3200,00 bis 3219,99	1393,70	761,50	468,80	246,30	94,00	11,90
3220,00 bis 3239,99	1407,70	771,50	476,80	252,30	98,00	13,90
3240,00 bis 3259,99	1421,70	781,50	484,80	258,30	102,00	15,90
3260,00 bis 3279,00	1435,70	791,50	492,80	264,30	106,00	17,90
3280,00 bis 3299,99	1449,70	801,50	500,80	270,30	110,00	19,90

* Zu berücksichtigen sind Unterhaltsleistungen des Schuldners gegenüber seinem Ehegatten, einem früheren Ehegatten, einem Verwandten oder der Mutter eines nichtehelichen Kindes nach §§ 1615l, 1615n des Bürgerlichen Gesetzbuchs.

Nettolohn monatlich	Pfändbarer Betrag bei Unterhaltspflicht * für					
	0	1	2	3	4	5 und mehr Personen
	in DM					
3300,00 bis 3319,99	1463,70	811,50	508,80	276,30	114,00	21,90
3320,00 bis 3339,99	1477,70	821,50	516,80	282,30	118,00	23,90
3340,00 bis 3359,99	1491,70	831,50	524,80	288,30	122,00	25,90
3360,00 bis 3379,99	1505,70	841,50	532,80	294,30	126,00	27,90
3380,00 bis 3399,99	1519,70	851,50	540,80	300,30	130,00	29,90
3400,00 bis 3419,99	1533,70	861,50	548,80	306,30	134,00	31,90
3420,00 bis 3439,99	1547,70	871,50	556,80	312,30	138,00	33,90
3440,00 bis 3459,99	1561,70	881,50	564,80	318,30	142,00	35,90
3460,00 bis 3479,99	1575,70	891,50	572,80	324,30	146,00	37,90
3480,00 bis 3499,99	1589,70	901,50	580,80	330,30	150,00	39,90
3500,00 bis 3519,99	1603,70	911,50	588,80	336,30	154,00	41,90
3520,00 bis 3539,99	1617,70	921,50	596,80	342,30	158,00	43,90
3540,00 bis 3559,99	1631,70	931,50	604,80	348,30	162,00	45,90
3560,00 bis 3579,99	1645,70	941,50	612,80	354,30	166,00	47,90
3580,00 bis 3599,99	1659,70	951,50	620,80	360,30	170,00	49,90
3600,00 bis 3619,99	1673,70	961,50	628,80	366,30	174,00	51,90
3620,00 bis 3639,99	1687,70	971,50	636,80	372,30	178,00	53,90
3640,00 bis 3659,99	1701,70	981,50	644,80	378,30	182,00	55,90
3660,00 bis 3679,99	1715,70	991,50	652,80	384,30	188,00	57,90
3680,00 bis 3699,99	1729,70	1001,50	660,80	390,30	190,00	59,90
3700,00 bis 3719,99	1743,70	1011,50	668,80	396,30	194,00	61,90
3720,00 bis 3739,99	1757,70	1021,50	676,80	402,30	198,00	63,90
3740,00 bis 3759,99	1771,70	1031,50	684,80	408,30	202,00	65,90
3760,00 bis 3779,99	1785,70	1041,50	692,80	414,30	206,00	67,90
3780,00 bis 3796,00	1799,70	1051,50	700,80	420,30	210,00	69,90
Der Mehrbetrag über 3796,00 DM ist voll pfändbar.						

* Zu berücksichtigen sind Unterhaltsleistungen des Schuldners gegenüber seinem Ehegatten, einem früheren Ehegatten, einem Verwandten oder der Mutter eines nichtehelichen Kindes nach §§ 1615 l, 1615 n des Bürgerlichen Gesetzbuchs.

Diskontsätze

(Geltung jeweils ab dem angegebenen Datum)

1980	
29. Februar	7,0 %
2. Mai	7,5 %
1982	
27. August	7,0 %
22. Oktober	6,0 %
3. Dezember	5,0 %
1983	
18. März	4,0 %
1984	
29. Juni	4,5 %
1985	
1. Februar	4,5 %
16. August	4,0 %
1986	
7. März	3,5 %
1987	
23. Januar	3,0 %
4. Dezember	3,5 %
1988	
1. Juli	3,0 %
26. August	3,5 %
1989	
20. Januar	4,0 %
21. April	4,5 %
30. Juni	5,0 %
6. Oktober	6,0 %
1991	
1. Februar	6,5 %
16. August	7,5 %
20. Dezember	8,0 %
1992	
17. Juli	8,75 %
15. September	8,25 %
1993	
5. Februar	8,00 %
19. März	7,50 %
23. April	7,25 %
2. Juli	6,75 %
10. September	6,25 %
22. Oktober	5,75 %
1994	
18. Februar	5,25 %
15. April	5,00 %
13. Mai	4,50 %
1995	
31. März	4,0 %
25. August	3,5 %
15. Dezember	3,0 %
1996	
19. April	2,5 %

Musterbrief 1
Anforderung einer Forderungsabrechnung

Thomas Mustermann
Adresse

Ort, Datum

Gläubiger
Adresse

Zusendung einer aktuellen Forderungsabrechnung
Ihr Aktenzeichen: *Aktenzeichen*

Sehr geehrte Damen und Herren,

hiermit bitte ich Sie, mir eine aktuelle Forderungsabrechnung, aufgeschlüsselt nach Hauptforderung, Kosten und Zinsen (gemäß § 11 VKG bzw. § 367 BGB) zuzusenden.

Gleichzeitig bitte ich Sie um Zusendung einer Kopie des der Forderung zugrundeliegenden Vertrages und – falls vorhanden – eine Kopie des Vollstreckungstitels.

Mit freundlichen Grüßen

Unterschrift

Musterbrief 2
Mitteilung der Zahlungsunfähigkeit

Thomas Mustermann *Ort, Datum*
Adresse

Gläubiger
Adresse

Zahlungsunfähigkeit
Kontonummer oder Aktenzeichen des Gläubigers

Sehr geehrte Damen und Herren,

hiermit teile ich Ihnen mit, daß mir aufgrund meiner finanziellen Notlage eine Rückzahlung der o. g. Verbindlichkeit nicht möglich ist. Ich lebe derzeit von *nicht pfändbarer Sozialhilfe* * in Höhe von DM *Betrag*

Ich bitte Sie daher von weiteren Zwangsvollstreckungsmaßnahmen Abstand zu nehmen, da sie ohnehin fruchtlos verlaufen werden und nur unnötige Kosten verursachen.

Sollte sich meine finanzielle Situation wesentlich verbessern, so werde ich Ihnen unverzüglich ein Rückzahlungsangebot unterbreiten.

Gleichzeitig bitte ich Sie um Zusendung einer aktuellen Forderungsaufstellung gemäß § 367 BGB bzw. § 11 VKG.

Mit freundlichen Grüßen

Unterschrift

* bzw. andere Einkommen, wie *Arbeitslosenunterstützung, Krankengeld, Arbeitseinkommen.*

Musterbrief 3
Antrag auf Aufhebung der Kontopfändung gemäß § 850 k ZPO

Thomas Mustermann *Ort, Datum*
Adresse

Amtsgericht Ort
Vollstreckungsgericht
Adresse

Aktenzeichen:
1. Antrag auf Aufhebung der Kontopfändung gemäß § 850 k ZPO auf meinem Konto *Nummer* **bei** *Bank*
2. Einstweilige Anordnung auf Auszahlung des unpfändbaren Betrages auf meinem Konto in Höhe von DM *Betrag*

Sehr geehrte Damen und Herren,

hiermit beantrage ich, die oben genannte Kontopfändung auf meinem Konto *Nummer* bei der *Bank / Sparkasse* in Höhe des unpfändbaren Anteiles meines Arbeitseinkommens über DM *Betrag* aufzuheben.

Gründe:
1. *(Wenn Arbeitseinkommen bereits beim Arbeitgeber gepfändet ist:)* Das auf mein Konto überwiesene Arbeitseinkommen ist bereits durch den Pfändungs- und Überweisungsbeschluß vom *Datum* mit dem Aktenzeichen *Nummer* bei meinem Arbeitgeber gepfändet. Das Konto ist daher für eingehende Arbeitseinkommen entsprechend freizugeben.

2. *(Wenn Arbeitseinkommen noch nicht gepfändet ist:)* Gemäß § 850 a, c ZPO beträgt der pfändbare Betrag für *Anzahl* unterhaltsberechtigte Personen DM *Betrag*. Das Konto ist daher für den unpfändbaren Teil des Arbeitseinkommens in Höhe von DM *Betrag* freizugeben.

Weiterhin beantrage ich, den unpfändbaren Anteil meines Arbeitseinkommens auf meinem Konto vorab – im Rahmen einer einstweiligen Anordnung bis zur Entscheidung über den Antrag – freizugeben. Ohne sofortige Freigabe des unpfändbaren Arbeitseinkommens kann ich den Lebensunterhalt für mich und meine Familie wie fällige Miet-, Strom-, Versicherungszahlungen usw. nicht fristgerecht sicherstellen.

Mit freundlichen Grüßen

Unterschrift

Anlage:
- Belege für Miet-, Strom- und Versicherungszahlungen

Musterbrief 4
Antrag auf Erhöhung der Pfändungsfreigrenze nach § 850f ZPO

Thomas Mustermann *Ort, Datum*
Adresse

Amtsgericht
Vollstreckungsgericht
Adresse

Aktenzeichen:
Antrag auf Erhöhung der Pfändungsfreigrenze nach § 850 f ZPO

Sehr geehrte Damen und Herren,

hiermit beantrage ich, den unpfändbaren Anteil meines Arbeitseinkommens gemäß § 850 f ZPO auf DM *Betrag* für folgende Pfändungs- und Überweisungsbeschlüsse, die bei meinem Arbeitgeber vorliegen, zu erhöhen:

- *Gläubiger, Höhe der Forderung und Aktenzeichen des Gerichtes*
- *(Falls mehrere Pfändungen vorliegen, dann alle Pfändungen einzeln benennen)*

Wie die beiliegende Sozialbedarfsberechnung des Sozialamtes *Name* ausweist, ist nach Abzug des Pfändungsbetrages der notwendige Lebensunterhalt für mich und meine Familie im Sinne des BSHG nicht gedeckt.

Mit freundlichen Grüßen

Unterschrift

Anlage:
- Sozialhilfebedarfsbescheinigung des Sozialamtes
- Gehaltsbescheinigung vom *Datum*

Musterbrief 5
Schreiben an Gläubiger zur Erhöhung der Pfändungsfreigrenze bei einer Abtretung

Thomas Mustermann *Ort, Datum*
Adresse

Gläubiger
Adresse

Offengelegte Abtretung vom *Datum* **– Erhöhung des unpfändbaren Arbeitseinkommens**
Ihr Aktenzeichen:

Sehr geehrte Damen und Herren,

Sie haben am *Datum* bei meinem Arbeitgeber die oben genannte Abtretung offengelegt. Mein Arbeitgeber führt an Sie den Pfändungsbetrag gemäß § 850 c ZPO ab.

Aus der beiliegenden Sozialhilfebedarfsberechnung des Sozialamtes *Name* ist zu erkennen, daß durch die Abtretung mein notwendiger Lebensunterhalt nach dem Bundessozialhilfegesetz (BSHG) nicht mehr gedeckt ist.

Ich fordere Sie deshalb auf, den Abtretungsbetrag auf die Höhe meines Sozialhilfebedarfes zu reduzieren. Ich verweise in diesem Zusammenhang auf das Urteil des Amtsgerichtes Düsseldorf vom 31. 3. 1995 mit dem AZ 44 C 19319/93.

Weiterhin bitte ich Sie um Mitteilung des reduzierten Abtretungsbetrages an meinen Arbeitgeber bis zum *Datum*. Sollte bis zum genannten Datum keine entsprechende Erklärung Ihrerseits vorliegen, werde ich beim Amtsgericht entsprechend Feststellungsklage einreichen.

Mit freundlichen Grüßen

Unterschrift

Anlage:
- Sozialhilfebedarfsbescheinigung des Sozialamtes

Musterbrief 6
Antrag auf Erhöhung der Pfändungsfreigrenze bei Abtretungen von Sozialleistungen

Thomas Mustermann *Ort, Datum*
Adresse

Sozialleistungsträger
(z. B. Arbeitsamt, Rentenversicherungsträger usw.)
Adresse

Offengelegte Abtretung von *Gläubiger* **am** *Datum*
Ihr Aktenzeichen:

Sehr geehrte Damen und Herren,

mit Schreiben vom *Datum* hat *Gläubiger* eine Abtretung offengelegt. Sie führen gemäß § 850 c ZPO den pfändbaren Teil ab.

Aus der beiliegenden Sozialhilfebedarfsberechnung des Sozialamtes *Name* ist zu erkennen, daß durch die Abtretung mein notwendiger Lebensunterhalt nach dem Bundessozialhilfegesetz (BSHG) nicht mehr gedeckt ist.

Ich fordere Sie deshalb auf, den Abtretungsbetrag auf die Höhe meines Sozialhilfebedarfs zu reduzieren. Ich verweise in diesem Zusammenhang auf das Urteil des Bundessozialgerichtes vom 23. 5. 1995 mit dem AZ JR 43/93.

Ich bitte Sie um entsprechende Änderung meines Bescheides.

Mit freundlichen Grüßen

Unterschrift

Anlage:
- Sozialhilfebedarfsbescheinigung des Sozialamtes

Musterbrief 7
Anforderung des entwerteten Vollstreckungstitels bei Begleichung der Forderung

Thomas Mustermann
Adresse

Ort, Datum

Gläubiger
Adresse

Ihr Aktenzeichen:
Begleichung der Forderung
Zusendung Vollstreckungstitel bzw. Erledigungsvermerk

Sehr geehrte Damen und Herren,

vereinbarungsgemäß habe ich den Vergleichsbetrag in Höhe DM *Betrag* (bei Ratenzahlungsvergleichen: *Anzahl* Raten in Höhe von DM *Betrag*) auf Ihr Konto überwiesen.

Ich bitte Sie mit Ausgleich der Forderung um Zusendung des entwerteten Vollstreckungstitels bzw. eines Erledigungsvermerks. Weiterhin bitte ich Sie, der Schufa die Begleichung der Forderung mitzuteilen.

Ich danke Ihnen für die gute Zusammenarbeit und verbleibe

mit freundlichen Grüßen

Unterschrift

Musterbrief 8
Androhung der Stromsperre – Rückzahlungsangebot und Hinweis auf Unverhältnismäßigkeit der Sperrung

Thomas Mustermann *Ort, Datum*
Adresse

Energieversorgungsunternehmen
Adresse

Aktenzeichen:
Androhung einer Stromsperre vom *Datum*
Rückzahlungsangebot

Sehr geehrte Damen und Herren,

mein Einkommen *(Arbeitslosengeld, -hilfe, Krankengeld, Sozialhilfe usw.)* beträgt derzeit DM *Betrag*. Aufgrund von außerordentlichen Zahlungsverpflichtungen konnte ich den Stromabschlag nicht mehr fristgerecht bezahlen.

Ich versichere, daß ich ab sofort die laufenden Abschlagszahlungen wieder pünktlich leisten werde. Für die Begleichung des Rückstandes möchte ich Ihnen folgendes Angebot unterbreiten: (*Hier ist alternativ das Rückzahlungsangebot zu nennen – siehe Spiegelstriche):*

– Monatliche Ratenzahlung in Höhe von *Betrag* zuzüglich zum Abschlag.
– Die Aufstockung des monatlichen (oder zweimonatlichen) Abschlags um *Betrag*.
– Die Aussetzung der Zahlung des Rückstandes bis zum *Datum*. Am *Datum* erhalte ich zusätzliches *Urlaubsgeld*, *Weihnachtsgeld*, *Wohngeld* usw. Mit diesem zusätzlichen Einkommen kann ich den Rückstand begleichen.

Eine Stromsperre steht meiner Meinung nach außer Verhältnis zur Schwere der Zuwiderhandlung. *(Hier sind jetzt alternativ der/die Gründe anzugeben).*

– Ich bin das erste Mal mit der Bezahlung des Abschlages in Verzug gekommen.

– In meinem Haushalt leben noch Kleinkinder im Alter von *Alter*. Eine angemessene Versorgung der Kinder ist nach einer Stromsperre nicht mehr möglich.
– Ich bin an *Krankheit* erkrankt. Eine Stromsperre würde meinen Gesundheitszustand erheblich verschlechtern.
– Eine Stromsperre würde den Inhalt meiner vollen Tiefkühltruhe vernichten. Dadurch entstünde für mich ein nicht wiedergutzumachender Schaden in Höhe von DM *Betrag*.

Ich bitte Sie daher, mein Rückzahlungsangebot anzunehmen und die Einstellung der Stromzufuhr nicht weiter zu betreiben. Halten Sie die Sperrandrohung aufrecht, so werde ich den Antrag auf eine einstweilige Verfügung zur Fortsetzung der Stromversorgung stellen.

Mit freundlichen Grüßen

Unterschrift

Sachwortregister

Die *kursiven* Seitenzahlen verweisen auf eine Definition des Begriffes.